CORPORATE GOVERNANCE EM PORTUGAL

J. M. COUTINHO DE ABREU

O CÓDIGO DA INSOLVÊNCIA E DA RECUPERAÇÃO DE EMPRESAS REVISITADO

MARIA JOSÉ COSTEIRA

PRESTAÇÃO DE CONTAS E O REGIME ESPECIAL DE INVALIDADE DAS DELIBERAÇÕES PREVISTAS NO ART. 69.º DO CSC

ANA MARIA GOMES RODRIGUES

A FRAUDE FISCAL COMO CRIME DE APTIDÃO. FACTURAS FALSAS E CONCURSO DE INFRACÇÕES

MIGUEL JOÃO DE ALMEIDA COSTA

CORPORATE GOVERNANCE EM PORTUGAL

J. M. COUTINHO DE ABREU

O CÓDIGO DA INSOLVÊNCIA
E DA RECUPERAÇÃO DE EMPRESAS REVISITADO

MARIA JOSÉ COSTEIRA

PRESTAÇÃO DE CONTAS E O REGIME ESPECIAL
DE INVALIDADE DAS DELIBERAÇÕES
PREVISTAS NO ART. 69.º DO CSC

ANA MARIA GOMES RODRIGUES

A FRAUDE FISCAL COMO CRIME DE APTIDÃO.
FACTURAS FALSAS E CONCURSO DE INFRACÇÕES

MIGUEL JOÃO DE ALMEIDA COSTA

CORPORATE GOVERNANCE EM PORTUGAL

O CÓDIGO DA INSOLVÊNCIA E DA RECUPERAÇÃO
DE EMPRESAS REVISITADO

PRESTAÇÃO DE CONTAS E O REGIME ESPECIAL
DE INVALIDADE DAS DELIBERAÇÕES
PREVISTAS NO ART. 69.º DO CSC

A FRAUDE FISCAL COMO CRIME DE APTIDÃO.
FACTURAS FALSAS E CONCURSO DE INFRACÇÕES

AUTORES
J. M. COUTINHO DE ABREU
MARIA JOSÉ COSTEIRA
ANA MARIA GOMES RODRIGUES
MIGUEL JOÃO DE ALMEIDA COSTA

EDITOR
EDIÇÕES ALMEDINA. SA
Av. Fernão Magalhães, n.º 584, 5.º Andar
3000-174 Coimbra
Tel.: 239 851 904
Fax: 239 851 901
www.almedina.net
editora@almedina.net

PRÉ-IMPRESSÃO | IMPRESSÃO | ACABAMENTO
G.C. GRÁFICA DE COIMBRA, LDA.
Palheira – Assafarge
3001-453 Coimbra
producao@graficadecoimbra.pt

Abril, 2010

DEPÓSITO LEGAL
309208/10

Os dados e as opiniões inseridos na presente publicação
são da exclusiva responsabilidade do(s) seu(s) autor(es).

Toda a reprodução desta obra, por fotocópia ou outro qualquer
processo, sem prévia autorização escrita do Editor, é ilícita
e passível de procedimento judicial contra o infractor.

Biblioteca Nacional de Portugal – Catalogação na Publicação

Miscelâneas do IDET / org. Instituto de Direito
das Empresas e do Trabalho. – (Miscelâneas do IDET ; 6)
ISBN 978-972-40-4182-7

I – INSTITUTO DE DIREITO DAS EMPRESAS E DO TRABALHO

CDU 347
     336

NOTA DE APRESENTAÇÃO

O sexto volume das "Miscelâneas" reúne quatro estudos.
No âmbito do VIII Curso de Pós-Graduação em Direito das Empresas, o IDET promoveu conferências para um balanço da aplicação do (ainda) jovem CIRE. Tiveram lugar na FDUC em 16 de Maio de 2009, com João Labareda como moderador. "O Código da Insolvência e da Recuperação de Empresas revisitado", *de Maria José Costeira, corresponde a uma dessas conferências.*

Ana Maria Rodrigues, Doutora em Organização e Gestão de Empresas e Professora da Faculdade de Economia da UC, tem coloborado com o IDET leccionando Contabilidade das Socie-dades. Recém-licenciada em Direito pela FDUC, estreia-se agora como autora de "letras jurídicas" (combinadas embora com letras da sua mais velha especialidade) com "Prestação de contas e o regime especial de invalidade das deliberações pre-vistas no art. 69.º do CSC".

"A fraude fiscal como crime de aptidão. Facturas falsas e concurso de infracções" *é trabalho de investigação elaborado por Miguel Almeida Costa enquanto aluno do II Curso de Pós--Graduação em Direito Fiscal das Empresas, ministrado pelo IDET em 2008.*

"Corporate governance em Portugal" *percorre alguns temas que têm sido abordados pelo autor em cursos de pós-graduação em Direito das Empresas do IDET; por isso é aqui publicado.*

Coimbra, Março de 2010.

J. M. Coutinho de Abreu

CORPORATE GOVERNANCE
EM PORTUGAL*

J. M. COUTINHO DE ABREU
Professor da Faculdade de Direito da Universidade de Coimbra

---

* Versão portuguesa do relatório nacional (português) sobre *corporate governance*, entregue em Setembro de 2009 (em língua inglesa), para o 18.º Congresso Internacional de Direito Comparado (Washington, 2010). A finalidade primeira do relatório e, em particular, o *questionnaire* do relator geral (Klaus J. Hopt) determinaram em boa medida sistematização, conteúdo e estilo deste trabalho.

I. Informação geral sobre *corporate governance* em Portugal

1. Designamos por *corporate governance* o complexo das regras (legais, estatutárias, jurisprudenciais, deontológicas), instrumentos e questões respeitantes à administração e ao controlo (ou fiscalização) das sociedades[1].

2. As regras legais respeitantes à *corporate governance* encontram-se principalmente no Código das Sociedades Comerciais (CSC), aprovado pelo Decreto-Lei n.º 262/86, de 2 de Setembro. O CSC contém o regime geral não apenas das sociedades anónimas mas também das sociedades dos demais tipos (sociedades por quotas, sociedades em nome colectivo, sociedades em comandita). É um código com estrutura e aspectos de regime originais, mas geneticamente muito influenciado pelos direitos comunitário-europeu, alemão, italiano e francês. Tem sofrido alterações várias. A mais importante em matéria de *corporate governance* foi introduzida pelo Decreto-Lei n.º 76-A/2006, de 29 de Março. É visível nesta alteração alguma influência dos direitos do RU e dos EUA.

Outra lei importante para a *corporate governance* é o Código dos Valores Mobiliários (CVM), aprovado pelo Decreto-Lei

---

[1] J. M. COUTINHO DE ABREU, *Governação das Sociedades Comerciais* (Almedina, Coimbra, 2006), p. 5, s. Acolhe esta noção BRUNO FERREIRA, "A responsabilidade dos administradores e os deveres de cuidado enquanto estratégias de *corporate governance*" (2008) 30 *Cadernos do Mercado de Valores Mobiliários*, p. 7. Para outra noção, A. SANTOS SILVA *et al., Livro Branco sobre* Corporate Governance *em Portugal (IPCG, 2006)*, p. 12.

n.º 486/99, de 13 de Novembro. Sofreu entretanto algumas alterações, merecendo destaque as introduzidas pelo Decreto-Lei n.º 357-A/2007, de 31 de Outubro. O Código regula, entre outros, os valores mobiliários e as ofertas públicas a eles respeitantes (incluindo as ofertas públicas de aquisição, facultativas ou obrigatórias), outros instrumentos financeiros, formas organizadas de negociação de instrumentos financeiros, o sistema de supervisão e regulação a cargo, sobretudo, da Comissão do Mercado de Valores Mobiliários (CMVM), autoridade pública do mercado de capitais; contém também regime especial para as chamadas "sociedades abertas" (entre outras, as sociedades emitentes de acções admitidas à negociação em mercado regulamentado).

3. Há dez anos, também Portugal apanhou a onda internacional dos "códigos" (ou relatórios, princípios, recomendações, guias, etc.) de *corporate governance*, juridicamente não vinculativos. Em Outubro de 1999 foram publicadas as "Recomendações da CMVM sobre o governo das sociedades cotadas". Revistas de dois em dois anos, passaram em 2007 a ser designadas por "Código do Governo das Sociedades da CMVM" (abreviadamente CGS)[2].

Por força do Regulamento da CMVM n.º 1/2007 (que substituiu um outro de 2001), as sociedades cotadas sujeitas à lei pessoal portuguesa devem divulgar anualmente um relatório sobre a estrutura e as práticas de governo das sociedades, indicando as recomendações do CGS adoptadas e não adoptadas e, neste caso, as razões da não adopção (modelo de *comply or explain*)[3].

---

[2] Disponível no sítio internet da CMVM: www.cmvm.pt. Na *Introdução* do CGS é apresentada uma noção de corporate governance: "o sistema de regras e condutas relativo ao exercício da direcção e do controlo das sociedades".

[3] V. também o art. 245-A do CVM.

Em 2007, o grau de cumprimento médio global das recomendações da CMVM sobre o governo das sociedades atingiu 62,5% (no ano anterior havia atingido 59,1 %)[4].

4. Em 31 de Dezembro de 2004, havia em Portugal 26 014 sociedades anónimas[5]. Em 31 de Dezembro de 2007, somente quarenta e sete sociedades de direito português tinham acções cotadas na "Euronext Lisbon"[6].

O capital accionista das sociedades cotadas estava (e está) notavelmente concentrado[7]. Em 25 delas o maior accionista detinha acções correspondentes a mais de 50% do capital social, chegando essa percentagem a superar 2/3 em 12 sociedades; apenas em 4 sociedades o maior accionista detinha menos de 10%[8]. Em média, 28,1% das acções eram possuídas, directa ou indirectamente, pelos membros dos órgãos de administração e de fiscalização; 11,8% por investidores institucionais (bancos, seguradoras, fundos de pensões e fundos de investimento) – 7,1% por investidores residentes, 4,7% por estrangeiros[9]; o Estado português possuía acções em 6 dessas sociedades, em percentagens que iam dos 0,04% aos 32,72%; outros accionistas de referência (com pelo menos 2% das acções) possuíam em média 32,3% das acções das sociedades cotadas[10]. Outro dado interessante: em

---

[4] CMVM, *Relatório Anual sobre o Governo das Sociedades Cotadas em Portugal* (2008), p. 9. As recomendações sobre administradores não executivos independentes, divulgação das remunerações de cada administrador e aprovação da política de remunerações pela assembleia geral dos accionistas foram as menos cumpridas (*ibid.*, p. 10).

[5] Dados disponíveis em www.gplp.mj.pt, visitado em 22/1/2007.

[6] CMVM (nota 4), p. 10. Em Maio de 2009 havia 57.

[7] O mesmo (ou mais) se verificará nas sociedades não cotadas (não dispomos, porém, de dados globais).

[8] CMVM (nota 4), p. 12, com mais dados.

[9] Há liberdade de estabelecimento dos estrangeiros em Portugal.

[10] Para estes e outros dados, v. CMVM (nota 4), p. 14, s., 104.

média, 6,2%, 3,2%, 2,8% e 5% do capital das sociedades cotadas é detido por, respectivamente, credores relevantes, concorrentes, clientes relevantes e fornecedores relevantes[11].

Tendo também em conta o alto grau de concentração accionista nas sociedades anónimas portuguesas, não surpreende o baixo número de ofertas públicas de aquisição de acções: 11 em 2001, 6 em 2002, 7 em 2003, 5 em 2004, 6 em 2005, 4 em 2006, 13 em 2007, 1 em 2008[12].

5. A grande crise global (2007-?) põe a descoberto, parece-me, falhas não tanto no plano (interno) da *corporate governance*, mais no plano externo (às sociedades) jurídico-público da regulação e da supervisão. As falhas maiores estiveram não no *como* da organização societária (estrutura e funcionamento dos órgãos de administração e de fiscalização) mas no *que* às sociedades foi permitido fazer (por falta de regulação e/ou supervisão).

As sociedades (financeiras, sobretudo) criaram e/ou distribuíram livremente novos e novíssimos intrumentos financeiros, muitos deles de altíssima sofisticação e risco (nas últimas dezenas de anos, a flora da "inovação financeira" invadiu o "mercado livre" com ABS, CBO, CDO, CDS, CLO, CMO, MBS, RMBS ...); constituíram SPV (*special purpose vehicles)* e SIV (*structured investment vehicles),* que lhes permitiram colocar fora do balanço muitos daqueles instrumentos e o risco associado; o Estado/direito recuou, o *deus ex machina* "mercado livre" avançou e criou o *homo ludens*, jogador na "economia de casino", e superador do *homo oeconomicus* da "economia real"...[13]

---

[11] CMVM (nota 4), p. 17.

[12] Números disponíveis nos relatórios anuais da CMVM sobre a respectiva actividade e sobre o mercado de valores mobiliários.

[13] Para a compreensão da actual crise global, v. CHARLES R. MORRIS, *O Colapso de um Bilião de Dólares: dinheiro fácil, apostas elevadas e a grande crise do crédito* (Gradiva, Lisboa, 2008), trad. port. de *The Trilion*

Em finais de 2008, o governo português aprovou o Decreto-Lei n.º 211-A/2008 de 3 de Novembro. Determina, entre outras coisas: maior e melhor informação a prestar aos aforradores e investidores acerca dos "produtos financeiros complexos" (designadamente os "instrumentos de captação de aforro estruturados"); a emissão e comercialização de produtos financeiros complexos serão disciplinadas por lei especial; as instituições de crédito são obrigadas a apresentar ao Banco de Portugal (banco central) informações sobre riscos em que incorrem, práticas de gestão e controlo dos riscos, metodologias adoptadas na avaliação dos activos, em particular dos que não são transaccionados em mercados de elevada liquidez e transparência; várias entidades sujeitas à supervisão prudencial da CMVM são obrigadas e apresentar a esta informações semelhantes às referidas há pouco; as sociedades abertas devem comunicar à CMVM as participações que detêm em sociedades com sede fora da UE (incluindo *off-shores*); certos intermediários financeiros devem comunicar à CMVM os activos por si detidos, directa ou indirectamente, que se encontrem domiciliados ou sejam geridos por entidades com sede fora da UE.

Entretanto, ocorreram alguns escândalos financeiros, principalmente em alguns bancos. O BPN (Banco Português de Negó-

---

Dollar Meltdown: easy money, high rollers, and the great credit crash (2008), ABEL MATEUS, "A Crise Financeira de 2007-2008 e a Regulação" (2008) 21 *O Economista*, p. 9-38, GUILLERMO DE LA DEHESA, "Regulación y Supervisión Financieras tras la Crisis" (2008) 21 *Actualidad Jurídica Uría Menéndez,* p. 7-23 (a explicitação das siglas usadas há pouco em texto pode ser encontrada nestas obras). A propósito do *homo ludens,* GUIDO ROSSI, "Quale capitalismo di mercato?" (2008) 53 *Rivista delle Società,* p. 914: "Mas que dizer dos mercados financeiros sempre menos regulamentados e controlados onde o *homo oeconomicus* foi substituído pelo *homo ludens* se o maior de tais mercados é o dos *credit default swaps,* em que se aposta sobre a insolvência não só das sociedades cotadas mas também da dívida pública dos Estados?".

cios, S.A.) acabou por ser nacionalizado pela Lei n.º 62-A/2008, de 11 de Novembro.

II. *Corporate governance* interna

A. *Órgãos de administração e de fiscalização*

1. Desde a lei de 1867 sobre sociedades anónimas, passando pelo Código Comercial de 1888, até ao CSC (de 1986) uma única estrutura organizatória da administração e fiscalização tinha de ser adoptada pelas sociedades anónimas: conselho de administração/conselho fiscal (sistema *"tradicional"*). O CSC, na versão originária, possibilitou a opção por um outro sistema (*"dualístico"* ou "de tipo germânico"): órgão de administração ("direcção", agora "conselho de administração executivo") / órgão de supervisão ("conselho geral", agora "conselho geral e de supervisão"). A reforma de 2006 do CSC introduziu um terceiro sistema (*"monístico"*): conselho de administração, que integra uma comissão de auditoria.[14]

Cada sociedade pode optar – e tem de optar –, no momento da constituição ou posteriormente, por um dos três sistemas; o sistema adoptado deve constar do estatuto social (arts. 272/g) e 278 CSC).

---

[14] Sobre os três sistemas e sub-sistemas regulados no CSC, v. PAULO CÂMARA, "Os Modelos de Governo das Sociedades Anónimas", in IDET (Colóquios n.º 3), *Reformas do Código das Sociedades* (Almedina, Coimbra, 2007), p. 179-242. Até há poucos anos, a Itália possuía (apenas) um sistema orgânico semelhante ao sistema tradicional português. Com a reforma de 2003 do "Codice Civile" foram introduzidos mais dois sistemas (um monístico, outro dualístico). Neste aspecto, os dois países continuam agora, portanto, a par...

O sistema tradicional é ainda largamente dominante. No final de 2007, 35 das 47 sociedades cotadas haviam optado por ele; 10 escolheram o sistema monístico; apenas 2 escolheram o sistema dualístico[15].

2. O *conselho de administração* é composto pelo número de administradores fixado no estatuto social. Nas sociedades com estrutura tradicional ou com estrutura dualística, o número mínimo é dois[16]; nas sociedades com estrutura monística, o número mínimo é quatro (têm de ser, pelo menos, três os administradores membros da comissão de auditoria – art. 423-B/2 CSC). Não há limites legais para o número máximo de membros do conselho de administração. Em média, os conselhos de administração das sociedades cotadas têm (tinham) oito membros[17].

Os administradores são designados, em regra, por eleição em assembleia geral (art. 391/1 CSC)[18]. Também em regra, são eleitos como administradores os integrantes da lista que obtenha maioria absoluta dos votos emitidos; se houver várias listas, fará vencimento a que obtiver maioria relativa dos votos (art. 386/1 e 2 CSC). Porém, o estatuto das sociedades com estrutura tradicional ou estrutura monística pode estabelecer que: (a) uma minoria de accionistas com acções correspondentes a 10% ou mais do capital social tem o direito de eleger pelo menos um administrador

---

[15] CMVM (nota 4), p. 27, s.

[16] Nas sociedades com capital social não superior a € 200 000, em vez de conselho, é possível haver apenas um administrador (arts. 390/2 e 424/2 CSC).

[17] CMVM (nota 4), p. 36, s., 49.

[18] Nas sociedades com estrutura dualística, se o estatuto social não determinar a eleição pela assembleia geral, os administradores são eleitos pelo conselho geral e de supervisão (art. 425/1 CSC). Para um elenco de outros modos de designação dos administradores, v. J. M. COUTINHO DE ABREU, *Curso de Direito Comercial,* vol. II – *Das Sociedades,* 3.ª ed. (Almedina, Coimbra, 2009), p. 534-535.

quando tenha votado contra a proposta que fez vencimento na eleição dos administradores (art. 392/6 e 7 CSC); (b) accionistas com acções que representem entre 10% e 20% do capital têm o direito de apresentar listas para, em eleição isolada, ser escolhido um número de administradores não excedente a 1/3 do total (art. 391/1-5 CSC). Nas sociedades abertas e nas sociedades concessionárias do Estado ou entidade equiparada, deve o estatuto social incluir um destes dois sistemas; sendo o estatuto omisso, aplicar-se-á o sistema (a) (art. 392/8 CSC)[19-20].

Os administradores são designados por um período fixado no estatuto social, não excedente a quatro anos civis; na falta de indicação do estatuto, entende-se que a designação é feita por quatro anos; a reeleição é permitida (arts. 391/3, 425/2 e 3 CSC).

3. Compete ao conselho de administração *gerir as actividades da sociedade e representá-la* (art. 405 CSC). Embora a administração e a representação-vinculação da sociedade não compitam em exclusivo ao conselho[21], basicamente é a ele que competem.

No essencial, a administração ou gestão compreende, por um lado, a "alta direcção" – as decisões estratégicas sobre os objectivos empresariais a longo prazo, as correspondentes organização,

---

[19] Sobre estes processos de eleição "especiais" [em confronto com o processo do voto cumulativo (*cumulative voting*) estado-unidense e o "sistema proporcional" espanhol], COUTINHO DE ABREU (nota 1), p. 75, s. Nas sociedades com estrutura orgânica dualística valem processos especiais de eleição (quase) idênticos, mas não para o conselho de administração, sim para o conselho geral e de supervisão (art. 435/3 CSC).

[20] A lei portuguesa não prevê "conselhos escalonados" (*staggered boards*). Mesmo quando um administrador substitui outro (que falta definitivamente), a substituição dura até ao fim do período para o qual os demais administradores foram eleitos (art. 393/5 CSC).

[21] *V.* COUTINHO DE ABREU (nota 1), p. 40, s., 47, s. (quanto à administração) e (nota 18), p. 540, 569, s. (quanto à representação).

dimensão e localização da(s) empresa(s), as várias políticas empresariais (de produção, de distribuição, do pessoal, dos financiamentos), o provimento dos postos laborais de direcção, o sistema informacional inter-orgânico e intra-empresarial; por outro lado, compreende os actos de execução ou desenvolvimento dessa alta direcção – quer os actos de carácter extraordinário quer os de "gestão corrente" ou técnico-operativos quotidianos.

Nos termos do art. 64/1b) CSC, os administradores devem agir "no interesse da sociedade, atendendo aos interesses de longo prazo dos sócios e ponderando os interesses dos outros sujeitos relevantes para a sustentabilidade da sociedade, tais como os seus trabalhadores, clientes e credores".

Esta norma parece consagrar uma orientação (moderadamente) "institucionalista" ou "pluralista" do interesse da sociedade: ele resulta da conjugação dos interesses não apenas dos sócios (interesses comuns dos sócios enquanto tais) mas também de outros sujeitos ligados à sociedade[22]. Mas em que medida devem os administradores ponderar os interesses dos sócios e dos demais sujeitos? Uns e outros pesam o mesmo? Ou prevalecem os dos sócios?

Prevalecem os interesses dos sócios. Além do mais: são normalmente os sócios que designam e destituem (sem precisarem de justa causa) os administradores (arts. 391/1, 425/ 1; 403, 430 CSC); são os sócios que podem determinar a propositura ou propor acções de responsabilidade contra os administradores por danos causados à sociedade (arts. 72, s. CSC). Muito outra é a situação dos trabalhadores[23]. A lei portuguesa não consagra qualquer participação relevante dos trabalhadores na gestão das socie-

---

[22] Desenvolvidamente, J. M. COUTINHO DE ABREU, "Deveres de Cuidado e de Lealdade dos Administradores e Interesse Social", in IDET (Colóquios n.º 3), *Reformas do Código das Sociedades* (Almedina, Coimbra, 2007), p. 31, s.

[23] E dos outros sujeitos.

dades[24]; os trabalhadores não podem destituir os administradores, nem podem responsabilizá-los por danos causados à sociedade; nem podem, parece, responsabilizar os administradores por danos a eles causados por falta de ponderação dos interesses dos trabalhadores – os deveres dos administradores referidos no art. 64/1 CSC são para com a sociedade, não (imediatamente) para com os trabalhadores, etc. (a norma do art. 64/1 não é, parece, norma de protecção dos trabalhadores). Suponha-se que a administração de uma sociedade despede 200 trabalhadores ou deslocaliza a empresa para outro país, sem que a lucratividade e a conservação da sociedade exigissem qualquer dessas medidas. Com base no art. 64/1 CSC, que sanções poderiam ser requeridas pelos trabalhadores?...

Não obstante, o art. 64/1 CSC permite que os administradores prossigam (também) objectivos ligados à "responsabilidade social das empresas". Mas estamos então no plano do poder, não do

---

[24] Não há disciplina legal sobre cogestão (*Mitbestimmung*). O Código do Trabalho, aprovado pela Lei n.º 7/2009, de 12 de Fevereiro, prevê, na linha da legislação anterior, alguns direitos das comissões de trabalhadores e dos delegados sindicais nas empresas. Mas são, no essencial, direitos de informação e de consulta dobre determinadas matérias (arts. 423-425, 466). E o chamado "controlo de gestão da empresa" (expressão algo equívoca) a exercer pelas comissões de trabalhadores não comporta qualquer cogestão (art. 426). Note-se, entretanto, que o art. 54/5f) da Constituição da República Portuguesa afirma ser direito das comissões de trabalhadores "promover a eleição de representantes dos trabalhadores para os órgãos sociais de empresas pertencentes ao Estado ou a outras entidades públicas, nos termos da lei" (v. também o art. 89). Porém, o Código do Trabalho reafirma no art. 423/1f) esse direito apenas relativamente às "entidades públicas empresariais" (empresas públicas de tipo institucional, não societário), nada dizendo relativamente às sociedades dominadas (total ou parcialmente) pelo Estado ou por outras entidades públicas. Há aqui, portanto, questões de inconstitucionalidade – v. acórdão n.º 47/2006 do Tribunal Constitucional, de 17 de Janeiro de 2006 (disponível em www.tribunalconstitucional.pt).

dever a que correspondam sanções jurídicas (o art. 64 fala, em grande medida inconsequentemente, de deveres). Acrescente-se ainda que é muitas vezes possível e desejável compatibilizar os interesses dos sócios com a responsabilidade social das empresas. "No médio e longo prazo, não é do interesse dos accionistas desconsiderar inteiramente os interesses dos trabalhadores ou o bem público"[25].

4. Os membros do conselho de administração *não têm todos de ser "executivos"*[26]. Com autorização do estatuto social, pode o conselho de administração delegar em um ou mais administradores, ou em uma comissão executiva (com dois ou mais membros), a "gestão corrente" ou técnico-operativa quotidiana da sociedade (art. 407/3 CSC)[27].

O citado "Código de Governo das Sociedades" (CGS) recomenda a inclusão de administradores não executivos para "supervisão, fiscalização e avaliação da actividade dos membros executivos" (n.º II. 1.2.1), bem como a delegação da gestão corrente (n.º II. 2.1). Em 2007, das 45 sociedades cotadas com estrutura organizatória tradicional ou monística, 24 possuíam comissão executiva (com cerca de cinco membros, em média)[28].

---

[25] KLAUS J. HOPT, "Desenvolvimentos Recentes da *Corporate Governance* na Europa. Perspectivas para o Futuro", in IDET, Miscelâneas n.º 5 (Almedina, Coimbra, 2008), p. 16.

[26] Mas são executivos todos os membros do órgão de administração das sociedades com estrutura dualística – além de o órgão se chamar "conselho de administração executivo", o art. 431/3 CSC deixou (com a reforma de 2006) de remeter para o art. 407.

[27] *V.* COUTINHO DE ABREU (nota 1), p. 38, s., 97, s.; v. também, sobre a comissão executiva e outras comissões, A. SOVERAL MARTINS, "Comissão Executiva, Comissão de Auditoria e outras Comissões na Administração", in IDET (Colóquios n.º 3), *Reformas do Código das Sociedades* (Almedina, Coimbra, 2007), p. 243-275.

[28] CMVM (nota 4), p. 47, s.

20 Corporate Governance *em Portugal*

Note-se, por outro lado, que nas sociedades de estrutura monística tem de haver, agora por força da lei, administradores não executivos: pelo menos os administradores que integram a comissão de auditoria (art. 423-B/3 CSC).

O conselho de administração tem um presidente (*chairman*). É normalmente designado pela assembleia geral que elege os membros do conselho[29] ou pelos próprios membros do conselho (arts. 395/1 e 2, 427/1 CSC). Compete designadamente ao presidente convocar e dirigir as reuniões do conselho de administração (arts. 410/1, 433/1 CSC). Quando o conselho seja composto por número par de administradores ou, não sendo esse o caso, o estatuto social assim determinar, o presidente tem voto de qualidade; isto é, em caso de empate nas votações, o seu voto valerá por dois (arts. 395/3, 427/2 CSC).

A comissão executiva deve ter também um *presidente*, eleito pelo conselho de administração ou pelos membros da comissão (art. 407/5). Todavia, não tem de ser pessoa diferente da pessoa do presidente do conselho de administração[30]. Compete ao presidente executivo assegurar a execução da estratégia da sociedade, dentro dos limites da gestão delegada à comissão, colaborar com o *chairman* (quando este seja pessoa diferente), assegurar que seja prestada toda a informação aos demais membros do conselho de administração acerca da actividade e das deliberações da comissão executiva (art. 407/6 CSC).

5. Os *administradores "independentes"* entraram no léxico do CSC com a reforma de 2006. Mas são referidos apenas rela-

---

[29] Ou, nas sociedades de estrutura dualística, pelo conselho geral e de supervisão, quando a eleição dos membros do conselho de administração compita estatutariamente a esse órgão (art. 425/1 CSC).

[30] Em cerca de metade das sociedades cotadas em 2007 que tinham comissão executiva, o presidente desta era simultaneamente o presidente do conselho de administração – CMVM (nota 4), p. 46.

tivamente às sociedades com estrutura organizatória monística. E somente para os administradores membros da comissão de auditoria. Nas sociedades cotadas, a maioria dos membros da comissão de auditoria deve ser independente (art. 423-B/5 CSC); nas sociedades não cotadas, mas que ultrapassem determinados valores fixados legalmente (art. 413/2a) CSC), pelo menos um membro deve ser independente (art. 423-B/4).

Considera-se independente, segundo o art. 414/5 CSC, para que remete o art. 423-B/4, a pessoa que "não esteja associada a qualquer grupo de interesses específicos na sociedade nem se encontre em alguma circunstância susceptível de afectar a sua isenção de análise ou de decisão, nomeadamente em virtude de: a) ser titular ou actuar em nome ou por conta de titulares de participação qualificada igual ou superior a 2% do capital social da sociedade; b) ter sido reeleita por mais de dois mandatos, de forma contínua ou intercalada".

Esta definição de independência suscita algumas dúvidas e perplexidades[31]. Percebe-se mal quais os grupos de interesses a ter em conta e o tipo de "associação" aos mesmos. Não parece que seja relevante toda e qualquer ligação a qualquer membro de cada um dos grupos de *stakeholders* (*v.g.*, qualquer cliente, credor ou trabalhador)[32]. Além de (alguns) *stakeholders*, estarão sobretudo em causa o "grupo" de administradores executivos[33] e "grupos" de accionistas – mas destes trata especificamente o art. 414/5a) CSC. Nesta mesma norma, percebe-se mal um administrador "actuar em nome ou por conta" de accionistas. Os administradores devem actuar em nome e por conta da sociedade. Mesmo

---

[31] Teria sido preferível atender mais ao previsto na Recomendação da Comissão de 15 de Fevereiro de 2005 (JO L52, de 25/2/2005) – à definição do n.º 13. 1. e aos critérios do Anexo II.

[32] V. o Anexo da citada Recomendação da Comissão, n.º 1, als. b) (2.ª parte), e), i).

[33] V. o Anexo citado, 1, a), g), i).

quando sejam nomeados por pessoa colectiva (eleita administradora), eles não exercem o cargo em nome ou por conta dessa pessoa colectiva (arts. 390/4, 425/8 CSC). Por outro lado, tendo em vista o grau de concentração do capital nas sociedades portuguesas, é exagero qualificar como não independente um administrador (não executivo) só porque possui 2% das acções; neste âmbito, deveria ser considerado não independente o administrador que fosse accionista de controlo ou integrante do grupo de controlo[34]. Depois, a al. b) do n.º 5 do art. 414 também suscita dúvidas e críticas[35]. A intercalação aí referida deveria ser delimitada temporalmente. Em vez de número de "mandatos", deveria falar-se de número de anos. Deve, todavia, interpretar-se (extensivamente) o preceito, de modo a considerar não independente quem exerceu funções de administrador por mais de doze anos; o legislador terá pensado no "mandato" de quatro anos (v. art. 391/3 CSC); seria irrazoável qualificar como não independente o administrador eleito por um ano e reeleito três vezes pelo mesmo período...[36]

As normas dos n.ºs 4 e 5 do art. 423-B CSC, que exigem, respectivamente, pelo menos um ou a maioria de administradores independentes na comissão de auditoria, são normas legais imperativas. Portanto, é nula a deliberação pela qual são designados os membros da comissão de auditoria sem que aquele número mínimo de independentes seja respeitado (art. 56/1d) CSC). Por sua vez, se posteriormente à designação ocorrer a perda da qualidade

---

[34] V. o Anexo citado, 1, d).

[35] V. J. GOMES DA SILVA et al., "Os Administradores Independentes das Sociedades Cotadas Portuguesas", in Corporate Governance. Reflexões I. Comissão Jurídica do Instituto de Corporate Governance (IPCG, 2007), p. 24. E tenha-se em conta o Anexo citado, 1, a), h).

[36] Note-se ainda que uma ou outra "incompatibilidade" prevista no art. 414-A CSC (aplicável aos membros da comissão de auditoria por força do art. 423-B/3) releva habitualmente para efeitos de (in)dependência – v. designadamente a al. e) do n.º 1 (v. também o citado Anexo, 1, e)).

de independente, ficando por isso a comissão de auditoria, respectivamente, sem qualquer membro independente ou sem independentes em maioria, caducará (automaticamente) a designação dos administradores afectados pela perda de independência (aplicar-se-á por analogia o art. 414-A/2 CSC).

Para as sociedades com estrutura tradicional ou com estrutura dualística, a lei não impõe, recorde-se, a existência de administradores independentes. Mas o CGS, no n.º II. 1. 2. 2, recomenda-a: "De entre os administradores não executivos deve contar-se um número adequado de administradores independentes, tendo em conta a dimensão da sociedade e a sua estrutura accionista, que não pode em caso algum ser inferior a um quarto do número total de administradores".[37] Não obstante, em 2007, apenas cerca de 10% dos administradores das sociedades cotadas com estrutura tradicional eram independentes (50,3% dos administradores eram accionistas de referência ou seus familiares e 34,7% provinham dos quadros das empresas)[38].

Mas porquê, pergunta-se frequentemente, os administradores "independentes", quando é certo que todos os administradores estão sujeitos aos mesmos deveres legais e estatutários e todos eles devem actuar – imparcialmente – no interesse da sociedade?

É sabido que nas sociedades com o capital disperso há o risco ou a propensão de os administradores (executivos) agirem em seu proveito; e nas sociedades de capital concentrado há o risco de os accionistas de controlo influenciarem (directa ou indirectamente) a administração em seu benefício e em prejuízo dos accionistas minoritários. Ora, os administradores independentes estarão em melhor posição para fiscalizarem a actuação dos executivos, promovendo (maior) imparcialidade, prevenindo e neutralizando conflitos de interesses.

---

[37] Tenha-se presente, no entanto, que o conselho de administração das sociedades com estrutura dualística integra somente executivos.

[38] CMVM (nota 4), p. 39, s.

Contudo, a garantia de independência dos administradores "independentes" não será em geral grande quando tais administradores são eleitos pelos accionistas maioritários e – sobretudo – por estes podem ser destituídos a todo o tempo e independentemente de justa causa... A livre destituição é a regra em Portugal (art. 403 CSC)[39]. Excepção existe apenas para os administradores membros da comissão de auditoria (no sistema monístico): só com justa causa podem ser destituídos pela assembleia geral (art. 423-E CSC).

6. Um apontamento breve, agora, sobre os *órgãos de fiscalização*.

Nas sociedades que adoptam o modelo *tradicional*, a fiscalização compete: (a) a um fiscal único (que deve ser ROC – "revisor oficial de contas"[40]) ou a um conselho fiscal (que deve incluir um ROC); (b) ou a um conselho fiscal e a um (separado) ROC (arts. 413/1, 414/2 CSC). A modalidade (b) é obrigatória nas sociedades cotadas e nas de maior dimensão (art. 413/2a)). O conselho fiscal é composto pelo menos por três membros (art. 413/4). Na modalidade (b), pelo menos um dos membros deve ser "independente"; nas sociedades cotadas, a independência é exigida para a maioria deles (art. 414/4, 5 e 6). O fiscal único, os membros do conselho fiscal e o ROC são em regra eleitos pela assembleia geral (art. 415/1 CSC). Mas merece destaque a possibilidade de o tribunal, a requerimento de accionistas minoritários (com pelo menos 10% das acções), designar um fiscal para se juntar ao "fiscal único" ou designar mais um ou dois membros para o conselho fiscal (art. 418 CSC).

Nas sociedades com estrutura *dualística*, a fiscalização compete ao conselho geral e de supervisão e a um ROC (art. 278/1c)

---

[39] Tal como, aliás, na grande maioria dos países.
[40] ROC pessoa singular ou sociedade de vários ROC.

CSC). O conselho geral e de supervisão é composto por número de membros (sócios ou não) fixado no estatuto social, mas sempre superior ao número dos administradores (art. 434/1 CSC). Nas sociedades de maior dimensão, pelo menos um dos membros deve ser "independente"; nas cotadas, a independência é exigida para a maioria deles (art. 434/4, remetendo para o art. 414). A designação de todos os membros é em regra feita por eleição em assembleia geral (art. 435 CSC)[41]. O conselho geral e de supervisão pode constituir uma ou mais comissões especializadas. Nas sociedades cotadas e nas de maior dimensão (ainda que não cotadas), ele deve constituir uma "comissão para as matérias financeiras" (art. 444/2 CSC); pelo menos a maioria ou um dos membros desta comissão, respectivamente, devem ser "independentes" (art. 444/5 e 6).

Nas sociedades com estrutura *monística*, a fiscalização compete à comissão de auditoria (integrada no conselho de administração) e a um ROC (art. 278/1b) CSC). Sobre a comissão de auditoria ficou já dito alguma coisa em n.[os] anteriores; sobre o ROC (nas sociedades com estrutura monística ou outra) diremos algo mais *infra*, sob D.

Olhando agora (sempre brevemente) para as competências destes órgãos de fiscalização geral (fiscal único ou conselho fiscal, conselho geral e de supervisão, comissão de auditoria) e para os poderes, deveres e garantias dos seus membros, vemos grandes coincidências.

Quanto às competências, o conteúdo das dezasseis alíneas dos n.ºs 1 e 2 do art. 420 CSC (modelo tradicional) é repetido nas dezasseis alíneas do art. 423-F CSC (modelo monístico) e (quase repetido) em quinze das dezanove alíneas do art. 441 CSC (modelo dualístico). Entre numerosas tarefas de fiscalização contabilística e outras, encontramos nessas alíneas as funções de:

---

[41] V. ainda *supra*, nota 19.

fiscalizar a administração da sociedade (o que passa não apenas por um controlo de legalidade formal, mas também, sem imiscuição na gestão, pela vigilância do cumprimento das regras, sobretudo procedimentais, de administração correcta e pelo controlo da adequação da organização empresarial e da eficiência económica da sociedade[42]); vigiar pela observância da lei e do estatuto social (este controlo é não só preventivo mas também reactivo); fiscalizar a eficácia do sistema de gestão de riscos, do sistema de controlo interno e do sistema de auditoria interna, quando existentes (estes sistemas devem existir nas sociedades cotadas); receber as comunicações de irregularidades apresentadas por accionistas, trabalhadores ou outros[43].

Os membros do conselho fiscal (ou o fiscal único) e do conselho geral e de supervisão, para o desempenho das suas funções, têm o *direito* de produzir informação vária e de receber outra do conselho de administração (v. especialmente os arts. 421/1, 432/1, 2, 3, 4 e 7); todos os membros do conselho fiscal e alguns do conselho geral e de supervisão *podem*, e às vezes *devem* (também para obter ou prestar informações) assistir às reuniões do conselho de administração (arts. 421/1d), 422/1a) e 4; 432/5 e 6 CSC). Por sua vez, os membros da comissão de auditoria, também porque são administradores (membros do conselho de administração), têm idênticos poderes e deveres (especialmente para os deveres, v. o art. 423-G/1 CSC).

Qualquer membro dos referidos órgãos de fiscalização só pode ser *destituído por justa causa* (o que reforça a independência exigida). O CSC di-lo expressamente para os membros do conselho fiscal (ou fiscal único) e da comissão de auditoria (arts. 419 e 423-E); guarda silêncio para os membros do conselho geral e de supervisão – mas há-de aplicar-se por analogia o regime daqueles preceitos.

---

[42] V. também os arts. 420-A, 421/1b), c), 422/1d) CSC.
[43] V. também o n.º II.1.4 do CGS.

Já se vê que a lei portuguesa, oferecendo embora três distintos modelos organizatórios, consagra larga convergência funcional entre eles. Mas, curiosamente, é convergência que diverge em alguns pontos da convergência prática dos dois modelos de referência a que se vem assistindo em outros países. Com efeito, o sistema monístico vem aí fazendo ponte entre o *managerial model* e o *monitoring model*; por sua vez, no sistema dualístico regista-se a tendência de o órgão de fiscalização aceder mais facilmente às informações societárias e cooperar mais intensamente com a direcção na tomada de decisões de gestão[44]. Ora, em Portugal, se é verdade que o (novo) sistema monístico consagra a ponte referida e o sistema tradicional propicia o exercício de funções fiscalizadoras (também) no seio do órgão de administração (sobretudo quando haja administradores delegados ou comissão executiva)[45], é também verdade que, no sistema *dualístico*, *o conselho geral e de supervisão* ficou, depois da reforma de 2006 do CSC, com *menos possibilidades de cooperar na gestão da sociedade.* Antes, este órgão tinha competência exclusiva para designar e destituir os administradores e para aprovar o relatório de gestão e

---

[44] Sobre a convergência funcional nos espaços anglo-americano e germânico, v. por exemplo PAUL DAVIES, "Struktur der Unternehmensführung in Großbritannien und Deutschland: Konvergenz oder fortbestehende Divergenz?", *Zeitschrift für Unternehmens-und Gesellschaftsrecht* 2001, p. 282, s. e JAN VON HEIN, "Vom Vorstandsvorsitzenden zum CEO?", *Zeitschrift für das gesamte Handelsrecht und Wirtschaftsrecht* 166 (2002), p. 494-495.

[45] Algumas sociedades cotadas com estrutura organizatória tradicional têm até, no órgão de administração, uma (atípica) "comissão de auditoria" [v. CMVM (nota 4) p. 44]. Talvez porque o velho conselho fiscal (embora agora melhorado) está conotado como fraco fiscalizador [v. COUTINHO DE ABREU (nota 1), p. 176, s.]. Ainda hoje, são poucas as vezes em que o conselho fiscal se reúne; nalguns casos, nem o número legal mínimo (uma reunião por trimestre: art. 423/1 CSC) é respeitado [v. CMVM (nota 4), p. 60-61]. Todavia, a *path dependence* faz com que a grande maioria das sociedades continue a adoptar o sistema tradicional...

contas elaborados pela direcção, e tinha o poder de determinar que a direcção devia obter o prévio consentimento do conselho geral para a prática de certas categorias de actos. Agora, a designação e destituição dos administradores pode competir (por força do estatuto social) à assembleia geral (art. 441/a) CSC); o relatório de gestão e as contas anuais são aprovados pela assembleia geral (arts. 376/1a), 453/1 CSC); o prévio consentimento do conselho geral e de supervisão para a prática de certas categorias de actos só pode ser exigido por lei ou pelo estatuto social (art. 442/1 CSC).

7. Os administradores estão sujeitos a, entre outros, deveres legais gerais: deveres de cuidado e deveres de lealdade (art. 64/1a) e b) CSC).

O *dever* (geral) *de lealdade* (previsto de modo muito indeterminado no art. 64/1b)) é definível como dever de os administradores exclusivamente terem em vista os interesses da sociedade e procurarem satisfazê-los, abstendo-se portanto de promover o seu próprio benefício ou interesses alheios. Este dever desdobra-se em várias manifestações, umas presentes na lei, outras não[46].

a) Os administradores não podem celebrar certos negócios com a sociedade: "É proibido à sociedade conceder empréstimos ou crédito a administradores, efectuar pagamentos por conta deles, prestar garantias a obrigações por eles contraídas e facultar-lhes adiantamentos de remunerações superiores a um mês" (art. 397/1 CSC)[47]. Os demais contratos celebrados entre a sociedade e os seus administradores (directamente ou por pessoa interposta), exceptuados os que se integram no objecto social e não conferem qualquer vantagem especial aos administradores, só são válidos quando previamente autorizados por deliberação do con-

---

[46] Desenvolvidamente, v. COUTINHO DE ABREU (nota 22), p. 22-30.
[47] Para este preceito remete o art. 428 CSC.

selho de administração, na qual o administrador interessado não pode votar (ou por deliberação do conselho geral e de supervisão, no sistema dualístico), e com parecer favorável do conselho fiscal ou do fiscal único (no sistema tradicional) – arts. 397/2, 5, 428 CSC[48].

b) É dever dos administradores não exercerem, por conta própria ou alheia, actividade concorrente com a da respectiva sociedade, salvo se obtiverem autorização da assembleia geral (ou do conselho geral e de supervisão, no sistema dualístico) – arts. 398/3, 428 CSC.

c) Devem os administradores aproveitar as oportunidades de negócio da sociedade em benefício dela, não em seu próprio benefício ou no de outros sujeitos, salvo consentimento da sociedade. Entende-se que uma oportunidade negocial pertence à sociedade quando se insere no domínio de actividade dela, ou ela tem interesse (objectivamente) relevante no negócio; ou quando a sociedade manifestou já interesse no negócio em causa, ou recebeu proposta contratual, ou está em negociações para conclusão do contrato[49].

d) Não devem os administradores utilizar em benefício próprio ou alheio meios produtivos da sociedade (sem contrapartida para esta), ou informações reservadas da sociedade susceptíveis de influenciar o preço de mercado das acções por ela emitidas (ou outras informações reservadas). O "abuso de informação" faz incorrer os administradores em sanções não só jurídico-civis (res-

---

[48] O impedimento de voto previsto no art. 397/2 é concretização da regra geral segundo a qual os administradores não podem votar quando, relativamente a assuntos objecto de deliberação, se encontrem em situação de conflito de interesses com a sociedade (art. 410/6 CSC).

[49] V. por exemplo HANS-JOACHIM MERTENS in *Kölner Kommentar zum AktG*, 2. Auflage (1989), § 93, Rn. 67, KLAUS J. HOPT in *Großkommentar AktG*, 4. Auflage (1999), § 93, Rn. 166, s.

ponsabilidade civil, destituição) mas também penais (arts. 449 e 450 CSC e art. 378 CVM, respectivamente)[50].

e) É dever dos administradores não abusarem da sua posição ou estatuto, isto é, não receberem de terceiros vantagens patrimoniais ("comissões", "luvas") ligadas à celebração de negócios entre a sociedade e esses terceiros.

8. Nos termos do art. 64/1a) CSC, os administradores observarão "deveres de cuidado, revelando a disponibilidade, a competência técnica e o conhecimento da actividade da sociedade adequados às suas funções e empregando nesse âmbito a diligência de um gestor criterioso e ordenado". Dizendo de outra maneira, os *deveres de cuidado* compreendem: (a) o dever de controlo ou vigilância organizativo-funcional, (b) o dever de actuação procedimentalmente correcta (para a tomada de decisões) e (c) o dever de tomar decisões (substancialmente) razoáveis[51].

a) Devem os administradores prestar atenção à evolução económico-financeira da sociedade e ao desempenho de quem a gere. Isto implica que os administradores hão-de aceder à informação correspondente. Produzindo-a eles mesmos ou solicitando-a (*v.g.*, a trabalhadores encarregados da escrituração ou a outros administradores).

b) É dever (procedimental) dos administradores preparar adequadamente as decisões de gestão. Mormente recolher e tratar a

---

[50] *V.* J. FARIA COSTA/ M. ELISABETE RAMOS, *O Crime de Abuso de Informação Privilegiada* – Insider Trading (Coimbra Editora, Coimbra, 2006).

[51] Esta nomenclatura, que não contraria o enunciado legal, está próxima da que aparece frequentemente nos EUA – v. por exemplo MELVIN A. EISENBERG, "Obblighi e Responsabilità degli Amministratori e dei Funzionari delle Società nel Diritto Americano" *Giurisprudenza Commerciale* 1992, p. 618, s. e JAMES D. COX/ T. LEE HAZEN, *On Corporations,* 2nd ed., vol. I (Aspen, New York, 2003), p. 493. Para desenvolvimentos, v. COUTINHO DE ABREU (nota 22), p. 19, s.

informação razoavelmente disponível em que assentará a decisão (tendo em conta a importância da decisão, o tempo para decidir, o custo da informação, etc.).

c) Os administradores, tendo de empregar no exercício das suas funções a "diligência de um gestor *criterioso* e ordenado", têm também o dever de tomar decisões (substancialmente) razoáveis. Razoável não é igual a óptimo. A "discricionariedade empresarial" dos administradores admite várias soluções, melhores umas do que outras mas igualmente razoáveis. Irrazoável será dissipar (ou esbanjar) património social, ou tomar riscos desmedidos (riscos que, se concretizados, conduzirão à insolvência da sociedade).

9. Se os administradores violarem deveres de lealdade ou de cuidado (ou deveres legais específicos, ou deveres estatutários), daí resultando danos para a sociedade, eles *respondem civilmente* para com ela, salvo se provarem que procederam sem culpa (art. 72/1 CSC)[52].

---

[52] Os administradores respondem civilmente também para com os credores da sociedade quando, pela inobservância culposa de disposições legais ou estatutárias de protecção destes, o património social se torne insuficiente para satisfação dos respectivos créditos (art. 78/1 CSC). E respondem ainda para com os sócios e terceiros, "nos termos gerais" (basicamente, por actuação culposa violadora de direitos absolutos de sócios ou terceiros ou de normas legais de protecção de uns ou de outros), pelos danos que directamente lhes causarem no exercício das suas funções (art. 79/1 CSC). Sobre a responsabilidade civil dos administradores para com a sociedade, credores sociais, ou sócios e terceiros, v. J. M. COUTINHO DE ABREU, *Responsabilidade civil dos administradores de sociedades* (Almedina, Coimbra, 2007); por último, P. PAIS DE VASCONCELOS, "Responsabilidade Civil dos Gestores das Sociedades Comerciais", *Direito das Sociedades em Revista* 1 (2009), p. 11-32. Registe-se, contudo, que é notável o pequeno número de decisões dos tribunais superiores portugueses acerca da responsabilidade civil dos administradores.

Todavia, quando esteja em causa o desrespeito pelo dever de cuidado, mais precisamente pelo dever de tomar decisões (substancialmente) razoáveis, poderá intervir a *business judgment rule*. Diz o (novo, introduzido pela reforma de 2006) n.º 2 do art. 72 do CSC que "a responsabilidade é excluída" se o administrador "provar que actuou em termos informados, livre de qualquer interesse pessoal e segundo critérios de racionalidade empresarial". Assim se recebeu na lei portuguesa, *tant bien que mal*, a regra de origem jurisprudencial estado-unidense[53].

Como se vê, a norma é inaplicável a casos de violação do dever de lealdade (o administrador tem de actuar "livre de qualquer interesse pessoal", em situação de não conflito de interesses) e do dever de tomar decisões procedimentalmente razoáveis (o administrador tem de agir "em termos informados"). Mas é ainda inaplicável a casos em que são preteridos deveres específicos (legais, estatutários ou contratuais) – aí não há espaço de liberdade ou discricionariedade, as decisões dos administradores estão juridicamente vinculadas, hão-de respeitar os deveres especificados. A norma é aplicável em casos em que o administrador actuou em campo de discricionariedade e causou danos à sociedade. Nestes casos, o administrador, ainda que não consiga (contra)provar que respeitou o dever de tomar decisões razoáveis, fica isento de responsabilidade civil se (contra)provar (prova bastante mais fácil) que não actuou de modo "irracional" (incompreensivelmente, sem qualquer explicação coerente)[54].

---

[53] *V.* COUTINHO DE ABREU (nota 52) p. 36-47, RICARDO COSTA, "Responsabilidade dos Administradores e *Business Judgment Rule*", in IDET (Colóquios n.º 3), *Reformas do Código das Sociedades* (Almedina, Coimbra, 2007), p. 51-86, M. CARNEIRO DA FRADA, "A *Business Judgment Rule* no Quadro dos Deveres Gerais dos Administradores", in M. FÁTIMA RIBEIRO (coord.), *Jornadas Sociedades Abertas, Valores Mobiliários e Intermediação Financeira* (Almedina, Coimbra, 2007), p. 201-242.

[54] Assim se interpretando restritivo-teleologicamente a parte final do art. 72/2 ("segundo critérios de racionalidade empresarial").

Vem a propósito voltar à grande crise actual. Administradores de muitas sociedades (financeiras, principalmente) terão tomado decisões "irrazoáveis", com riscos desmedidos. Mas, tendo em conta a ausência de regulação e/ou supervisão, a colaboração das agências de *rating*, o chamado *herd effect* ("enquanto está a dar é racional investir como os outros estão a fazer")[55], recusar-se-á a esses administradores o *safe harbour* da *business judgment rule* imputando-lhes comportamento "irracional"?...

10. A *remuneração* dos administradores pode ser certa, ou em parte certa e noutra parte variável[56]. Quanto à parte variável, o CSC refere apenas uma percentagem dos lucros de exercício distribuíveis (arts. 399/2 e 3, 429). Mas são lícitas (e praticadas) outras formas (variáveis) de remuneração. Designadamente as baseadas em acções (*stock options* e outras), quando aprovadas em assembleia geral[57].

Os membros dos órgãos de fiscalização só podem auferir remuneração fixa (arts. 422-A/1, 423-D, 440/3 CSC) – é um dos meios para promover a independência no exercício das respectivas funções.

Em regra, compete à assembleia geral ou a uma comissão por ela nomeada fixar a remuneração dos membros dos órgãos de

---

[55] ABEL MATEUS (nota 13), p. 15.

[56] Mas a remuneração dos administradores membros da comissão de auditoria (sistema monístico) deve consistir em uma quantia fixa (art. 423-D CSC).

[57] V. COUTINHO DE ABREU (nota 1), p. 85-88. Sobre a prática de remunerações em acções nas sociedades cotadas em 2007 (*stock options* em quatro, outros sistemas de remuneração com acções em outras três sociedades), v. CMVM (nota 4) p. 22, s. Nessas sociedades cotadas, a parte fixa da remuneração dos administradores executivos correspondia a cerca de 2/3 da remuneração total (*ibid.*, p. 68).

34 Corporate Governance *em Portugal*

administração e de fiscalização (arts. 399/1, 422-A/2, 440/2 CSC)[58]. O CGS (n.º II.5.2) recomenda, compreensivelmente, a independência dos membros da comissão de remunerações relativamente aos administradores[59].

Para promover (maior) informação dos accionistas, transparência e publicidade crítica, leis recentes de alguns países impõem e muitos códigos de *corporate governance* recomendam a divulgação das remunerações de cada administrador (de sociedades cotadas, sobretudo). Muito recentemente, também a lei portuguesa impôs a divulgação anual das remunerações auferidas por todos e cada um dos membros dos órgãos de administração e de fiscalização das sociedades "de interesse público" (sociedades cotadas, sociedades financeiras, seguradoras, gestoras de fundos de capital de risco e de fundos de pensões, etc.) – L 28/2009, de 19 de Junho, art. 3.º.

Matéria conexa à das remunerações dos administradores é a das pensões de reforma e complementos de reforma por velhice ou invalidez pagos pela sociedade. De acordo com os arts. 402 e 433/3 CSC, os estatutos das sociedades podem prever tais pensões e complementos.

B. *Accionistas*

1. Os accionistas em geral têm um *dever de lealdade* perante a sociedade: o accionista não deve actuar de modo incompatível

---

[58] A remuneração dos membros do conselho de administração executivo (sistema dualístico) é fixada pelo conselho geral e de supervisão, ou por uma comissão sua, salvo se o estatuto social atribuir essa competência à assembleia geral ou a uma comissão por esta nomeada (art. 429 CSC).

[59] Em 2007, nas 47 sociedades cotadas havia 44 comissões de vencimentos eleitas pelas assembleias gerais; todos os membros de 26 delas eram independentes (nenhum membro era independente em três das comissões) – CMVM (nota 4), p. 70-71.

com o interesse social (aqui, o interesse comum a todos os sócios enquanto tais) ou com interesses de outros accionistas relacionados com a sociedade[60]. É um dever que, apesar de não estar previsto em uma específica norma legal (decorre de "princípio jurídico"), tem manifestações no CSC: *v. g.*, nos arts. 58/1b) (anulabilidade das deliberações dos sócios adoptadas com abuso de maioria – deliberações que proporcionam vantagens especiais para um ou mais sócios ou terceiros em prejuízo de outros sócios, ou de que resultam tão-só prejuízos para a sociedade ou alguns sócios), 83 (o sócio com poder para fazer eleger administradores responde solidariamente com estes perante a sociedade ou sócios quando tenha actuado culposamente na escolha dos mesmos; idêntica responsabilidade tem o sócio que, tendo poder para fazer destituir administradores, os determine a praticar ou omitir actos com danos para a sociedade ou sócios), 291/6 (o accionista que utilize informações obtidas da sociedade de modo a causar danos injustos à sociedade ou a outros accionistas é responsabilizável civilmente), 384/6 (os accionistas estão impedidos de votar quando se encontrem em situação de conflito de interesses com a sociedade). Sendo embora um dever de todos os accionistas, ele é mais extenso e intenso para os maioritários ou controladores do que para os minoritários (de entre os citados, o art. 83 ilustra bem isso).

São frequentes os *negócios entre sociedades e accionistas com participações qualificadas* (incluindo accionistas de controlo) ou empresas por estes controladas[61]. E, pese embora o dever de lealdade dos accionistas (e o dever de lealdade dos administradores), muitos negócios favorecem esses accionistas (em prejuízo da sociedade). Para contrariar estas práticas, parece não serem

---

[60] Com desenvolvimentos (também para sociedades de outros tipos), COUTINHO DE ABREU (nota 18), p. 287-288, 309-325.

[61] Cfr. CMVM (nota 4), p. 96.

36 Corporate Governance *em Portugal*

bastantes o art. 83 CSC[62] (os sócios minoritários muitas vezes não têm meios de prova suficientes) e a obrigação de as sociedades divulgarem anualmente informação acerca daqueles negócios[63]. Seria recomendável que os negócios contendo cláusulas diferentes das correntes no mercado tivessem de ser, sob pena de nulidade (e à semelhança do que ocorre nos contratos entre sociedade e administradores – art. 397/2 CSC), previamente autorizados por deliberação do conselho de administração e com parecer favorável do órgão de fiscalização[64].

2. Alguns *direitos de accionistas* previstos na lei pertencem, em regra, a *cada um deles*: *v.g.*, direito de quinhoar nos lucros (arts. 21/1a), 22 CSC), direito de preferência nos aumentos de capital por novas entradas em dinheiro (arts. 458, s. CSC), direito de participar nas deliberações dos sócios (art. 379 CSC), direito a certa informação sobre a sociedade (arts. 289, 290 CSC), certos direitos de acção judicial (direito de impugnar deliberações dos sócios – art. 59 CSC – ou do conselho de administração[65], direito

---

[62] V. sobre ele T. ANSELMO VAZ, "A Responsabilidade do Accionista Controlador", *O Direito* (1996), p. 329-405, J. M. COUTINHO DE ABREU/ ELISABETE RAMOS, "Responsabilidade Civil de Administradores e de Sócios Controladores", in IDET, Miscelâneas n.º 3 (Almedina, Coimbra, 2004), p. 49-55, RUI DIAS, *Responsabilidade por Exercício de Influência sobre a Administração de Sociedades Anónimas* (Almedina, Coimbra, 2007).

[63] V. o IAS (ou IFRS) 24 (na sequência do Regulamento (CE) n.º 1606/ /2002, de 19 de Julho, o Decreto-Lei n.º 35/2005, de 17 de Fevereiro, impõe a adopção dos IAS/IFRS somente para as contas consolidadas de sociedades cotadas) e os arts. 66-A/2 e 508-F/2 CSC (introduzidos pelo DL 185/2009, de 12 de Agosto).

[64] Ressalva-se, contudo, o regime especial que vale para os negócios entre sociedades "em relação de grupo" ("grupos de direito") – arts. 488, s. CSC.

[65] O CSC estabelece nos arts. 411 e 412 o regime das invalidades das deliberações do conselho de administração. O que, apesar das imperfeições,

de requerer inquérito judicial por falta de apresentação das contas – art. 67 CSC).

Outros direitos pertencem só a sócios possuidores de *acções em certa percentagem*: *v.g.*, direito de accionista(s) com pelo menos 5% das acções (ou 2% nas sociedades cotadas) proporem acção de responsabilidade contra administradores a favor da sociedade (art. 77 CSC)[66], direito de accionista(s) com 1% ou 10% das acções obterem certas informações (arts. 288 e 291 CSC, respectivamente), direito de accionista(s) com 5% das acções requererem a convocação de assembleia geral (art. 375/2 e s. CSC) ou a inclusão de assuntos na ordem do dia de assembleia (art. 378 CSC), direito de accionista(s) com 10% das acções requerem a destituição judicial de administradores, com fundamento em justa causa (art. 403/3 CSC), direito de accionistas com 10 % das acções designarem ou proporem a designação de administradores, membros do conselho fiscal ou do conselho geral e de supervisão (arts. 392, 418, 435/3 CSC)[67].

Umas linhas mais sobre o *direito à informação*. O direito à informação em sentido estrito (o poder de o sócio fazer perguntas à sociedade – ao conselho de administração, normalmente – sobre a vida societária e de exigir que ela responda verdadeira, completa e elucidativamente) pode ser exercido fora das assembleias gerais ou nestas. No primeiro caso (art. 291/1 CSC), vimos já,

---

merece ser notado. O poder societário deslocou-se há muito da assembleia geral para o conselho de administração. Mas as leis continuam a disciplinar, só ou sobretudo, as invalidades das deliberações da assembleia geral. O CSC estará entre as primeiras leis que passaram a disciplinar também as invalidades do conselho de administração. V. COUTINHO DE ABREU (nota 1), p. 109-140.

[66] Este direito, com alguma tradição em Portugal, recebe da lei pouco estímulo para ser exercido: se a acção de responsabilidade tiver êxito, a sociedade (e só ela) recebe indemnização, mas o sócio proponente arcará com os custos do processo ...

[67] Cfr. *supra*, A, 2. e 6.

nem todo o accionista tem o direito; mas as informações prestadas ficarão à disposição de todos os demais accionistas na sede da sociedade (art. 291/7). Nas assembleias gerais, todo o accionista tem o referido direito, mas as informações requeridas devem ser relativas a assuntos sujeitos a deliberação – cabendo nestes assuntos as relações com sociedades coligadas (art. 290/1)[68]. Por sua vez, o direito de consultar documentos da sociedade (outra modalidade do direito à informação) está previsto, quer para fins indeterminados (art. 288), quer para preparação de assembleia geral (art. 289).

Note-se ainda que as sociedades estão obrigadas, por força directa da lei, a *publicitar certos factos*, a fim de poderem ser conhecidos por sócios e não sócios; são obrigações que não se confundem com os deveres das sociedades correspectivos do direito dos sócios à informação. Pense-se nas obrigações de registo comercial e correspondente publicação (Código do Registo Comercial, aprovado pelo Decreto-Lei n.º 403/86, de 3 de Dezembro de 1986, arts. 3, 9, 10, 70, s.), nas numerosas obrigações de divulgação previstas no CVM: *v.g.*, as respeitantes às participações qualificadas em sociedades abertas (art. 17)[69], aos prospectos de ofertas públicas relativas a valores mobiliários (arts. 134, s.), a relatórios e contas anuais, semestrais ou trimestrais de sociedades cotadas (arts. 245, 246, 246-A), a informações anuais sobre governo das sociedades cotadas (art. 245-A), a informações privilegiadas relativas a sociedades cotadas (art. 248) ...

---

[68] As sociedades coligadas compreendem sociedades em relação de simples participação, de participações recíprocas, de domínio, ou de grupo (arts. 481, s. CSC). Analisando o défice legal quanto ao direito de informação relativo a factos pertinentes de sociedades coligadas, v. JOÃO LABAREDA, "Direito à informação", in IDET, *Problemas do Direito das Sociedades* (Almedina, Coimbra, 2002), p. 147, s.

[69] V. também o art. 448 CSC (aplicável às sociedades anónimas fechadas).

3. Os sócios com, pelo menos, um voto, têm *direito de participar nas assembleias gerais* (art. 379/1 CSC). Em regra, a cada acção corresponde um voto (art. 384/1 CSC). Mas pode o estatuto social fazer corresponder um voto a certo número de acções (cujo valor nominal não ultrapasse € 1 000), bem como estabelecer que não sejam contados votos acima de certo número quando emitidos por um só accionista (art. 384/2); o voto plural é proibido (art. 384/5). Embora o CGS recomende o cumprimento da regra uma acção/um voto (n.º 1.3.3), apenas em 1/3 das sociedades cotadas em 2007 uma acção bastava para atribuir direito de voto; e em sete dessas sociedades havia tectos de voto[70].

Nas assembleias gerais de 2007 das 47 sociedades cotadas estiveram presentes ou representados, em média, accionistas possuidores de acções correspondentes a 67,2% do capital social (a percentagem foi inferior a 50% em 5 sociedades)[71]. A participação dos investidores institucionais nas assembleias costuma ser fraca (mais fraca ainda a dos residentes em Portugal)[72] – eles privilegiam actuações extra-orgânicas (contactos directos com os administradores, comunicações escritas a estes dirigidas, etc.).

C. Trabalhadores

Remetemos para *supra*, nota 24.

D. Auditoria

1. Todas as sociedades anónimas têm de ter revisor oficial de contas (ROC). Nas sociedades com sistema organizatório monís-

---

[70] CMVM (nota 4), p. 82-83.

[71] *Ibid.*, p. 80.

[72] *Ibid.*, p. 110, e SANTOS SILVA *et al.* (nota 2), p. 121.

40 Corporate Governance *em Portugal*

tico ou dualístico, o ROC está separado estrutural e funcionalmente dos órgãos de fiscalização geral (comissão de auditoria e conselho geral e de supervisão, respectivamente) – arts. 278/1b) e c), e 446 CSC. Nas sociedades com sistema tradicional, o ROC tem de estar separado do conselho fiscal quando a sociedade seja cotada ou ultrapasse certa dimensão (art. 413/1b) e 2a) CSC); nos demais casos, pode estar separado (art. 413/2b)), ser fiscal único ou membro do conselho fiscal (arts. 413/1a), 414/1 e 2). Em todos estes casos o ROC é, pode dizer-se, *auditor interno*. Interno, porque, no desenho do CSC, ele aparece como parte da estrutura orgânica das sociedades.

O ROC/auditor interno é em regra designado pela assembleia geral, por tempo não superior a quatro anos (arts. 415/1 e 446/1 e 2 CSC, art. 50/1 EOROC[73]).[74] É função específica dele a revisão e certificação legal das contas (arts. 420/4, 446/1, 451/2 e 3, 453/2 e 3 CSC).

As *sociedades cotadas* devem ainda contratar ROC/*auditor externo* para, principalmente, elaborar relatório sobre a informação financeira contida nos documentos de prestação de contas (arts. 8 e 244, s. CVM)[75]. Este ROC deve satisfazer certos requisitos e estar, em princípio, registado como auditor na CMVM (art. 9 CVM e arts. 6, s. do Regulamento da CMVM n.º 6/2000). Note-se, porém, que uma mesma pessoa (singular ou colectiva), se satisfizer aquelas condições, pode ser simultaneamente ROC/ /auditor interno e auditor externo da mesma sociedade.

---

[73] "Estatuto da Ordem dos Revisores Oficiais de Contas", aprovado pelo Decreto-Lei n.º 487/99, de 16 de Novembro de 1999, alterado pelo Decreto-Lei n.º 224/2008, de 20 de Novembro, que transpôs em parte a Directiva 2006/43/CE, de 17 de Maio.

[74] Para outras formas de designação, v. art. 416 CSC e art. 50/3, 5 e 6 EOROC.

[75] V. também arts. 1, s. do Regulamento da CMVM n.º 6/2000, de 8 de Fevereiro.

2. Para promover a *"independência" dos ROC*, contém o EOROC vários preceitos[76]. Por exemplo e em síntese: *a*) os ROC não podem ser membros do órgão de administração de sociedades (exceptuadas as sociedades de ROC) – art. 77; *b*) não podem exercer funções de revisão ou de auditoria às contas em sociedades nas quais possuam (directamente ou por interposta pessoa) participações sociais, ou onde exerceram, nos três anos anteriores, cargos de administração, ou onde familiares próximos são administradores (art. 78); *c*) não devem exercer funções de revisão ou auditoria em sociedades com as quais tenham relações (laborais, de prestação de outros serviços, etc.) que comprometam a sua independência (art. 68-A/2); *d*) se se verificarem riscos que possam afectar a independência – tais como os de auto-revisão (*v.g.*, o ROC participa também na elaboração dos registos contabilísticos) ou de interesse pessoal (*v.g.*, o ROC depende excessivamente dos honorários a pagar pela sociedade beneficiária da revisão ou auditoria às contas) –, devem os ROC adoptar medidas de salvaguarda da independência ou, não sendo isso viável, não realizar funções de revisão ou auditoria (art. 68-A/3, 5 e 6); tratando-se de sociedades "de interesse público" (sociedades cotadas, instituições de crédito, empresas financeiras, etc.: art. 2 do Decreto-Lei n.º 225/2008, de 20 de Novembro), os ROC estão proibidos de realizar revisão ou auditoria quando se verifiquem situações de auto-revisão ou de interesse pessoal (art. 68-A/4, 7 e 10); *e*) nas sociedades de interesse público em que a revisão ou auditoria compita a uma sociedade de ROCs, o sócio responsável pela orientação ou pela execução directa da revisão ou auditoria deve ser substituído nestas funções no prazo máximo de sete anos a contar da data da designação – podendo retomá-las depois de um período mínimo de dois anos (art. 54/2); *f*) os ROC só podem ser destituídos com justa causa (art. 54/1); *g*) até três anos depois

---

[76] Amiúde ordenados defeituosamente e pouco escorreitos.

de ter exercido as suas funções específicas em determinada sociedade, o ROC está impedido de nela exercer funções de administração (art. 79).

3. O ROC/*auditor interno responde civilmente* para com a sociedade e sócios (e outros sujeitos) pelos danos que lhes causarem com a sua conduta ilícita e culposa (art. 82 CSC)[77]. A conduta é ilícita, designadamente, quando o ROC emite certificação legal das contas exprimindo a opinião de que as demonstrações financeiras da sociedade apresentam de forma verdadeira e apropriada a situação financeira da sociedade, e isso não corresponde à realidade – realidade ignorada porque, por exemplo, o ROC não exerceu o poder-dever (legal) de verificar a regularidade ou exactidão de documentos e registos contabilísticos (arts. 420/1c) e e), 446/3 CSC) ou, mais latamente, não cumpriu as normas de auditoria aplicáveis. A culpa compreende também aqui o dolo e a negligência; bitola dela são "elevados padrões de diligência profissional" (art. 64/2 CSC). Na responsabilidade (obrigacional) para com a sociedade, a culpa é presumida; não assim nos demais casos.

O ROC/*auditor externo responde civilmente* pelos danos causados à sociedade ou a terceiros por deficiência (culposa) do relatório por si elaborado (art. 10/1 CVM). Na responsabilidade (contratual) para com a sociedade, a culpa é igualmente presumida.

A responsabilidade dos ROC é, por enquanto [apesar da Recomendação da Comissão de 5/6/2008 (2008/473/CE)], ilimitada; não há tectos legais e são nulas as cláusulas contratuais que excluam ou limitem a responsabilidade (arts. 74/1 e 81/1 CSC, art. 10/1 CVM). Contudo, essa responsabilidade deve ser garantida por seguro de responsabilidade civil profissional (art. 73 EOROC, art. 10/2 CVM).

---

[77] *V.* Gabriela Figueiredo Dias, *Fiscalização de Sociedades e Responsabilidade Civil* (Coimbra Editora, Coimbra, 2006).

III. *Corporate governance* externa

A. *Regime das OPA*

1. A disciplina das "ofertas públicas de aquisição" (OPA) estabelecida no CVM é, naturalmente, em grande medida tributária da Directiva 2004/25/CE, de 21 de Abril.

O accionista de uma sociedade aberta que disponha, directa ou indirectamente, de mais de um terço ou mais de metade dos votos emissíveis tem o dever de lançar OPA sobre todas as acções (e outros valores mobiliários que confiram direito à subscrição ou aquisição de acções) dessa sociedade (art. 187/1 CVM) – *OPA obrigatória*.

Todavia, *não há dever* de lançar OPA quando aquele poder de voto (mais de um terço ou mais de metade) tenha resultado: de OPA total respeitadora dos requisitos relativos à contrapartida que valem para as OPA obrigatórias; da execução de plano de saneamento permitido por lei; ou da fusão de sociedades, em certas circunstâncias (art. 189). Por outro lado, *também não existe aquele dever* quando, apesar de atingido o poder de voto correspondente a mais de um terço (até metade): o accionista respectivo prova perante a CMVM não ter o controlo da sociedade nem estar com ela em relação de grupo; ou a sociedade não está cotada e o seu estatuto estabelece não haver tal dever (art. 187/2 e 4). Por sua vez, o (existente) dever de lançar OPA fica *suspenso* se o accionista a ele obrigado, em comunicação escrita à CMVM, se compromete a pôr termo à situação (alienando acções e/ou outros valores mobiliários) nos 120 dias subsequentes à aquisição do referido poder de voto (art. 190).

O incumprimento do dever de lançamento de OPA obrigatória sujeita o infractor à imediata inibição de (parte dos) direitos de voto e dividendos (art. 192), à responsabilidade civil pelos danos causados aos titulares de valores mobiliários sobre os quais deveria ter incidido a OPA (art. 193) e à aplicação (pela CMVM) de coima (entre € 25 000 e € 2 500 000) por contra-ordenação muito grave (arts. 388/1 a), 393/2 h), 408/1).

A *contrapartida* (em dinheiro ou/e valores mobiliários) de OPA obrigatória não pode ser inferior ao mais elevado dos seguintes montantes: o maior preço pago pelo oferente ou pessoa relacionada na aquisição de valores mobiliários da mesma categoria nos seis meses imediatamente anteriores à data da publicação do anúncio preliminar da OPA; o preço médio ponderado desses valores mobiliários apurado em mercado regulamentado durante o mesmo período (art. 188/1 e 5)[78]. Se a contrapartida não puder ser determinada por recurso àqueles critérios, ou se a CMVM entender que a contrapartida proposta pelo oferente não está devidamente fundamentada ou não é equitativa, a contrapartida mínima será fixada por auditor independente designado pela CMVM (art. 188/ 2 e 3).

2. Determina o art. 182/1 e 2 CVM que o órgão de administração da sociedade visada, entre o momento em que toma conhecimento da decisão de lançamento de OPA (facultativa ou obrigatória) que incida sobre mais de um terço dos valores mobiliários da respectiva categoria e o momento do apuramento do resultado ou o termo (em momento anterior) do respectivo processo, fica sujeito à *regra da não frustração da OPA*. Isto é, fica proibido de praticar actos: (a) susceptíveis de alterar de modo relevante a situação patrimonial da sociedade visada (*v.g.*, emissão de acções ou celebração de contratos de alienação de partes importantes do activo social); (b) não reconduzíveis à gestão normal da sociedade; (c) e susceptíveis de afectar de modo significativo os objectivos anunciados pelo oferente. A regra compreende igualmente

---

[78] Todavia, se o oferente (ou pessoa relacionada) adquirir depois do anúncio preliminar valores mobiliários da mesma categoria, ele fica obrigado a aumentar a contrapartida para preço não inferior ao preço mais alto pago nesse período (art. 180/3 b)).

os actos de execução de decisões tomadas antes do referido período de interdição mas ainda não totalmente executadas.[79]

A regra anti-frustração não impede, todavia: os actos de cumprimento de obrigações assumidas antes do conhecimento do lançamento da OPA; os actos autorizados por deliberação adoptada (por maioria qualificada) em assembleia geral convocada exclusivamente para o efeito durante o referido período de interdição; e os actos destinados à procura de oferentes concorrentes (art. 182/3 e 4).

Contudo, a regra anti-frustração não é aplicável se o oferente for uma sociedade não sujeita àquela regra ou uma sociedade dominada por outra não sujeita à mesma regra (art. 182/6). Esta excepção de reciprocidade permite que, por exemplo, uma sociedade de direito português adopte medidas reactivas perante OPA hostil lançada por sociedade americana sujeita à *just-say-no rule*.

O (também longo e complexo) art. 182-A CVM dispõe sobre *breakthrough rules*. No essencial, o n.º 1 permite (não impõe) que os estatutos das sociedades prevejam: a) a suspensão, durante o período de aceitação de OPA, das restrições relativas à transmissão das acções estabelecidas nos estatutos ou em acordos parassociais; b) a suspensão, na assembleia geral referida no art. 182/3 b)[80], das restrições ao exercício do direito de voto previstas nos estatutos ou em acordos parassociais; c) a não aplicabilidade das mencionadas restrições ao oferente que, em resultado de OPA, fique com, pelo menos, 75% das acções com direito de voto. Os estatutos das sociedades abertas que incluam as cláusulas acabadas de referir podem ainda estabelecer que o regime dessas cláusulas não é aplicável a OPAs feitas por sociedades não sujei-

---

[79] Desenvolvidamente sobre esta matéria, v. O. VOGLER GUINÉ, *Da Conduta (defensiva) da Administração "Opada"* (Almedina, Coimbra, 2009).

[80] Cfr. *supra* penúltimo parágrafo.

46 Corporate Governance *em Portugal*

tas ao mesmo regime ou por sociedades dominadas por outras não sujeitas a esse regime (n.º 3). Note-se, entretanto, que os estatutos das sociedades abertas que não incluam as cláusulas previstas no art. 182-A/1 não podem fazer depender a eliminação das restrições relativas à transmissão ou ao exercício do direito de voto de quórum deliberativo superior a 75% dos votos emitidos (art. 182-A/2).

3. O CVM regula nos arts. 194 e 195 a aquisição potestativa das acções dos sócios minoritários (*squeeze-out*)[81]. Quem, (a) na sequência do lançamento de OPA geral e total (obrigatória ou facultativa) relativa a uma sociedade aberta, detenha na data do apuramento dos resultados da OPA, directamente ou por pessoas relacionadas, pelo menos (b) 90% da totalidade dos direitos de voto e (c) 90% dos direitos de voto abrangidos pela oferta, pode, nos três meses subsequentes, adquirir as acções remanescentes mediante contrapartida em dinheiro (art. 194/ 1 CVM). A condição (c), tuteladora embora dos interesses dos accionistas minoritários, poderá frequentemente ser ultrapassada. Com efeito, um accionista que, em consequência de OPA, passe a deter mais de 90% da totalidade dos votos pode requerer à CMVM a perda da qualidade de sociedade aberta (art. 27/1 a) e 2 CVM); perdendo

---

[81] Também o CSC, desde a versão originária (1986), regula no art. 490 o *squeeze-out*, tanto nas sociedades por acções (fechadas, actualmente) – independentemente de qualquer OPA –, como nas sociedades por quotas (é um regime menos justificável e menos equilibrado do que o previsto no CVM). V. sobre ele J. ENGRÁCIA ANTUNES, "O Artigo 490.º do CSC e a Lei Fundamental", in FDUP, *Estudos em comemoração dos cinco anos (1995--2000) da Faculdade de Direito da Universidade do Porto* (Coimbra Editora, Coimbra, 2001), p. 147-276, J. M. COUTINHO DE ABREU/A. SOVERAL MARTINS, *Grupos de Sociedades – Aquisições Tendentes ao Domínio Total* (Almedina, Coimbra, 2003). Sobre o regime do CVM, v. H. MOREDO SANTOS, "Aquisição Tendente ao Domínio Total de Sociedades Abertas", in IVM, *Direito dos Valores Mobiliários,* vol. VII (Coimbra Editora, Coimbra, 2007), p. 275-402.

a sociedade essa qualidade, o *squeeze-out* será disciplinado pelo art. 490 CSC – que não exige, além do mais, tal condição[82].

No caso de a OPA ter sido obrigatória, a contrapartida em dinheiro é calculada nos termos do art. 188 CVM[83]. Se a OPA tiver sido facultativa e o oferente adquiriu pelo menos 90% das acções com direito de voto abrangidas pela oferta, presume-se que a contrapartida da oferta é contrapartida justa para a aquisição das acções remanescentes (art. 194/2).

Nas situações em que o accionista dominante tem o direito de aquisição potestativa, também cada um dos sócios minoritários tem o direito de alienação potestativa (*sell-out*) – art. 196 CVM[84]. Nos três meses subsequentes ao apuramento dos resultados da OPA, não exercendo o accionista dominante o direito de aquisição potestativa, pode qualquer minoritário fazer convite por escrito àquele para que apresente, no prazo de oito dias, proposta de aquisição das respectivas acções remanescentes; na falta de resposta, ou se ela for considerada insatisfatória, é facultado ao minoritário exercer o direito de alienação potestativa, mediante declaração à CMVM. A contrapartida é calculada nos termos (já referidos) do art. 194/1 e 2.

B. *Publicitação e transparência*

Remetemos para *supra*, n.º II, B, 1 e 2.

---

[82] *V.* MOREDO SANTOS (nota 81), p. 352-353.

[83] Art. 194/1, *in fine,* e *supra*, III, A, 1.

[84] V. também, com diferenças, o art. 490/5 e 6 CSC.

O CÓDIGO DA INSOLVÊNCIA
E DA RECUPERAÇÃO DE EMPRESAS
REVISITADO *

MARIA JOSÉ COSTEIRA

Juíza do Tribunal do Comércio de Lisboa

---

* Texto correspondente a uma Conferência organizada pelo IDET – Instituto de Direito das Empresas e do Trabalho – Faculdade de Direito da Universidade de Coimbra.

1. Considerações gerais

O Código da Insolvência e da Recuperação de Empresas[1] (CIRE) tem subjacente uma filosofia totalmente distinta do anterior Código dos Processos Especiais de Recuperação de Empresa e de Falência. Enquanto antes se encarava a *falência* como a última *ratio*, dando-se primazia à recuperação e estruturando-se o processo do ponto de vista da protecção do devedor (existindo um processo específico de recuperação de empresa), hoje privilegia-se a liquidação do património do devedor (equivalente à anterior falência) estando o processo estruturado na perspectiva da protecção dos credores.

• Desta nova concepção decorre a primeira grande novidade: todos os processos têm uma *tramitação inicial comum* conducente à declaração de insolvência do devedor, cabendo posteriormente aos credores decidir o destino da empresa, ou seja, decidir se a mesma deve ser liquidada ou submetida a um plano de insolvência, plano que tanto se pode destinar à liquidação da massa insolvente como à viabilização/ recuperação do insolvente (art. 1.º e arts. 192.º e segs.).

---

[1] Aprovado pelo Dec.lei 53/2004 de 18 de Março e alterado pelos Dec.lei n.º 200/2004, de 18 de Agosto, 76-A/06 de 29 de Março, 282/07 de 7 de Agosto, 116/08 de 4 de Julho e 185/09 de 12 de Agosto, e a que se referem todas as disposições referidas neste texto sem qualquer indicação em contrário.

52 *O Código da Insolvência e da Recuperação de Empresas revisitado*

A tomada de posição dos credores tem lugar na Assembleia de Apreciação do Relatório (art. 156.º) pelo que, por força deste novo regime, praticamente em todos os processos (com excepção das insolvências decretadas ao abrigo do art. 39.º mas que são em número muito reduzido) passa a ter lugar (pelo menos) uma Assembleia de Credores. Esta diligência obrigatória reveste-se em grande número de casos de absoluta inutilidade (dado não haver qualquer possibilidade de aprovação de um plano de insolvência, a empresa há muito havia cessado a sua actividade e não tem qualquer tipo de bem) e tem como efeito perverso aumentar as diligências a realizar em tribunal, com todas as consequências negativas daí decorrentes para o entorpecer do funcionamento das secções de processos, sem que qualquer vantagem dela resulte.

Tal assembleia deverá ser convocada, nos termos do art. 36.º, al. n), entre os 45 a 75 dias subsequentes à sentença que decreta a insolvência. Face ao actual sistema de publicação de actos no Diário da República e aos atrasos com que o IGFIEJ, IP efectua os pagamentos aos Administradores da Insolvência[2], as assembleias são por regra designadas para o final do referido prazo de modo a assegurar que a assembleia se realize no dia designado (isto é, que o anúncio foi publicado com a antecedência exigida pelo legislador – 10 dias – art. 75.º, n.º 2, que há condições para o Administrador da Insolvência juntar o seu relatório com a antecedência de oito dias – art. 155.º, n.º 3, e, de preferência e por questões de ordem prática, que já decorreu o prazo de reclamação de créditos fixado na sentença[3]).

---

[2] Aprovado pela Lei 32/2004 de 22 de Julho. Têm hoje direito a uma provisão para despesas no montante de € 500, a pagar em duas prestações, vencendo-se a primeira no momento da sua nomeação – art. 26.º, n.º 1, 5 e 6 do Estatuto do Administrador da Insolvência.

[3] Para evitar que os credores reclamem os seus créditos na própria assembleia já que, em processos onde há muitos credores, tal reclamação

Daqui resulta que após decretada a insolvência há um período de pelo menos setenta e cinco dias em que não se pode realizar qualquer operação tendente à liquidação do activo (com a ressalva relativa aos bens perecíveis ou depreciáveis – art. 158.º, n.º 2) dado que até à realização da assembleia não pode ter lugar a venda dos bens que integram a massa (art. 158.º, n.º 1) o que se justifica por os credores ainda não terem tido oportunidade de se pronunciar e decidir se a empresa se mantém em actividade, se deve ser elaborado um Plano de Insolvência ou se deve iniciar-se a liquidação.

Este prazo muitas vezes ultrapassa os setenta e cinco dias por força das substituições, algo frequentes, de Administradores da Insolvência (apesar de inscritos nas listas nem sempre recebem a correspondência enviada pelo tribunal e por vezes pedem escusa por falta de disponibilidade) e dos atrasos na publicação do anúncio no Diário da República originados pelo facto de haver Administradores da Insolvência que, legitimamente, não efectuam o pagamento do anúncio antes de receberem a provisão[4] para despesas e esta só ser paga, por via de regra, dois a três meses após o envio pelo tribunal da nota respectiva.

Acontece que em mais de 90% dos processos a Assembleia de Credores delibera o encerramento dos estabelecimentos da insolvente (sendo certo que na maior parte dos casos, nesse momento, já não há estabelecimentos em actividade) e o prosse-

---

implica que a assembleia seja muito demorada – desde logo por o funcionário que efectua a chamada não ter uma lista de credores para seguir, a que acresce o tempo que é despendido com a reclamação dos créditos em assembleia.

[4] Prover é fornecer, abastecer, munir, dotar. Em meu entender uma provisão pecuniária pressupõe a sua entrega ao destinatário em momento anterior ao da efectiva realização da despesa. Se assim não for então não estamos perante uma provisão mas antes perante um reembolso. Por essa razão entendo que é lícito aos Administradores da Insolvência não adiantarem o dinheiro necessário para publicar o anúncio.

54 *O Código da Insolvência e da Recuperação de Empresas revisitado*

guimento do processo para liquidação do activo ou, perante o relatório apresentado pelo Administrador da Insolvência e por requerimento do próprio, formulado no relatório ou na própria assembleia, pronuncia-se desde logo pelo encerramento do processo por insuficiência da massa nos termos do art. 232.º.

Daqui resulta que, na prática, em cerca de 90% dos processos a assembleia de credores é absolutamente inútil e não traz qualquer vantagem, pelo contrário, atrasa a liquidação por alguns meses e aumenta desnecessariamente o número de diligências a realizar no tribunal.

Do ponto de vista do direito a constituir, seria muito mais profícuo que só em casos pontuais, em que fosse desde logo alegado, na petição inicial ou na oposição, que a insolvente é viável ou que tem um estabelecimento em funcionamento (dado que só nestes casos faz verdadeiramente sentido a aprovação de um Plano de Insolvência), se designasse assembleia de apreciação do relatório pois só nestes casos há uma opção a tomar pelos credores. Nos restantes casos a assembleia deveria poder ser dispensada.

• Hoje a declaração de insolvência de uma sociedade não leva necessariamente, e na maior parte dos casos não leva de facto, à extinção da sociedade. Presentemente, sendo um processo encerrado por insuficiência da massa (art. 232.º) prevê o código que a sua liquidação prossegue nos termos gerais (art. 234.º, n.º 4), ou seja, a liquidação é feita nos termos do processo administrativo de liquidação a cargo das Conservatórias do Registo Comercial (RJPADLEC – Dec.lei 76-A/06 de 29 de Março).

Ora esta realidade faz com que as sociedades, embora dissolvidas por via da declaração de insolvência (art. 141.º, n.º 1, al. e) do Código das Sociedades Comerciais), não fiquem liquidadas e, por conseguinte, não sendo cancelada a matrícula, não percam a personalidade jurídica. Para além de esta opção contrariar o próprio espírito do código (expurgar o tecido empresarial de todas as unidades produtivas que não contribuem de modo positivo para o desenvolvimento económico e tornar mais expedito e célere o processo de insolvência) prolongando a liquidação (que vai começar do início no âmbito do processo administrativo instaurado pela Conservatória nos casos em que o encerramento do processo de insolvência ocorre antes de praticado qualquer acto de liquidação, art. 232.º, n.º 4) o certo é que não traz qualquer benefício nem para a própria empresa nem para os devedores. Por outro lado tem um impacto negativo nos processos judiciais pendentes contra a insolvente e que não tenham sido declarados extintos por força da insolvência, pois, tais processos vão ser desapensados e prosseguirão os seus termos nos tribunais de origem (art. 233.º, n.º 4), sendo certo que entretanto o Administrador da Insolvência cessou as suas funções (art. 233.º, n.º 1, al. b).

• Uma outra novidade introduzida com o objectivo de agilizar e tornar mais eficiente a liquidação prende-se com os poderes conferidos ao Administrador da Insolvência e os poderes subtraídos à Comissão de Credores e ao juiz. O código opera uma verdadeira desjudicialização do processo nesta matéria. O Administrador da Insolvência passou a ter uma maior autonomia e a sua actuação passou a estar em grande parte subtraída a qualquer controle.

Com efeito, para além das situações em que é necessária deliberação da Assembleia ou da Comissão de Credores, o Administrador da Insolvência é livre de tomar as decisões que entender, não estando obrigado a acatar as deliberações da assembleia, podendo apenas vir a ser responsabilizado nos termos do art. 59.º ou destituído nos termos do art. 56.º (não há conhecimento de que, no tribunal de Comércio de Lisboa, tenha sido até à data intentada qualquer acção de responsabilidade contra o Administrador da Insolvência nos termos do citado art. 59.º).

Ora nenhuma destas duas soluções resolve problemas concretos que uma actuação menos cuidada ou diligente possa causar.

56 *O Código da Insolvência e da Recuperação de Empresas revisitado*

Nestes casos o controlo a exercer pelo juiz é mínimo. Pode determinar que o administrador preste informações e/ou contas (art. 55.º, n.º 4, 61.º e 62.º), mas não poderá ir muito para além desta notificação até porque os actos praticados pelo administrador deixaram de ser objecto de impugnação (cfr. ponto 10.º do preâmbulo do código), ou seja, não pode o tribunal sancioná-los.

Esta autonomia do administrador, presente em inúmeros aspectos, tais como ter passado a ser o próprio quem ajuíza da necessidade das despesas em que incorre (art. 60.º, n.º 1 *O Administrador da Insolvência nomeado pelo juiz tem direito ... ao reembolso das despesas que razoavelmente tenha considerado úteis ou indispensáveis*), a poder praticar actos de liquidação sem ouvir nem a Comissão de Credores nem a Assembleia (art. 161.º, *a contrario*), etc., não só não traz maior celeridade e eficiência ao processo como origina, com relativa frequência, conflitos entre o Administrador da Insolvência e a Comissão de Credores, conflitos esses que não são desejáveis e que acabam por levar a apresentação de requerimentos, a pedidos de destituição do administrador da Insolvência, ou seja, a atrasar o andamento normal do processo.

2. Algumas questões processuais e substantivas

• Entrando no "processo" propriamente dito comecemos pela *legitimidade* **activa** e pela questões que se têm levantado a este propósito.

A legitimidade activa é conferida ao devedor, a quem for legalmente responsável pelas suas dívidas, a qualquer credor e ao Ministério Público (art. 18.º e segs).

Quanto ao devedor atribui-se-lhe o dever de apresentação no prazo de 60 dias a contar da data do conhecimento da situação de insolvência ou da data em que devia conhecê-la (art. 18.º, n.º 1) dever não extensível aos devedores pessoas singulares que não sejam titulares de uma empresa à data da verificação da situação de insolvência (art. 18.º, n.º 2).

Ao requerente da insolvência, quando se trata do *próprio devedor,* basta alegar que se encontra impossibilitado de cumprir as suas obrigações vencidas (art. 18.º), indicar se a situação de insolvência é actual ou iminente, identificar os seus administradores (de acordo com a definição do art. 6.º) e os cinco maiores credores, juntar certidão da respectiva matrícula (art. 23.º) bem como os documentos referidos no art. 24.º, não tendo que fazer qualquer referência às causas que determinaram a verificação de tal situação.

A apresentação pode fundar-se na insolvência actual ou na insolvência iminente (art. 3.º) A primeira verifica-se quando o devedor se encontre impossibilitado de cumprir as suas obrigações vencidas e, tratando-se de pessoa colectiva, também quando o seu passivo for manifestamente superior ao seu activo. A segunda quando ainda não se verifique uma impossibilidade de cumprimento das obrigações vencidas mas for expectável e mesmo inevitável que tal aconteça num futuro próximo.

Esta opção do legislador de permitir apenas ao devedor a propositura do processo quando a situação de insolvência é iminente é contrária ao próprio espírito do código na medida em que contraria a pretensão de encontrar soluções rápidas e eficazes para as empresas que se encontram em situação económica difícil. De facto, permitir aos credores antecipar o pedido nos casos em que é evidente e manifesto que a empresa vai, a curto prazo, deixar de cumprir as suas obrigações, seria um passo importante para evitar o agravar da situação de penúria das empresas e salvaguardar os interesses dos credores, impedindo não só o agravar da situação económico-financeira do devedor como a diminuição das garantias de satisfação dos credores resultante da possível delapidação do património.

Nos termos do art. 19.º, tratando-se de pessoa colectiva, a iniciativa cabe ao órgão social incumbido da sua administração

58   *O Código da Insolvência e da Recuperação de Empresas revisitado*

ou, se não for o caso, a qualquer um dos seus administradores, impondo o art. 24.°, n.° 2, al. a), que seja junta pelo devedor a acta respectiva.

Foi intenção do legislador colocar na mão dos gerentes/administradores a possibilidade de apresentar a sociedade à insolvência, o que se compreende se atentarmos no facto de a não apresentação atempada os poder fazer incorrer em responsabilidade. Ficou assim afastada a regra geral de que a dissolução da sociedade depende de deliberação dos sócios (arts. 246.°, n.° 1, al. i) e 383.°, n.° 2 do Código das Sociedades Comerciais quanto às Sociedades por Quotas e às Sociedades Anónimas, respectivamente).

Este artigo 19.° tem sido causa de alguma controvérsia, nomeadamente nos casos em que a gerência/administração é plural, havendo quem entenda que nestes casos qualquer gerente ou administrador pode tomar a decisão de apresentar a empresa à insolvência.

Não é assim. Quando a sociedade é "governada" por um conselho de administração ou uma gerência composta por mais do que um elemento, o conselho de administração ou a gerência formam um órgão colegial que, enquanto tal, delibera por maioria dos seus membros (cfr. para as Sociedades por Quotas e Anónimas os arts. 261.° e 410.°, respectivamente, do Código das Sociedades Comerciais). Por conseguinte a decisão de apresentar a empresa à insolvência tem de ser uma decisão do órgão de administração e não de um só administrador/gerente. Consequentemente, tem de ser junta aos autos a acta correspondente à deliberação do conselho de administração ou do conselho de gerência.[5]

• Prevê também o legislador que pode requerer a insolvência quem for *legalmente responsável* pelas dívidas do devedor (art.

---

[5] A decisão de apresentação da sociedade à insolvência não se confunde com a questão da representação da sociedade sendo certo que só quanto a esta releva a circunstância de a sociedade se obrigar com apenas uma assinatura.

20.º, n.º 1), sendo certo que responsáveis legais pelas dívidas da sociedade são aqueles que respondam pessoal e ilimitadamente pela generalidade das dívidas do insolvente (art. 6.º). Assim, a legitimidade para pedir a declaração de insolvência da sociedade não pertence ao responsável por uma determinada dívida ou tipo de dívidas (sócio ou gerente responsável por um aval ou em relação ao qual corre um processo de reversão por dívidas de natureza fiscal) mas sim do responsável, pessoal e ilimitadamente, pela generalidade das dívidas do devedor.

Esta possibilidade tem, na prática, um alcance muito reduzido. Com efeito, a generalidade das nossas sociedades reveste a forma de Sociedades por Quotas ou de Sociedades Anónimas, sociedades em que os sócios não têm responsabilidade pessoal e ilimitada pelas dívidas da sociedade (excepto se tal for consagrado no pacto social – arts. 197.º e 271.º do Código das Sociedades. Comerciais, respectivamente, situação extremamente rara). Logo, na prática, não há processos de insolvência intentados por responsáveis legais.

• Por último podem propor um processo de insolvência os *credores e o Ministério Público.* No que a estes respeita os problemas mais frequentes prendem-se com os créditos por suprimentos, com os créditos litigiosos e com os créditos diminutos.

Relativamente aos primeiros há que considerar o disposto no art. 245.º n.º 2 do Código das Sociedades Comerciais que estabelece que *Os credores por suprimentos não podem requerer, por esses créditos, a falência da sociedade. (...)*

Este artigo não foi expressamente revogado pelo CIRE e, por também não o ter sido tacitamente, mantém-se em vigor. Por um lado mantêm-se perfeitamente válidas as razões que levaram à sua consagração (evitar que um crédito "interno" da sociedade leve à declaração de insolvência de uma sociedade que pode ser saudável). Por outro lado a norma em causa está de acordo com os arts. 245.º n.º 3, al. a) do Código das Sociedades Comerciais (nos termos do qual os suprimentos só serão reembolsados após satisfação integral das dívidas da sociedade para com terceiros), e 48.º, n.º 1, al. g) (que qualifica estes créditos como créditos subordinados, ou seja, são os últimos a ser pagos).

Sucede que a falta de previsão no CIRE de qualquer norma sobre esta questão tem levantado diversas interpretações, havendo arestos dos tribunais superiores em ambos o sentidos, isto é, quer a confirmar a posição expressa supra quer a considerar que o art. 245.º, n.º 3, Código das Sociedades Comerciais foi tacitamente revogado.

No que aos segundos respeita, isto é, os créditos litigiosos, é algo frequente a utilização pelos credores do processo de insolvência como forma de pressão para obter o pagamento de um alegado crédito. Uma das situações em que tal acontece é precisamente quando estão em causa créditos litigiosos sendo pedida a insolvência de um devedor quando a dívida reclamada é objecto de litígio, ou seja, não é aceite pelo alegado devedor e está aliás, em grande parte dos casos, a ser discutida numa acção declarativa ou em sede de embargos de executado.

No direito pregresso entendia-se que o crédito invocado como causa de pedir, isto é, a obrigação cujo incumprimento fundava o pedido, tinha que ser certa, líquida e exigível[6]. Este entendimento continua a ser inteiramente aplicável uma vez que o facto índice enunciado no art. 20.º, n.º 1, al. b), é em tudo idêntico ao art. 8.º, n.º 1, al. a), do Código de Processos Especiais de Recuperação de Empresas e Falências (CPEREF).

Nos casos que estamos a considerar, a própria existência da dívida que serve de causa de pedir à acção é contestada, ou seja, está em causa a própria existência dos créditos invocados. É certo que a insolvência pode ser requerida por qualquer credor, não sendo exigível que o mesmo disponha de um título executivo

---

[6] PINTO FURTADO *in* Revista da Banca, n.º 13, "Âmbito subjectivo da falência...", pag. 42

contra o devedor. Mas tal não significa que possa ser requerida por quem, não tendo tal título executivo, veja o crédito ser contestado de facto e de direito. Nestes casos, não havendo uma decisão judicial que reconheça a existência e montante dos créditos, não pode o credor intentar uma acção de insolvência contra o devedor, sob pena de estar a executar uma decisão judicial não existente.

Com efeito, a natureza urgente do processo de insolvência e as particularidades do processo relativas à sua tramitação, ao número de articulados, à prova a apresentar e aos prazos para a sua apresentação, não se coadunam com a discussão sobre a existência do crédito que estes casos justificam. Basta pensarmos que só há dois articulados admissíveis, que não é possível a produção de prova pericial, que o julgamento segue sempre a forma de processo sumário, que o prazo para contestar é de 10 dias, que é possível dispensar a citação do devedor e que é instituído um cominatório que não se compadece com este tipo de pedido. Tais especificidades tornam virtualmente impossível para o alegado devedor efectuar a prova de que a dívida inexiste ou que inexiste tal como configurada pelo autor, até porque, em muitos casos, tal prova só através de análise pericial à contabilidade da ou das empresas envolvidas se consegue obter.

E nem se diga que o facto de o credor condicional ter legitimidade para requerer a insolvência obsta a este entendimento já que o credor condicional, se não tiver ocorrido a condição, poderá não ter condições para peticionar a declaração de insolvência com base no incumprimento do seu crédito, mas pode certamente pedi-la com base na verificação de qualquer outro facto índice.

Como já se decidiu na vigência do CPEREF[7] "Ao referir-se a crédito de qualquer natureza, o art. 8.º não está a considerar

---

[7] Ac. STJ de 09/07/02 proferido no processo n.º 328/00 do 3.º juízo do Tribunal do Comércio de Lisboa – Agravo n.º 1763/02-1

62 *O Código da Insolvência e da Recuperação de Empresas revisitado*

créditos litigiosos, quiçá hipotéticos, quanto à sua própria existência. Caso contrário (...) estariam todas as sociedades em risco de poderem ser declaradas falidas a requerimento de alguém que, intitulando-se credor não o fosse na verdade, ou que, sendo credor, o fosse por uma quantia muito inferior à alegada, cujo incumprimento não seria, no caso concreto, revelador da impossibilidade de o devedor satisfazer pontualmente a generalidade das suas obrigações".

Hoje, a redacção do proémio do art. 20.º n.º 1 voltando a consagrar a expressão «*...qualquer que seja a natureza do seu crédito...*» e reeditando o incumprimento nos moldes anteriores, com precisões e alargamentos, permite ainda o mesmo raciocínio.

Com efeito, a declaração de insolvência assume a natureza de uma execução de todo o património do devedor a benefício de todos os credores, ou seja, uma execução universal, não sendo, pois, a sede própria para se discutir a existência do crédito do requerente. Nem o processo de insolvência pode ser encarado como um "atalho" para obter um resultado favorável ou uma pressão para resolução de um conflito entre as partes. A sua razão de ser arranca da necessidade de extirpar do tecido económico e social as empresas irrecuperáveis, necessidade que se traduz, para o devedor insolvente, num verdadeiro dever de apresentação à insolvência.

Voltando à perspectiva da exigibilidade do crédito "para que se constate a falta de cumprimento pelo devedor de uma obrigação, necessário será, antes de mais, que tal obrigação seja exigível pelo credor respectivo, que o mesmo é dizer que o correspondente crédito exista na titularidade da requerente em termos de poder ser, na data do requerimento da falência, exigido coercivamente do devedor."[8].

---

[8] Ac. STJ de 07/04/02 proferido no processo n.º 637/00 do 2.º juízo do Tribunal do Comércio de Lisboa – proc. n.º 653/01

Como se disse *supra* para se pedir a declaração de insolvência (com excepção dos créditos condicionais) é necessário que o requerente seja credor de uma obrigação vencida, líquida e exigível. Se a obrigação não assume estas características, designadamente porque é contestada e a sua verificação depende de um verdadeiro julgamento cível (por meio de uma acção declarativa de condenação na qual são conferidos ao réu todos os meios necessários para que possa exercer cabalmente a sua defesa, ao contrário do que sucede no processo de insolvência), então não é lícito ao credor partir directamente para o pedido de declaração de insolvência. Primeiro terá de ver o seu crédito reconhecido e só depois poderá vir requerer a declaração de insolvência do então já reconhecido devedor.

Não há dúvida que vindo o crédito a ser reconhecido, pode ser fixado o incumprimento em momento anterior ao da propositura da acção, retroagindo a tal data todos os efeitos decorrentes do incumprimento. Mas até essa decisão ser proferida, tendo havido contestação, não pode considerar-se assente a existência do crédito.

A qualidade de credor e o crédito respectivo têm de estar já assentes à data da entrada do requerimento em tribunal, pois, só assim, é possível fazer-se o juízo sobre a situação económica do requerente e concluir-se que as circunstâncias do incumprimento e o montante da obrigação revelam a insolvência do devedor.

Por conseguinte, quando o crédito invocado é litigioso, não pode, com base no mesmo, ser pedida e declarada a insolvência.

Por último, não é todo e qualquer crédito que permite a formulação do pedido de declaração de insolvência. Com efeito, quando está em causa um crédito diminuto (e note-se que por vezes são intentadas acções de declaração de insolvência reclamando o autor um crédito de € 500,00, € 700,00, € 1.000,00), ou o credor requerente alega e prova outros factos índices para além do incumprimento do seu crédito (designadamente a existência de outros créditos, a insuficiência de bens penhoráveis constatada em

64   *O Código da Insolvência e da Recuperação de Empresas revisitado*

processo executivo, o incumprimento das dívidas para com a Fazenda ou a Segurança Social, etc.), ou não pode a insolvência ser decretada por não se poder concluir que a dívida em causa, pelo seu montante, revela a impossibilidade de o devedor satisfazer pontualmente a generalidade das suas obrigações (art. 20.º, n.º 1, al. b).

• Quanto à *legitimidade passiva*, questão que só se coloca quando o processo não se iniciou com a apresentação do devedor, têm-se levantado algumas questões relacionadas com a coligação de requeridos.

A possibilidade de coligação passiva no anterior regime estava expressamente prevista no caso de empresas em relação de grupo ou domínio ou com os balanços e contas aprovados consolidadamente (art. 1.º, n.º 3, do C.P.E.R.E.F.). Hoje tal previsão não existe.

Será admissível o recurso ao art. 30.º do Código de Processo Civil e, por via dele, admitir a coligação, isto é, pode aceitar-se o entendimento de que o facto de o CIRE não impedir expressamente a coligação a torna admissível nos termos gerais? A resposta é negativa. Por um lado o código prevê expressamente uma hipótese de coligação passiva: o caso dos cônjuges casados em regime de comunhão (art. 264.º). Por outro lado o legislador consagrou expressamente a possibilidade de apensação das acções de insolvência de sociedades em relação de grupo (nos termos do Código das Sociedades Comerciais – art. 86.º) depois de decretadas as respectivas insolvências.

Atendendo a estas disposições expressas, a única interpretação coerente da lei é a de que não há qualquer lacuna e que, por conseguinte, a coligação só é possível nos casos expressamente previstos no código, ou seja, não é possível a coligação passiva de pessoas colectivas, nem, como já não o era no anterior regime, a de pessoas colectivas e pessoas singulares, nem tão pouco a de pessoas singulares fora do caso de previsto no ar. 264.º.

• Citado o devedor e pretendendo este defender-se, tem o prazo de 10 dias para deduzir *oposição*, devendo nesta apresentar todos os meios de prova (art. 30.º, n.º 1) bem como a lista dos seus cinco maiores credores, com exclusão do requerente, indicando o respectivo domicílio, sob pena de não recebimento do articulado (art. 30.º, n.º 2).

Esta cominação é desajustada e desproporcionada. Com efeito, no que à petição inicial respeita, prevê o art. 27.º, n.º 1, al. b) que o juiz, no despacho liminar, "concede ao requerente, sob pena de indeferimento, o prazo máximo de cinco dias para corrigir os vícios sanáveis da petição, designadamente quando esta careça de requisitos legais ou não venha acompanhada dos documentos que hajam de instruí-la, nos casos em que tal falta não seja devidamente justificada".

Daqui resulta que se o requerente não juntar, com a petição inicial, algum dos elementos/documentos exigidos pelo código, designadamente certidão da matrícula da requerida (art. 23.º, n.º 2, al. d), ou se a petição carecer de requisitos legais, nomeadamente a identificação dos administradores do devedor – art. 23.º, n.º 2, al. b), a consequência não é a de indeferimento liminar da petição inicial. Nestes casos o juiz tem de proferir despacho convidando-o a juntar os elementos em falta e só se, na sequência de tal despacho, nada for junto, é que tem lugar o indeferimento liminar da petição inicial.

Ora a regra consagrada no art. 30.º, n.º 2, *in fine*, se interpretada no sentido de não conferir ao requerido/devedor que, com a oposição, não junta algum dos elementos/documentos exigidos por lei ou cuja oposição não obedece aos requisitos legais, a possibilidade de ser convidado a suprir a falta de requisitos legais ou a juntar os documentos em falta, viola claramente o princípio constitucional da igualdade.

Com efeito, dispõe o art. 13.º, n.º 1 da Constituição da República Portuguesa que *todos os cidadãos têm a mesma dignidade social e são iguais perante a lei*. A protecção conferida por este direito abrange a proibição do arbítrio, isto é, a proibição de diferenciações de tratamento sem justificação objectiva razoável.

66 *O Código da Insolvência e da Recuperação de Empresas revisitado*

Não há qualquer fundamento ou motivo que justifique a diferença de tratamento dada ao credor requerente da insolvência, que é convidado a suprir as irregularidades do seu articulado e só se não o fizer vê a sua petição inicial liminarmente indeferida, e ao devedor requerido que, sem qualquer convite ao aperfeiçoamento, vê desde logo rejeitada a sua oposição.

Mais incompreensível se torna esta solução quando atentamos nas consequências decorrentes da rejeição da oposição: não se admitindo a oposição consideram-se confessados os factos alegados na oposição (art. 30.º, n.º 5) o que significa que se considera confessada a situação de insolvência..

E nem se diga que o facto de o processo ter natureza urgente justifica a estatuição aqui em análise. Em qualquer processo, tenha ou não natureza urgente, têm de ser respeitados os princípios básicos do Estado de Direito democrático, entre os quais se inclui o princípio da igualdade de tratamento, consagrado constitucionalmente. Por outro lado o processo é urgente desde o início, ou seja, desde que a acção é proposta, sendo certo que tal não impediu o legislador de conferir ao requerente a possibilidade de suprir os vícios sanáveis do seu articulado. Logo, tal argumento não pode ser considerado válido.

Por estes motivos o preceito em análise tem de ser interpretado no sentido de ter sempre lugar o convite ao devedor requerido para suprir as irregularidades de que padeça o seu articulado e só se tais irregularidades não forem supridas é que tem lugar o não recebimento da oposição, entendimento que foi já acolhido em vários arestos do tribunal constitucional.

• A oposição pode basear-se na inexistência do crédito do requerente ou na inexistência da situação de insolvência (art. 30.º, n.º 3).

Neste código consagrou-se o entendimento que era pacífico na doutrina e na jurisprudência firmada no domínio do CPEREF de que nestes processos há uma inversão do ónus da prova: provada a existência do facto índice cabe ao devedor demonstrar que não se encontra insolvente (art. 30.º, n.º 4), ou seja, provado o facto índice presume-se a situação de insolvência.

Tal demonstração pode ser feita por dois meios distintos: com base na sua escrituração obrigatória, devidamente "arrumada e organizada" ou na prova da superioridade do activo em relação ao passivo (art. 3.º, n.º 3). Nesta última hipótese, atendendo ao prazo curto de oposição, por um lado, e à ambiguidade das noções previstas no art. 3.º, n.º 3, (tais como "justo valor" dos elementos do activo e do passivo e "valorização" da empresa numa perspectiva de continuidade ou liquidação, sempre com exclusão do trespasse), por outro, a ilisão da presunção é difícil para não dizer quase impossível.

O legislador não esclarece o que seja o "justo valor" e como é que o mesmo se determina, sendo certo que a urgência do processo e o apertado prazo para deduzir oposição não se compadece, como referido *infra*, com a produção de prova pericial (que seria o meio de prova mais indicado para demonstração do real valor do activo até porque, não sendo este valor "apurado" através de um meio de prova idóneo, o juiz não terá ao seu dispor elementos probatórios que lhe permitam com segurança considerar o valor indicado pelo devedor como provado).

Quanto à previsão da al. b) do art. 3.º, relativa à perspectiva de continuidade ou de liquidação, a mesma é praticamente de impossível aplicação. Nesta fase do processo o tribunal não dispõe de dados que lhe permitam fazer este juízo, sendo certo que determinar quais os factos objectivos que o devedor tem de alegar e provar para que o tribunal conclua ser mais provável a continuidade da empresa ou o seu encerramento não é tarefa fácil.

Sintomática desta dificuldade é o facto de, na prática e em concreto, esta linha de defesa ser praticamente inexistente.

• Sendo deduzida oposição prevê o art. 35.º, n.º 1, que é logo marcada audiência de *julgamento* para um dos cinco dias subsequentes, notificando-se o requerente e o devedor para comparecerem pessoalmente ou se fazerem representar por quem tenha poderes para transigir.

68   *O Código da Insolvência e da Recuperação de Empresas revisitado*

Ao contrário do que acontecia até agora, em que se aplicavam as regras respeitantes às acções sumárias, o legislador estabeleceu regras semelhantes às aplicáveis aos processos que seguiam a forma sumaríssima antes da reforma de 1995 do Código de Processo Civil.

Assim, *se o devedor citado se tiver oposto:*

- na falta do devedor ou de um seu representante com poderes para transigir: consideram-se confessados os factos alegados na petição inicial e o juiz profere de imediato sentença de declaração de insolvência;
- na falta do requerente ou de um seu representante com poderes para transigir: considera-se que o requerente desiste do pedido e o juiz profere de imediato sentença homologatória da desistência;
- na falta de ambas as partes: consideram-se confessados os factos alegados na petição inicial e o juiz profere de imediato sentença de declaração de insolvência;
- comparecendo ambas as partes (pessoalmente ou através de representante com poderes para transigir): o juiz selecciona os factos assentes e os que integram a base instrutória.

Elaborada a base instrutória as reclamações têm lugar de imediato e são logo decididas, produz-se a prova, os mandatários alegam de facto e de direito, o tribunal decide a matéria de facto e profere sentença de imediato ou no prazo de cinco dias.

• Relativamente a este artigo 35.º importa fazer algumas considerações já que a prática tem revelado que o mesmo é fonte de problemas vários.

Desde logo é preciso esclarecer que o cominatório nele previsto quanto à falta das partes só pode funcionar se a notificação tiver sido efectivamente recebida (pela parte), dado que não estamos perante uma notificação para chamar a parte a juízo. Assim, se a notificação não tiver sido efectivada, não há lugar ao cominatório mas sim a adiamento da audiência, não tendo aqui aplicação o art. 651.º, n.º 7, Código de Processo Civil (que prevê que a falta da parte não é motivo de adiamento) uma vez que esse artigo pressupõe que a parte foi convocada, o que não sucede nos casos em que a notificação não foi recebida.

Deste cominatório resulta ainda que a regra consagrada no art. 651.º, n.º 1, al. c), do Código de Processo Civil, adiamento com base na falta dos mandatários, só se aplica, nos julgamentos de insolvência, se a parte estiver presente. É que se a parte não comparecer funciona logo o cominatório, que é prévio à confirmação da presença dos mandatários.

Esta questão originou, sobretudo nos primeiros tempos de vigência do código, alguns dissabores aos mandatários que, habituados ao regime regra do processo civil, enviavam um fax ao processo a informar que não podiam estar presentes e não avisavam os seus clientes que eles próprios tinham de comparecer no tribunal. Ora na falta da parte o que acontece é que ou se declaram confessados os factos alegados na petição inicial, se a falta for do requerido, ou se profere uma sentença homologatória da desistência do pedido, se a falta for do requerente, não relevando a falta do mandatário.

Ainda a propósito do julgamento importa deixar aqui uma nota quanto à apresentação dos meios de prova.

O oferecimento dos meios de prova é feito nos articulados, isto é, com o requerimento inicial e com a oposição, conforme resulta expressamente do art. 25.º n.º 1 e 30.º n.º 1. Ou seja, há apenas dois momentos possíveis de oferecimento de prova em processo de insolvência – com os articulados legalmente previstos de requerimento inicial e oposição.

A única excepção possível é o oferecimento da prova documental uma vez que esta, pela sua própria natureza, permite o contraditório em tempo útil e sem prejuízo para a celeridade e simplicidade do processo, e que, por esses motivos se entende passível de ser feita nos termos previstos no art. 523.º n.º 2 do Código de Processo Civil.

O CIRE não prevê qualquer possibilidade de alteração ou aditamento do rol de testemunhas, não tendo aqui aplicação o art. 512.º-A do Código de Processo Civil (que prevê a possibilidade de alteração ou aditamento do rol até 20 dias antes da data em que se realize a audiência de julgamento, concedendo-se à parte contrária igual faculdade, a exercer em 5 dias).

Por um lado, tendo em conta que o art. 35.º n.º 1 do CIRE prevê a marcação de julgamento para um dos cinco dias subsequentes ao despacho que o designa, fica desde logo em abstracto afastada a possibilidade de aplicação do art. 512.º-A do Código de Processo Civil, por incompatível com os prazos previstos no CIRE.

É certo que o cumprimento deste prazo de cinco dias é, na actual situação da generalidade dos tribunais, impossível de cumprir e, na prática, não é cumprido. Mas daí não resulta que sendo designada audiência de julgamento para data que possibilite o requerimento de aditamento ou alteração no prazo legal previsto no art. 512.º-A do Código de Processo Civil, deva o tribunal admiti-lo. Se não se pode fazer recair sobre as partes os ónus e desvantagens do deficiente funcionamento da máquina judiciária, também deles não podem as partes beneficiar.

Em suma, a alteração do rol de testemunhas e o aditamento do mesmo, nos termos do art. 512.º-A, do Código de Processo Civil, não é possível, podendo apenas ter lugar a substituição das testemunhas oferecidas nos termos do art. 629.º, n.º 3, do Código de Processo Civil.

• No que concerne à *sentença de declaração de insolvência* o novo regime introduziu algumas novidades.

Como novidade positiva surge o facto de se ter deixado de fixar residência ao falido (totalmente inconsequente já que por regra os falidos pessoas colectivas há muito abandonaram o local onde tinham a sua sede e têm paradeiro desconhecido ou mesmo inexistente) para se passar a fixar *residência dos administradores do insolvente* – art. 36.º, n.º c). Se o princípio é mais correcto, na prática a fixação de residência aos administradores só é eficaz nos casos de apresentação à insolvência já que nos casos de insolvência requerida o credor requerente não tem, por regra, conhecimento das residências dos administradores do insolvente, as certidões da matrícula, quando têm a sua morada, não estão, a maior parte das vezes, actualizadas, e as diligências encetadas pela secretaria nas bases de dados disponíveis são muitas vezes infrutíferas.

A sentença nomeia o administrador da insolvência, podendo manter em funções o administrador provisório que tenha sido já nomeado, e a Comissão de Credores se o juiz entender que se justifica a sua nomeação (arts. 36.º, al. d) e 66.º, n.º 1) e tem que incluir determinadas advertências que estão enunciadas no art. 36.º, als. f), l) e m).

• Poderá, porém, não se proceder às advertências referidas, não decretar a apreensão de bens nem marcar data para realização da assembleia de apreciação do relatório se o juiz concluir que o património do devedor não é *presumivelmente* suficiente para satisfazer as custas do processo e as dívidas previsíveis da massa insolvente nem estando essa satisfação garantida por qualquer outra forma. O que releva aqui são, as dívidas da massa insolvente e não as dívidas sobre o insolvente, realidades absolutamente distintas embora por vezes sejam confundidas.

Nestes casos o juiz declara verificada a insuficiência do activo na sentença e declara de imediato aberto o incidente de qualificação da insolvência com carácter limitado, não tendo lugar a apreensão de bens do devedor nem ficando, por conseguinte, o insolvente privado do poder de administração e disposição do seu património – art. 39.º.

Esta "opção" do juiz é de difícil aplicação já que na maior parte das situações o tribunal não tem neste momento processual uma base factual suficiente que lhe permita ter uma ideia minimamente consistente sobre o activo do devedor ou sobre eventuais outras formas que garantam a satisfação das dívidas (sobretudo nos casos de não oposição ao pedido), nem tão pouco, no

72   *O Código da Insolvência e da Recuperação de Empresas revisitado*

momento em que é proferida a sentença, sabe quais vão ser as custas do processo (cfr. arts. 301.º e seguintes) ou as dívidas da massa insolvente (cfr. art. 51.º).

Por outro lado podem levantar-se questões complicadas na sequência do decretamento da insolvência nos termos do art. 39.º. Não havendo lugar à apreensão de bens, se o administrador vier a descobrir bens do insolvente não os pode apreender porque não foi decretada a apreensão de bens na sentença. Por outro lado para impulsionar o prosseguimento dos autos nos termos do art. 39.º, n.º 2 há que proceder ao depósito do valor fixado pelo juiz ou caucionar com garantia bancária esse pagamento, depósito que os Administradores da Insolvência não estão interessados em assumir. Por último o juiz não pode oficiosamente ordenar o prosseguimento dos autos.

Pode assim dar-se o caso de haver conhecimento superveniente da existência de bens do insolvente e, não obstante, não se proceder à sua apreensão e subsequente liquidação, sendo que este é o objectivo primordial do processo de insolvência. Restará aos credores propor novo processo de insolvência tendo o requerente desse novo processo que proceder ao depósito do montante que o juiz razoavelmente entenda necessário para garantir o pagamento das custas e das dívidas previsíveis da massa insolvente (art. 39.º, n.º 7, al. d).

Por estas razões o recurso ao processo "simplificado" de insolvência previsto no art. 39.º deve ser feito com alguma prudência, ou seja, limitado às situações em que há alguma garantia da inexistência de activo bastante (por exemplo quando está demonstrada a inexistência de bens apurada em processo executivo anterior).

• Há hoje a possibilidade de o administrador da insolvente manter a administração dos seus bens desde que o requeira, apresente ou se comprometa a apresentar em 30 dias um plano de insolvência, não haja razões para crer que tal acarrete atrasos no processo ou prejudique de algum modo os credores e a tal não se oponha o requerente da insolvência, se não for o próprio devedor (requisitos cumulativos). Neste caso a sentença terá que declarar expressamente que a administração fica entregue ao devedor. A administração de bens pelo devedor pode ainda resultar de deliberação da assembleia de credores (art. 224.º, n.º 2).

Quando a administração é entregue ao devedor na sentença que declara a insolvência, a sentença não pode corresponder na íntegra ao preceituado no art. 36.º. Se o devedor mantém a administração dos seus bens não pode a sentença que decreta a insolvência ordenar a apreensão desses mesmos bens nem ordenar a entrega ao Administrador da Insolvência de parte dos elementos referidos no art. 24.º, (alíneas f) e g) do art. 36.º) sob pena de o devedor ficar com a administração de direito mas não de facto. Nestes casos deverá o administrador da insolvência fazer um inventário dos bens, em lugar de os apreender, e deverá o insolvente disponibilizar-lhe o acesso aos elementos identificados no art. 24.º, em lugar de lhos entregar.

• No que concerne à *impugnação da sentença*, retrocedendo ao regime anterior ao C.P.E.R.E.F., o CIRE volta a consagrar a possibilidade de se poderem deduzir *embargos* e interpor *recurso* da sentença que declara a insolvência, sendo que é possível deduzir oposição simultaneamente pelas duas vias (art. 42.º), estando a legitimidade para embargar e recorrer estabelecida nos arts. 40.º e 42.º.

Não obstante poder o mesmo interessado impugnar a sentença pelos dois meios referidos, a escolha não é aleatória. Se pretender impugnar a sentença por considerar que a mesma é ilegal, que enferma de uma qualquer nulidade processual ou porque, face aos elementos disponíveis, a decisão devia ter sido outra, terá que recorrer da sentença (art. 42.º). Já se pretender alegar factos novos, requerer novos meios de prova ou pôr em causa o facto de o tribunal não ter tido em conta determinados meios de prova, terá de embargar (art. 40.º, n.º 2).

Quando é deduzida oposição por embargos pode, no recurso que vier a ser interposto da decisão proferida nestes, ser invocada

74 O Código da Insolvência e da Recuperação de Empresas revisitado

a ilegalidade da primeira decisão? Ou terá o interessado que, mesmo embargando, recorrer desde logo da primeira decisão sob pena de não poder depois vir invocar a sua ilegalidade?

Numa interpretação literal dir-se-ia que esta segunda hipótese seria a correcta, ou seja, da sentença que decretou a insolvência teria o interessado que recorrer e embargar e, mais tarde, eventualmente, recorrer da decisão que julga os embargos, ou seja, haveria uma tripla impugnação.

Esta solução não faz sentido nem do ponto de vista da economia processual nem do ponto de vista substantivo. Tal como defende Paula Costa e Silva, sendo os meios de reacção cumulativos e alternativos (a parte pode optar por qualquer deles sendo ambos admissíveis) eles são também sucessivos se for deduzida oposição, ou seja, neste caso, primeiro a parte embarga e só mais tarde, no recurso da decisão que vier a ser proferida nos embargos, pode invocar qualquer ilegalidade da sentença que declarou a insolvência.

Os *embargos* são interpostos no prazo de 5 dias a contar da data da notificação da sentença ao embargante ou ao fim da dilação aplicável (art. 40.º, n.º 2).

Com a petição inicial de embargos deverá o embargante oferecer todos os meios de prova, tornando-se um único apenso independentemente do número de embargos que tenha sido deduzido, razão pela qual se estabelece que o processo só é concluso ao juiz findo o prazo máximo para dedução de embargos – art. 41.º

Os *recursos* são interpostos no prazo geral constante do Código de Processo Civil, todos têm apenas um grau, ou seja, só há recurso para o Tribunal da Relação, excepto quando se tratar de um recurso para fixação de jurisprudência (art. 14.º, n.º 1). Termina assim a dicotomia existente no direito anterior relativamente aos recursos das decisões proferidas no apenso de embargos e por força da qual os recursos podiam subir para o Tribunal da Relação ou directamente para o Supremo Tribunal de Justiça consoante fosse ou não posta em causa a matéria de facto.

Todos os recursos têm, agora, subida imediata e efeito devolutivo (art. 14.º, n.º 5). Mantém-se o sistema de não notificação das alegações e contra-alegações, tendo os interessados o ónus de, interposto e admitido o recurso, proceder à consulta das alegações na secretaria (art. 14.º, n.º 3 e 4).

Quer os embargos quer os recursos têm como efeito imediato a suspensão da liquidação (art. 158.º, n.º 1) na medida em que obstam ao trânsito em julgado da sentença que decreta a insolvência. Neste caso só podem ser objecto de liquidação os bens perecíveis ou deterioráveis (tendo o Administrador da Insolvência de obter a concordância da Comissão de Credores ou, caso esta não esteja nomeada, do juiz – art. 158.º, n.º 2).

• No capítulo da *Verificação e Graduação de Créditos* foram também introduzidas algumas novidades.

Diz o art. 1.º que *O processo de insolvência é um processo de execução universal que tem como finalidade a liquidação do património de um devedor insolvente e a repartição do produto obtido pelos credores, ou a satisfação destes pela forma prevista num plano de insolvência, que nomeadamente se baseie na recuperação da empresa compreendida na massa insolvente.*

Mantém-se, pois, a insolvência, na sequência da nossa tradição jurídica, como uma execução universal, o que significa que nela são chamados a concorrer todos os credores do devedor. Há, porém, uma particularidade a assinalar que resulta do facto de nesta execução não haver necessariamente liquidação de todo o património do devedor. Por um lado pode vir a ser aprovado no processo um plano de insolvência que não preveja a liquidação do património do devedor. Por outro lado pode a insolvência ser decretada e, se logo nesse momento se concluir que o devedor não tem património suficiente para satisfazer as custas e despesas do processo, não haver lugar sequer à apreensão do seu património nem, consequentemente, à sua liquidação (art. 39.º). Por último, pode o processo vir a ser encerrado sem que tenha sido feita a liquidação a pedido do Administrador da Insolvência e

76   *O Código da Insolvência e da Recuperação de Empresas revisitado*

ouvida a Assembleia se o activo for insuficiente para satisfazer as despesas e custas do processo (art. 232.º).

Pode, assim, dizer-se que, não obstante a massa estar vocacionada para o cumprimento, das obrigações do devedor para com a generalidade dos seus credores, na medida do possível e respeitando as regras próprias da hierarquia dos créditos, nem sempre a afectação da massa implica a sua afectação pelos credores.

O fundamento do concurso de credores reside no facto de, como princípio geral do nosso sistema jurídico, o património do devedor constituir uma garantia geral de todos os credores (art. 601.º do Código Civil).

O regime regra consagrado no art. 604.º, n.º 1, do Código Civil, é o da igualdade dos credores perante o património do devedor, isto é, não havendo causas legítimas de preferência, devem todos os credores ver os seus créditos satisfeitos pelo preço dos bens do devedor, satisfação essa que será proporcional quando o referido preço não for suficiente para satisfazer os seus créditos na totalidade (cfr. art. 46.º).

Há, porém, casos configurados como excepcionais, ou seja, causas legítimas de preferência, por força dos quais muitas vezes os pagamentos não respeitam este princípio da igualdade: é o que sucede quando há créditos que beneficiam de garantia ou privilégio. As garantias e privilégios aparecem definidos na lei e, uma vez que se trata de normas excepcionais, não podem ser objecto de aplicação analógica (art. 11.º do Código Civil), ou seja, só há que considerar os privilégios e garantias enunciados na lei.

No que à graduação de créditos em processo de insolvência respeita há determinadas especialidades a considerar, sendo o código inovador em alguns aspectos.

Importante neste domínio foi desde logo a clarificação operada no que concerne à distinção entre os créditos sobre a insolvência (art. 47.º) e os créditos da massa insolvente (art. 51.º), distinção importante por várias razões.

É aos créditos sobre a insolvência que o juiz tem de atender quando verifica se a situação de um devedor se enquadra na previsão do art. 39.º, "processo simplificado" de insolvência, ou se um determinado processo deve ser encerrado por insuficiência da massa (art. 232.º). Os créditos sobre a insolvência só podem ser reclamados no prazo de um ano a contar da sentença que declara a insolvência (art. 146.º), não estando os créditos sobre a massa sujeitos a este prazo. Enquanto os créditos sobre a insolvência têm de ser reclamados no processo e só depois de verificados e graduados e satisfeitas as despesas e custas do processo são pagos (arts. 128.º, 173.º e 172.º, n.º 1), os créditos sobre a massa são pagos em qualquer estado do processo, nas datas dos respectivos vencimentos e sempre com precipuidade, isto é, os créditos sobre a insolvência, independentemente da sua categoria, são preteridos no confronto com os créditos sobre a massa (art. 172.º, n.º 1 e 3).

No elenco das dívidas da massa incluem-se entre outros (art. 51.º):

- as custas do processo;
- as remunerações e despesas do Administrador da Insolvência bem como as da Comissão de Credores;
- as dívidas emergentes dos actos de administração, partilha e liquidação da massa e em geral da actuação do Administrador da Insolvência no exercício das suas funções;
- as dívidas resultantes de contratos bilaterais cuja cumprimento não possa ou não seja recusado pelo Administrador da Insolvência.

Estão, pois, em causa, para além das despesas decorrentes do próprio processo (custas, despesas e remuneração), dívidas contraídas no decurso do processo por via da actividade a que ele dá causa.

Assim, todas as dívidas de funcionamento da empresa (sobretudo de empresa por no caso de insolvências de particulares não proprietários de estabelecimento comercial as dívidas da massa

78 O Código da Insolvência e da Recuperação de Empresas revisitado

serem em princípio de valor pouco relevante) nascidas após a declaração da insolvência, sejam elas laborais, fiscais, bancárias, de fornecimentos, à previdência, etc., são dívidas da massa insolvente e, por conseguinte, são pagas preferencialmente às dívidas da insolvente anteriores à prolação da sentença.

Uma clarificação também importante está consagrada no art. 47.º, n.º 1, que equipara a credores da insolvência aqueles que, não sendo credores do devedor, dispõem de garantias sobre os seus bens para segurança de créditos sobre terceiros (art. 47.º, n.º 4).

No que às categorias de créditos respeita foram introduzidos alguns desvios às regras gerais. No art. 47.º, n.º 4 classificam-se os créditos sobre a insolvência como créditos garantidos, privilegiados, comuns e subordinados.

Os *créditos garantidos* são os que beneficiam de garantias reais e os que beneficiem de privilégios creditórios especiais (mobiliários ou imobiliários).

Os *créditos privilegiados* são os que beneficiam de privilégios creditórios gerais (i.e, privilégios mobiliários já que não há privilégios imobiliários especiais – art. 735.º, n.º 3, Código Civil).

Os *créditos comuns* são os que não beneficiam de qualquer garantia ou privilégio e não são subordinados.

Os *créditos subordinados* são os que estão taxativamente enunciados no art. 48.º, nos quais se incluem os juros constituídos após a declaração de insolvência com excepção dos abrangidos por garantia ou privilégio.

Na sua essência são considerados créditos subordinados os detidos por pessoas especialmente relacionadas com o devedor (noção concretizada no art. 49.º), considerando-se que estas de algum modo beneficiaram de actos ou omissões praticados pela insolvente e que estão real ou presuntivamente ligados ao prejuízo dos credores, sendo a presunção neste caso inilidível. Para além destes créditos obrigatoriamente considerados subordinados, admite-se que, por convenção das partes, a determinados créditos seja atribuída a natureza subordinada, o que constitui mais um desvio à regra do art. 604.º do Código Civil

Diferente do regime anterior é o ora estabelecido no que respeita a juros moratórios. Enquanto antes, com a sentença de declaração de falência, cessava qualquer contagem de juros ou outros encargos sobre as obrigações do falido (art. 151.º, n.º 2, do C.P.E.R.E.F.), no novo sistema os juros continuam a vencer-se, após a declaração de insolvência, até efectivo pagamento (cfr. art. 48.º, al. b). Significa isto que a estabilização do passivo, que surgia anteriormente como decorrência normal da declaração de falência, agora não existe.

No que aos privilégios e garantias respeita, o regime anterior determinava a extinção de todos os privilégios creditórios do Estado, autarquias locais e instituições de segurança social, excepcionando os que se constituíssem no decurso do processo (art. 152.º do CPEREF). Extinguiam-se, pois, com a declaração de insolvência os créditos garantidos quer com privilégio imobiliário quer com privilégio mobiliário geral ou especial.

No actual regime (art. 97.º) só se extinguem com a declaração de insolvência os privilégios acessórios de créditos do Estado, das autarquias e das instituições de segurança social constituídos ou vencidos, consoante a natureza do crédito, mais de doze meses antes da data do início do processo, ou seja, os créditos correspondentes ao ano anterior à propositura da acção mantêm os seus privilégios. Quanto às hipotecas legais acessórias dos créditos desses mesmos credores hoje só se extinguem aquelas cujo registo tenha sido requerido dentro dos dois meses anteriores à data do início do processo de insolvência. Extinguem-se igualmente as garantias reais acessórias dos créditos subordinados

O Código criou ainda um privilégio creditório mobiliário geral: o crédito correspondente a um quarto do crédito não subordinado do credor requerente da insolvência, até ao máximo de 500 unidades de conta, beneficia de privilégio mobiliário geral (art. 98.º n.º 1).

80   *O Código da Insolvência e da Recuperação de Empresas revisitado*

A atribuição deste privilégio demonstra o objectivo do legislador de incentivar a propositura de processos de insolvência como forma de expurgar o tecido empresarial das empresas que não são economicamente viáveis, objectivo que está também patente no novo regime de extinção dos privilégios do Estado.

No que à graduação de créditos respeita o CIRE contém poucas normas de natureza substantiva, sendo aplicável na sua totalidade as disposições legais do Código Civil, do Código de Trabalho no que aos créditos dos trabalhadores respeita, do Código Comercial no que aos créditos relacionados com navios concerne, e de vários diplomas avulsos que regulam os privilégios do Estado.

As especificidades introduzidas prendem-se com os créditos subordinados, classe criada agora tendo o legislador expressamente determinado que os mesmos são graduados pela ordem elencada no artigo que os define e depois dos restantes créditos sobre a insolvência (art. 48.º), e com o privilégio atribuído ao credor requerente da insolvência, relativamente ao qual se estabelece que o mesmo deve ser graduado em último lugar do grupo dos créditos com privilégio mobiliário geral (art. 98.º, n.º 1).

Na sentença que decreta a insolvência o juiz fixa o prazo de reclamação de créditos até 30 dias [art. 36.º, n.º 1, al. j)], prazo esse que corre a partir da publicação do anúncio da sentença que declara a insolvência no Diário da República (art. 37.º n.ºs 7 e 8).

Findo o prazo fixado na sentença o administrador tem 15 dias para apresentar a relação de créditos reconhecidos e não reconhecidos, reclamados ou não, cabendo-lhe avisar os credores cujos créditos não hajam sido reconhecidos, total ou parcialmente quanto à natureza, ou que hajam sido reconhecidos não tendo sido reclamados (cfr. art. 129.º).

Nos 10 dias seguintes a este prazo qualquer interessado pode impugnar a lista, contestando os créditos (existência, montante ou natureza), podendo o administrador ou qualquer interessado responder nos 10 dias subsequentes (arts. 130.º e 131.º).

Terminado este prazo a Comissão de Credores tem 10 dias para juntar os autos o seu parecer sobre as impugnações (art. 135.º), e não o parecer sobre os créditos reclamados como sucedia no âmbito do CPEREF (art. 195.º CPEREF).

Segue-se tentativa de conciliação, a realizar em 10 dias, para a qual são convocados para comparecer pessoalmente todos os interessados que tenham apresentado impugnações e respostas, a Comissão de Credores e o Administrador da insolvência. Serão considerados reconhecidos os créditos que sejam aprovados por todos os presentes, independentemente de o titular do crédito estar ou não presente (art. 136.º).

Após a tentativa de conciliação o processo é concluso para saneamento (art. 136.º n.º 3).

No saneador são logo reconhecidos os créditos constantes da lista de créditos reconhecidos e não impugnados e os aprovados na tentativa de conciliação, bem como os que se possam imediatamente considerar verificados de acordo com os elementos de prova constantes do processo, tendo o despacho saneador, quanto aos créditos reconhecidos, a forma e o valor de sentença.

Havendo ainda créditos não reconhecidos e matéria de facto controvertida, o processo tem de prosseguir para julgamento correndo o prazo de 20 dias para realizar quaisquer diligências probatórias que devam ter lugar antes da audiência de julgamento, após o que esta será designada para os 10 dias seguintes (arts. 137.º e 138.º). Neste caso, a graduação de todos os créditos é relegada para a sentença.

Na audiência aplicam-se as regras do processo sumário com algumas especificidades: o administrador e a Comissão de Credores podem a todo o tempo ser ouvidos; as provas são produzidas de acordo com a ordem das impugnações; as alegações são produzidas pela ordem enunciada, primeiro o mandatário dos impugnantes e depois dos respondentes (tendo ficado excluído das alegações o mandatário da devedora, pelo que parece que o mesmo não poderá alegar), não havendo lugar a réplica (art. 139.º).

82 *O Código da Insolvência e da Recuperação de Empresas revisitado*

Devem, pois, ser notificados para a audiência, para além dos credores cujos créditos tenham sido impugnados e dos credores impugnantes, neste caso notificados na pessoa dos respectivos mandatários (ao contrário do que sucede na notificação para a tentativa de conciliação), o administrador da insolvência e os membros da Comissão de Credores.

Se a falta dos credores pode determinar, nos termos gerais, o adiamento da audiência, já a falta do Administrador da Insolvência e da Comissão de Credores não é causa de adiamento

Encerrada a audiência o juiz profere sentença em 10 dias.

A sentença é estruturada em duas partes: uma relativa à verificação dos créditos e outra relativa à graduação dos créditos.

Na graduação devem os créditos ser hierarquizados de acordo com a ordem de preferência estabelecida na lei, sendo que as custas pagas pelo autor ou exequente constituem dívidas da massa (art. 140.º, n.º 3)

A graduação é geral para todos os bens da massa e especial para os bens a que respeitem direitos reais de garantia e privilégios creditórios (art. 140.º, n.º 2).

Assim, a graduação dos créditos que beneficiem de garantia real ou sobre os quais recaiam privilégios é feita nos termos da lei geral (designadamente arts. 745.º e segs do Código Civil, 377.º do Cod. Trabalho, 322.º do Regulamento do Código do Trabalho, 574.º, do Código Comercial, arts. 10.º a 12.º do Dec.lei 103//80 de 9 de Maio etc.), com duas especificidades:

- no que ao crédito privilegiado do credor requerente da insolvência respeita, o mesmo é graduado após todos os outros créditos que beneficiem de privilégio creditório geral (art. 98.º);
- no que aos créditos subordinados respeita os mesmos são graduados em último lugar, pela ordem enunciada no art. 48.º.

Esta tramitação, na aparência simples e rápida, levanta algumas questões e suscita, no concreto, várias dificuldades.

O art. 128.º n.º 1, que estabelece os requisitos da reclamação de créditos, dispõe que o credor deve, no seu requerimento, indicar: a proveniência, data de vencimento, montante de capital e juros; as condições a que esteja subordinado; a natureza do crédito: comum, privilegiada, garantida ou subordinada.

Os requerimentos são remetidos directamente para o administrador da insolvência, a quem cabe fornecer ao credor um comprovativo do recebimento (art. 128.º n.º 2).

Sendo o prazo de reclamação de créditos um prazo para a prática de um acto processual, embora materialmente dirigido ao administrador, deve considerar-se ser-lhe aplicável o disposto no art. 145.º do Código de Processo Civil. Assim, o acto de entrega da reclamação pode ser praticado num dos 3 dias úteis seguintes ao seu termo, para o que o credor terá que se apresentar no tribunal, requerer a liquidação da multa na secretaria, proceder ao seu pagamento e remeter, então, o comprovativo desse pagamento ao Administrador da Insolvência.

Uma vez que ao processo de insolvência é aplicável subsidiariamente o Código de Processo Civil (art. 17.º), as reclamações devem ser articuladas, até porque, se os créditos forem impugnados, os factos alegados podem vir a ser objecto de selecção para integrar a matéria de facto assente e a base instrutória.

Todos os credores, incluindo o credor que haja requerido a declaração de insolvência (ao contrário do que sucedia no CPEREF – art. 188.º n.º 3) bem como o que tenha o seu crédito já reconhecido por decisão definitiva, têm que reclamar os seus créditos no processo (art. 128.º, n.º 3).

O art. 129.º, n.ºs 1 e 4, prevê um regime que constitui uma excepção ao princípio do pedido. Cabendo ao administrador pronunciar-se sobre todos os créditos de que tenha conhecimento, tenham ou não sido reclamados no processo, podem vir a ser reconhecidos créditos sem que os respectivos titulares os tenham reclamado. Efectivamente, não havendo impugnação destes créditos, eles são verificados e graduados pelo juiz no local que lhes competir.

Cabe ao administrador "avisar" por carta registada os credores com créditos reconhecidos que não os tenham reclamado e os credores que não virem os seus créditos reconhecidos total ou parcialmente (tenham ou não reclamado os seus créditos), devendo juntar aos autos os comprovativos das notificações efectuadas (art. 129.º, n.º 4). Igual aviso terá de ser feito se o administrador não reconhecer a um crédito reclamado a natureza que o credor lhe atribuiu.

O objectivo deste aviso não é equivalente ao procedimento anteriormente previsto no art. 191.º, n.º 2, do C.P.E.R.E.F. já que não se pretende com esta notificação que os credores venham reclamar os seus créditos em determinado prazo. Pelo contrário, os credores avisados pelo Administrador da Insolvência estão hoje impedidos de reclamar esses seus créditos por via da acção de verificação ulterior de créditos (art. 146.º, n.º 2).

Significa isto que o objectivo do aviso será apenas o de dar conhecimento aos credores que os créditos foram ou não reconhecidos e com determinada natureza. Aos credores caberá, se discordarem da posição assumida pelo Administrador da Insolvência, impugnar no processo (e não directamente para o Administrador da Insolvência como por vezes sucede) a lista do administrador.

No art. 130.º n.º 1 define-se que qualquer interessado pode impugnar a lista apresentada pelo administrador. Deve, pois, o Administrador da Insolvência juntar, com as listas de créditos, o comprovativo das notificações a que alude o art. 129.º, n.º 4, a fim de o tribunal poder apurar da tempestividade das impugnações.

Deve entender-se por interessado além do próprio insolvente e dos credores relativamente aos respectivos créditos, todos os credores em relação aos quais exista possibilidade de conflito com o titular do crédito reconhecido. Esta impugnação tanto pode respeitar ao montante do crédito como à sua natureza.

Uma vez que os titulares dos créditos que sejam avisados nos termos do art. 129.º n.º 4 (créditos não reclamados, créditos não reconhecidos e créditos reconhecidos em termos diversos da reclamação) não podem posteriormente recorrer à acção de verificação posterior de créditos (prevista no art. 146.º, n.º 2, al. a) a impugnação por parte dos mesmos é essencial.

Muito importante nesta sede é a regra do art. 134.º n.º 4: as impugnações apenas são objecto de notificação aos titulares dos créditos a que respeitem, se estes não forem os próprios impugnantes. Ou seja, só quando o impugnante contestar o reconhecimento de um crédito de outrem é que a impugnação é notificada ao credor respectivo. Em todos os demais casos não há notificação das impugnações pelo que os interessados, incluindo os Administradores da Insolvência, têm o ónus de consultar os autos para verificar se foram apresentadas impugnações e, em querendo, responder às mesmas nos termos do art. 130.º.

Se não houver impugnações é de imediato proferida sentença de verificação e graduação de créditos que, salvo erro manifesto, consiste na homologação da lista do administrador e na graduação dos créditos de acordo com essa lista (art. 130.º, n.º 3). Deste artigo parece resultar que se houver uma lista de créditos não reconhecidos e se a mesma não tiver sido impugnada o juiz na sentença não faz qualquer referência a tais créditos. Esta interpretação não pode ser aceite. A sentença tem que se pronunciar sobre todos os créditos, seja julgando-os verificados seja não verificados, pois a omissão de pronúncia relativamente a qualquer credor é fundamento de nulidade da sentença (art. 668.º, n.º 1, al. d), Código de Processo Civil).

Não obstante a referência a "erro manifesto" este artigo tem que ser interpretado de forma cuidadosa já que no que respeita a créditos que só por documento autêntico podem ser provados o juiz sempre terá que verificar a conformidade substancial e formal do respectivo documento (ex. títulos de crédito) o mesmo sucedendo no que respeita aos casos em que há formalidades *ad subs-*

tantiam a respeitar (ex. hipotecas), cabendo ao juiz, nestes casos, notificar o Administrador da Insolvência para juntar ao processo os elementos necessários para apreciar tais créditos.

A falta de resposta às impugnações implica a sua procedência (art. 131.º n.º 3) sendo aplicável o disposto no art. 25.º n.º 2 ou seja, com os articulados (requerimento de reclamação, impugnações e resposta às impugnações) devem ser juntos e requeridos todos os meios de prova.

A legitimidade para apresentar resposta depende da impugnação. Se a impugnação disser respeito ao indevido reconhecimento ou natureza do crédito, só o próprio titular pode responder. Se a impugnação disser respeito ao não reconhecimento do crédito, qualquer credor pode responder.

No tocante às listas a apresentar pelo Administrador da Insolvência, o legislador apenas exige que seja fundamentado o não reconhecimento de créditos (art. 129.º n.º 3). Tem, porém, que se estender a obrigatoriedade de fundamentação, mesmo que sucinta, também à lista de créditos reconhecidos. Prevendo o legislador que a sentença se limite a "homologar" as listas do Administrador da Insolvência e tendo as sentenças que ser fundamentadas sob pena de nulidade (art. 668.º, n.º 1, al. b) do Código de Processo Civil)a fundamentação da sentença neste caso será, por remissão, a da lista de créditos reconhecidos. Logo, tal lista tem que conter a fundamentação.

Também a própria indicação das garantias e privilégios terá que ser devidamente fundamentada. Basta pensar no caso das hipotecas, em que o registo é constitutivo (art. 687.º do Código Civil), tendo a indicação que conter necessariamente a identificação do bem, do registo da hipoteca, do montante garantido pela hipoteca e da respectiva data de constituição, uma vez que a hipoteca só garante os juros relativos a três anos (art. 693.º, n.º 2, do Código Civil), ou no caso dos privilégios especiais, mormente o privilégio imobiliário dos trabalhadores que incide apenas sobre o imóvel onde exerciam a sua actividade (art. 377.º, n.º 1, al. b), do Código do Trabalho).

Todos os prazos a que se aludiu correm de seguida. O prazo para apresentação da lista pelo administrador de insolvência é de 15 dias contados a partir do termo do prazo fixado em sentença para a reclamação de créditos, o prazo para impugnação da lista de credores inicia-se no termo do prazo para o Administrador da Insolvência apresentar as listas e o prazo para responder às impugnações inicia-se com o termo do prazo para impugnar. Porém, a contagem só pode efectuar-se nestes termos se o primeiro dos prazos (o de apresentação das listas) for respeitado. Com efeito, se o Administrador da Insolvência não apresentar as listas nos 15 dias referidos, o prazo para as impugnações não começa logo a correr, como tem já sido defendido. O prazo de impugnar tem necessária e obrigatoriamente que começar a correr a partir do momento em que as listas são juntas já que não se pode impugnar algo de que não se tem conhecimento.

Tendo em conta a tutela dos demais credores, que já têm sobre si o ónus de consulta do processo para saber se as listas foram juntas e ponderar a sua impugnação, não poderá admitir-se a apresentação sucessiva de listas pelo administrador de insolvência que excedam a rectificação de lapsos. Caso haja créditos de que o Administrador da Insolvência tenha conhecimento após a apresentação da lista a que alude o art. 129.º, estes "novos créditos" terão que ser encaminhados para as acções previstas no art. 146.º, se ainda se encontrarem em tempo, não podendo nunca ser objecto de reconhecimento pelo Administrador da Insolvência em novas listas ou em aditamento às listas já apresentadas.

Para além do prazo fixado na sentença podem ainda ser reclamados créditos por meio de acção de verificação ulterior de créditos intentada contra a massa insolvente, os credores e o devedor, nos termos dos arts. 146.º a 148.º.

88 O Código da Insolvência e da Recuperação de Empresas revisitado

Estas acções correm por apenso ao processo de insolvência e seguem os termos do processo sumário, independentemente do valor da reclamação (art. 148.º). Estão sujeitas ao pagamento de taxa de justiça e as custas, quando não for deduzida contestação, são sempre suportadas pelo autor. Sendo contestadas aplicam-se as regras gerais (art. 446.º do Código de Processo Civil).

Estas acções encontram-se sujeitas ao prazo de caducidade de um ano (art. 146.º n.º 2), prazo que, face à natureza dos autos e finalidades visadas, tem sido entendido como de conhecimento oficioso, como já o era no regime anterior (art. 205.º do CPEREF). Assim a reclamação de outros créditos pode ser efectuada até um ano após o trânsito em julgado da sentença que declarou a insolvência ou, caso a sua constituição seja posterior ao prazo de um ano, nos três meses subsequentes.

Há, porém, uma importante excepção a que se aludiu *supra*: os credores que tenham sido avisados pelo administrador de insolvência, nos termos do art. 129.º, não podem lançar mão da acção de verificação ulterior de créditos, a menos que os créditos reclamados por essa via sejam de constituição posterior ao aviso ou sejam diversos dos constantes do aviso. Esses credores, no que concerne aos créditos incluídos na lista do Administrador da Insolvência, apenas podem impugnar a lista apresentada pelo administrador de insolvência nos termos do art. 130.º (146.º n.º 2, al. a).

• Por último importa fazer uma breve incursão pelos *efeitos processuais* da declaração de insolvência.

O *art. 85.º* refere-se aos efeitos da declaração de insolvência sobre as acções pendentes e prevê a sua apensação aos autos de insolvência. De acordo com este preceito podem ser apensadas as:

– acções intentadas contra o devedor em que se apreciem questões relativas a bens compreendidos na massa insolvente e cujo resultado possa influenciar o valor da massa;

- acções intentadas contra terceiros em que se apreciem questões relativas a bens compreendidos na massa insolvente e cujo resultado possa influenciar o valor da massa[9];
- acções de natureza exclusivamente patrimonial intentadas pelo devedor;
- acções nas quais se tenha efectuado qualquer acto de apreensão ou detenção de bens compreendidos na massa.

Neste último caso os processos são oficiosamente "requisitados" (terminologia usado pelo legislador) para apensação ao processo de insolvência (art. 85.º, n.º 1 e 2).

Nos restantes casos indicados a apensação depende sempre de requerimento do administrador da insolvência, requerimento esse que deve ser dirigido ao juiz do processo de insolvência, ponto que não é demais frisar já que muitos Administradores da Insolvência pedem a apensação ao processo a apensar e este é muitas vezes enviado de imediato, levando a que por vezes sejam remetidos para apensar processos que não devem ser apensados.

O juiz limita-se a controlar se se verificam os requisitos enunciados no artigo e, concluindo pela positiva, ordena a apensação.

Em qualquer dos casos a apensação não dispensa o autor/exequente de reclamar no processo de insolvência os seus créditos (art. 128.º, n.º 3), ao contrário do que sucedia no anterior regime quando a apensação fosse ordenada no prazo fixado na sentença para a reclamação de créditos (art. 188.º, n.º 4, CPEREF).

A requerimento do administrador podem ainda apensar-se ao processo de insolvência outro tipo de processos – *art. 86.º*:

---

[9] Neste ponto discordo da opinião perfilhada por Carvalho Fernandes e João Labareda. Para estes autores o critério relativo às acções cujo resultado possa influenciar o valor da massa só se aplica quando estão em causa acções intentadas contra terceiros e não também quando estão em causa acções intentadas contra o devedor.

90 *O Código da Insolvência e da Recuperação de Empresas revisitado*

- sendo o devedor uma pessoa singular, os autos de insolvência do cônjuge desde que o regime do casamento seja o da comunhão geral de bens ou comunhão de adquiridos;
- sendo o devedor uma pessoa colectiva, os processos em que tenha sido declarada a insolvência dos que respondem pessoalmente pelas suas dívidas bem como os processos em que tenha sido declarada a insolvência de sociedades que, nos termos do Código das Sociedades Comerciais, a insolvente domine ou com ela se encontrem em relação de grupo.

A apensação não é sindicável pelo juiz, isto é, verificados os requisitos e requerida a apensação, o juiz tem de a ordenar mesmo que, em seu entender, da apensação resultem mais inconvenientes que vantagens. O poder de requerer a apensação é um poder discricionário do administrador que terá de decidir se é de requerer a apensação, baseando a sua decisão num juízo sobre as vantagens/benefícios da mesma, não cabendo neste aspecto qualquer poder de sindicância ao juiz.

Relativamente à apensação prevista no n.º 2 deste artigo, o legislador, ao remeter expressamente para o Código das Sociedades Comerciais, afastou a possibilidade de serem apensados processos de sociedades que se encontrem em relação de grupo de acordo com critérios distintos dos previstos nesse código (v.g. art. 21.º Cod.MVM).

No caso das sociedades comerciais a apensação não depende da data em que foram declaradas as insolvências nem se faz ao que primeiro foi declarado insolvente. É ao processo de insolvência da sociedade que se apensam os processos de insolvência dos legalmente responsáveis pelas dívidas e é ao processo de insolvência da sociedade dominante que se apensam os processos de insolvência das sociedades dominadas.

O objectivo desta norma é apensar ao processo de insolvência de uma pessoa colectiva os processos de insolvência dos que respondem legalmente pelas suas dívidas e não o inverso. O que resulta do preceito é que a apensação só pode ter lugar depois de decretada a insolvência dos que respondem legalmente pelas dívidas da sociedade, mas é sempre ao processo de insolvência desta que se faz a apensação.

Devo dizer que a apensação prevista na parte inicial do n.º 1 deste artigo não tem, na prática, aplicação. Com efeito, uma vez que os que respondem legalmente pelas dívidas do insolvente são, nos termos do art. 6.º, aqueles que respondam pessoal e ilimitadamente pela generalidade das dívidas do insolvente, e dado que tal responsabilidade não existe, por regra, nas Sociedades por Quotas nem nas Anónimas, sendo a grande maioria das sociedades portuguesas de um destes dois tipos, praticamente não há casos de apensação ao processo de insolvência das sociedades de processos de insolvência dos seus gerentes ou administradores.

O n.º 3 deste artigo 86.º dispõe que quando os processos corram em tribunais com diferente competência material, a apensação faz-se ao processo que corre termos no tribunal de competência especializada. Esta excepção à regra geral só se aplica, em meu entender, quando estiver em causa a apensação de processos em que tenha sido declara a insolvência de sociedades em relação de grupo. Com efeito, se se tratar de processos de insolvência dos legalmente responsáveis pelas dívidas da pessoa colectiva insolvente, a apensação faz-se sempre ao processo de insolvência desta, corra ou não termos no tribunal de competência especializada. Por outro lado quando se trata da apensação de processos em que tenha sido declarada a insolvência de sociedades dominadas por uma sociedade já declarada insolvente, a apensação faz-se sempre ao processo em que foi decretada a insolvência da sociedade dominante.

Nestes casos, por força desta excepção, a apensação parece fazer-se em detrimento das regras de competência territorial aplicáveis.

92 *O Código da Insolvência e da Recuperação de Empresas revisitado*

Efectuada a apensação de processos e uma vez que os mesmos mantêm a sua autonomia, quer do ponto de vista substancial quer do ponto de vista formal, os processos prosseguem os seus termos normalmente, com duas Comissão de Credores, se for o caso, com realização de assembleias de credores distintas e mantendo-se em funções os respectivos administradores da insolvência.

Com a declaração de insolvência ficam ainda suspensas todas as diligências executivas ou providências requeridas pelos credores da insolvência que atinjam os bens integrantes da massa insolvente – *art. 88.º*. Assim, para além das acções executivas também se a suspendem as providências cautelares como o arresto. É de ter em consideração que a declaração de insolvência leva à suspensão destas acções/providências mas não necessariamente à sua extinção por inutilidade da lide como acontecia ao abrigo do CPEREF. Com efeito, uma vez que a declaração de insolvência não implica necessariamente a liquidação da pessoa colectiva e, consequentemente, pode não levar à sua "extinção" com o respectivo cancelamento da matrícula (conforme já referido), não é correcto afirmar-se que a simples declaração de insolvência torna inútil qualquer acção/procedimento que se encontre a correr termos contra a insolvente. Tal inutilidade só acontecerá se e quando se mostrar encerrada a liquidação.

Acresce que a declaração de insolvência obsta à instauração ou ao prosseguimento de qualquer acção executiva intentada pelos credores da insolvência. Significa isto que, se após decretada a insolvência, forem praticados actos nos processos de execução em que o insolvente é executado, tais actos serão inválidos.

Ao contrário do que sucede nas hipóteses de apensação antes analisadas, nestes casos a apensação prevista tem um efeito automático, não dependendo de qualquer requerimento.

Tratando-se de acções executivas em que haja outros executados para além do insolvente, dispõe o art. 88.º, n.º 2, que a execução prossegue contra eles. No anterior regime sempre se entendeu que, nestes casos, a execução prosseguia os seus termos no tribunal onde tinha sido intentada, sendo declarada extinta a instância executiva contra o falido e remetendo-se para o processo de insolvência traslado do processo.

Hoje a solução que resulta de uma interpretação literal da norma parece ser outra. Por força do n.º 2 deste artigo 88.º parece que podem colocar-se duas situações distintas:

– se tiverem sido penhorados bens do insolvente, o processo é remetido para apensar ao processo de insolvência e aí prossegue os seus termos contra os outros executados;
– se não tiverem sido penhorados bens ao insolvente, o processo prossegue os seus termos no tribunal onde foi instaurado, remetendo-se ao processo de insolvência traslado do processado relativo ao insolvente.

Esta solução não tem qualquer cabimento designadamente se tivermos em conta que a apensação nunca dispensa o credor de reclamar os seus créditos. Não se percebe que da apensação resulte qualquer vantagem e muito menos se entende porque razão é que o processo deve prosseguir contra os outros executados por apenso ao processo de insolvência.

Por outro lado não faz qualquer sentido dizer que se não se tratar de processos que hajam de ser apensados nos termos do art. 85.º, n.º 2, é remetido traslado do processo. É que se não há bens do insolvente penhorados, e só nesta situação é que se prevê que o processo não seja remetido para apensação, então a utilidade do traslado é nula.

• Terminado o percurso pelo capítulo dos efeitos processuais da insolvência cabe ainda fazer um pequeno apontamento relativo às acções de *impugnação pauliana* que ficaram afastadas do regime de apensação de acções ao processo de insolvência.

Entendeu o legislador consagrar o regime da resolução do acto pelo administrador (art. 120.º) e afastar expressamente a possibilidade de as acções de impugnação pauliana pendentes à data da declaração de insolvência serem apensadas ao processo de insolvência (art. 127.º, n.º 1).

Hoje, se o administrador resolver o acto impugnado e essa resolução não vier a ser declarada ineficaz por decisão definitiva, as acções pendentes extinguem-se por inutilidade superveniente da lide (art. 127.º, n.º 2).

Se o administrador não proceder à resolução ou se esta for impugnada e declarada ineficaz, a acção prossegue os seus trâmites normais.

Uma vez que o prazo para impugnar a resolução é de seis meses (art. 125.º), as acções pendentes deverão suspender-se até que esteja decorrido o referido prazo ou até que seja proferida decisão, transitada, a declarar ineficaz a resolução do acto.

Acrescentou ainda o legislador não poderem os credores da insolvência instaurar novas acções de impugnação pauliana relativas a actos cuja resolução haja sido declarada pelo administrador. Daqui resulta que se estiverem em causa actos que o administrador não resolveu, pode um qualquer credor intentar uma acção de impugnação pauliana contra o insolvente.

Nas acções que prosseguirem os seus termos e vierem a ser julgadas procedentes, diz o legislador que o interesse do seu autor será aferido, para efeitos do art. 616.º do Código Civil, com abstracção das modificações introduzidas ao seu crédito por um eventual plano de insolvência ou de pagamentos (art. 127.º, n.º 3, ou seja, a impugnação pauliana vai aproveitar apenas ao autor).

PRESTAÇÃO DE CONTAS E O REGIME ESPECIAL DE INVALIDADE DAS DELIBERAÇÕES PREVISTAS NO ART. 69.º DO CSC

ANA MARIA GOMES RODRIGUES
Prof. Auxiliar da Faculdade de Economia da Universidade de Coimbra

ABREVIATURAS

CIRC — Código do Imposto sobre o Rendimento das Pessoas Colectivas.

CIRS — Código do Imposto sobre o Rendimento das Pessoas Singulares.

CIVA — Código do Imposto sobre o Valor Acrescentado.

CLC — Certificação Legal de Contas.

CRC — Código do Registo Comercial.

CMVM — Comissão do Mercado de Valores Mobiliários.

CNC — Comissão de Normalização Contabilística (organismo de regulação contabilística nacional).

CSC — Código das Sociedades Comerciais.

CTOC — Câmara dos Técnicos Oficiais de Contas (transformada em Ordem dos Técnicos Oficiais de Contas (OTOC) pelo Decreto-Lei n.º 452/99 de 5 de Novembro, com a redacção dada pelo Decreto-Lei n.º 310/2009, de 26 de Outubro).

CVM — Código dos Valores Mobiliários.

DACP — Demonstração das Alterações no Capital Próprio.

DF — Demonstrações Financeiras.

DFC — Demonstração de Fluxos de Caixa.

EC — Estrutura Conceptual.

EIRL — Estabelecimento Individual de Responsabilidade Limitada.

FASB — *Financial Accounting Standards Board* (organismo de regulação contabilística norte-americano).

SFAS — *Statement of Financial Accounting Standards* (normas contabilísticas emitidas pelo FASB).

GAAP	– *Generally Accepted Accounting Principles* (na tradução portuguesa: PCGA – Princípios contabilísticos geralmente aceites).
IAS	– *International Accounting Standards* (na tradução portuguesa: NIC – Normas Internacionais de Contabilidade).
IASB	– *International Accounting Standards Board* (organismo de regulação internacional).
IFRS	– *International Financial Reporting Standards* (na tradução portuguesa: NIRF – Normas Internacionais e Relato Financeiro).
NCRF	– Normas Contabilísticas e de Relato Financeiro.
NCRF-PE	– Norma Contabilística e de Relato Financeiro para Pequenas Entidades.
OROC	– Ordem dos Revisores Oficiais de Contas.
OTOC	– Ordem dos Técnicos Oficiais de Contas.
POC	– Plano Oficial de Contabilidade.
ROC	– Revisor Oficial de Contas.
SNC	– Sistema de Normalização Contabilística.
SROC	– Sociedade de Revisores Oficiais de Contas.
TOC	– Técnico Oficial de Contas.
USGAAP	– Princípios contabilísticos geralmente aceites dos EUA.

1. Introdução

> *(...) Se a solução que favorece é legal, mas injusta, não exijo*
> *a solução legal – por ser injusta e trair a consciência;*
> *Se a solução que favorece é justa mas é ilegal, não exijo a*
> *solução justa – porque é ilegal e não quero desrespeitar a lei.*
> FERNANDES FERREIRA (1996: 441)

A prestação de contas assume-se hoje como um vector fundamental na vida dos entes societários. Apesar disso não têm existindo grandes desenvolvimentos nas áreas dogmáticas da prestação de contas, sendo que alguns dos concretos institutos societários precisam de ser devidamente ponderados no contexto do novo sistema de normalização contabilística e face ao escopo geral do acervo normativo-societário em jogo.

Tendo em conta o nosso universo societário, acolhemos como objecto nuclear deste estudo, a prestação de contas nas sociedades por quotas[1], entidades estas que se compaginam entre as sociedades de pessoas e as sociedades de capitais, que acabam por incluir alguns traços específicos e se encontram na fronteira de dois regimes distintos: o das sociedades em nome colectivo e o das sociedades anónimas[2]. Estas últimas dominadas por um forte

---

[1] Centramo-nos em exclusivo na prestação de contas individuais, pelo que não nos referiremos à prestação de contas consolidadas.

[2] Sempre que se afigure indispensável recorreremos à problemática da prestação de contas das sociedades anónimas, com vista a realçar algumas diferenças centrais entre estes dois tipos societários.

intuitus capitalístico, contrariamente ao forte *intuitus personae* das primeiras.

Pretendemos, por isso, neste trabalho analisar a temática da prestação de contas atendendo a três particulares temáticas: em primeiro lugar, centramo-nos nos diversos factores que condicionam a elaboração de contas, não sem antes traçarmos alguns comentários sumários sobre a prestação de contas *lato sensu*; em segundo lugar, atenderemos às particulares exigências relativas à prestação das contas das sociedades por quotas do ponto de vista da lei societária, em especial à fiscalização e ao dever de prestar contas; e, por fim, debruçamo-nos sobre as deliberações relativas à prestação de contas.

Ainda que não possamos dissecar com toda a profundidade a argumentação avançada na doutrina para cada um dos concretos institutos contabilístico-societários, que são aqui tratados de forma pouco aprofundada, tentaremos, apesar disso, fazer uma breve análise sobre a jurisprudência dominante nesta matéria, apreciando acórdãos dos nossos tribunais superiores, para compreendermos o sentido das suas decisões, tendo em conta os interesses conflituantes que se podem interpor nos respectivos processos.

Este processo permitir-nos-emos avançar algumas conclusões sobre o actual regime especial de invalidades das deliberações sobre a prestação de contas, bem como a sua eventual superação.

2. A contabilidade e a prestação de contas: principais factores que influenciam o relato financeiro em Portugal

A ideia de traduzir em documentos finais (comummente designados demonstrações financeiras – DF) a situação financeira, as suas alterações e o desempenho das entidades tem subjacente diferentes perspectivas teóricas de entender a contabilidade e a sua função, bem como a satisfação de diferentes necessidades.

A contabilidade começou por ser um simples auxiliar de memória para os primeiros comerciantes. Passou por uma fase em que se olhava esse tipo de informação essencialmente como uma garantia para os credores dessas entidades. Chegou ao século XXI com uma função mais geral e exigente, onde o *paradigma da utilidade* se assumiu como central, e a contabilidade e a informação por ela divulgada passou a desempenhar uma função social geral, servindo a toda a comunidade, com uma incidência centrada essencialmente nos interesses dos investidores das entidades, particularmente dos accionistas actuais e potenciais.

Para perceber o relato financeiro das diferentes entidades, há que atender ao ambiente em que estas fazem esse relato, e que está hoje fortemente condicionado por um vasto conjunto de factores, que influenciam determinantemente a diversidade e a qualidade da informação contabilística divulgada pelas empresas[3] um pouco por todo o mundo.

As causas da diversidade na prestação de contas são várias. Parece poder apontar-se como nucleares, em primeiro lugar, a influência cultural, particularmente no que respeita à organização, ao tipo de propriedade empresarial e à origem do financiamento empresarial. Em segundo lugar, o ambiente legal que suporta a actividade empresarial, nomeadamente as normas de natureza societária, as normas fiscais e as normas reguladoras dos mercados, particularmente do mercado de capitais. Por último, a regulamentação contabilística específica da área da prestação de contas e a forte influência exercida nesta área por alguns organismos internacionais.

---

[3] Utiliza-se ao longo do texto a expressão "empresa" para incluir todo o tipo de organizações societárias, à semelhança do que é habitual no âmbito da gestão de empresas.

2.1. Factores culturais: a organização, a propriedade e a origem do financiamento empresarial

A prestação de contas é moldada pelo ambiente em que as entidades operam e, tal como os países têm diferentes histórias, valores e sistemas políticos, têm também modelos diversos de desenvolvimento empresarial e, logo, modelos diferenciados de prestação de contas.

A realidade empresarial em Portugal é a que se apresenta no quadro seguinte:

QUADRO N.º 1

Total de empresas em Portugal de acordo com a sua dimensão

Empresas	Número	%	Efectivos	%
Micro	1 051 195	95,4	1 681 675	43,9
Pequena	43 443	3,9	820 299	21,4
Média	6 124	0,5	588 095	15,4
Grande	919	0,2	740 965	19,3
Total	1 101 681	100	3 831 034	100

Fonte: INE (2007)

Conforme se pode verificar, mais de 99% das empresas, em 2007, são micro e pequenas empresas, sendo que as médias e grandes entidades não ultrapassam 0,7% do número desse universo.

Em grande parte das micro e pequenas empresas o detentor de capital é simultaneamente o responsável pela gestão. A presença de quadros internos é quase inexistente, assim como é escasso o recurso a consultores externos (gestores, advogados, ou outros), conduzindo a que grande número dessas pequenas entidades tenha fortes limitações na sua organização, e se tornem alvos muito vulneráveis num mundo cada vez mais global. Diferente realidade pode estar subjacente às médias e grandes empresas onde os problemas que se colocam aos órgãos de gestão são de natureza mais técnica.

Assim, esta envolvente empresarial condiciona toda a prestação de contas, que também está altamente dependente do modo pelo qual as sociedades se financiam: recurso ao financiamento bancário *versus* mercado de capitais. A organização, a propriedade empresarial e a origem do financiamento empresarial estão directamente relacionadas com o desenvolvimento dos mercados bolsistas, os utilizadores da informação financeira e os objectivos da contabilidade.

Nas organizações empresariais de carácter familiar, em que o principal financiador é o mercado bancário, as necessidades informativas são inferiores, ou de diferente tipo, às das demais organizações. A informação não necessitará de um nível de detalhe elevado, será fornecida por vias alternativas quando o financiamento provém de um número reduzido de agentes, ou quando exista entre estes um forte vínculo com a empresa. Este sistema é típico dos países da Europa Continental, em que a importância do investidor individual é reduzida.

A existência de empresas cuja propriedade é repartida por um grande número de accionistas torna o número de financiadores numeroso e com vínculos escassos com a empresa. Nestes casos o mercado de capitais terá um papel importantíssimo. Logo, a informação requerida à entidade possuirá um maior nível de detalhe e conteúdo, pois os investidores não têm acesso directo à informação interna da empresa. Cria-se a pressão para a existência de um sistema contabilístico orientado para a publicação de informação correcta e oportuna, em quantidade e qualidade. Neste tipo de comunidades a profissão, ou melhor, os organismos profissionais são responsáveis pela definição dos princípios que orientam o fornecimento de informação, sendo esta preparada essencialmente para o mercado de capitais. O facto de as entidades se financiarem neste mercado significa que as contas devem corresponder não só a exigências internas, mas, essencialmente, a factores exógenos: os interesses dos investidores do mercado.

Podemos afirmar face a essa realidade diversa a existência de uma dualidade de modelos, marcados por inúmeras particularidades: modelo continental[4] *versus* modelo anglo-saxónico[5]. No essencial assentam em duas filosofias distintas, que têm subjacente um paradigma diverso de fornecer informações.

No grupo de países continentais há uma valorização dos interesses dos credores em geral em detrimento dos accionistas (actuais e potenciais), numa clara perspectiva patrimonialista. Já no modelo anglo-saxónico privilegia-se a perspectiva dos investidores. Neste último arquétipo atende-se, essencialmente, às questões do valor das entidades e da sustentabilidade dos negócios, numa perspectiva muito mais flexível e afastada dos interesses dos credores, e que se tem vindo a impor de um modo contínuo face ao processo de globalização que hoje é dominante no mundo dos negócios.

Assim, dependendo do agente que actua como principal fornecedor de financiamento da empresa, a informação elaborada por esta tomará uma ou outra orientação. No caso de a principal fonte serem os accionistas, a informação será orientada para o mercado de valores, de modo a suprir as necessidades informativas dos investidores e para que estes se sintam atraídos pela entidade. A gestão das empresas não está concentrada nas mãos dos seus proprietários, o que pressupõe que grande quantidade de informação seja revelada e disponibilizada ao mercado, apoiada por auditorias externas. A importância da informação está relacionada com a obtenção da imagem fiel da entidade.

Em outros países, no designado grupo de países continentais, é mais habitual recorrer-se ao financiamento bancário, encontrando-se a informação divulgada pelas diferentes entidades dominada por uma lógica de protecção dos interesses dos credores.

---

[4] Cite-se a título de exemplo deste grupo de países: Portugal, França, Suíça, entre outros.

[5] Neste segundo grupo contam-se países como: Reino Unido, EUA, Holanda, Austrália e Canadá. Os casos mais paradigmáticos são, contudo, o Reino Unido e os EUA.

Deparamo-nos com um universo cujo ambiente se caracteriza pela existência de instituições financeiras que satisfazem a necessidade de financiamento das empresas. A propriedade tenderá a ser concentrada na mão de poucos sócios/accionistas. Grande parte das necessidades informativas é satisfeita de forma directa através de contactos pessoais. Apela-se assim a critérios mais conservadores no momento de prestar informações, nomeadamente quando se trata de apurar o resultado e valorizar o activo dessas entidades.

2.2. *Ambiente legal*

O sistema legal reflecte uma opção jurídico-positiva acerca do modelo regulador do comportamento e da relação entre os indivíduos. As empresas, qualquer que seja a sua forma, dimensão ou sector, são hoje confrontadas com uma carga burocrática legislativa elevada, incluindo, entre outras, a societária, a contabilística e a fiscal.

Com o Código das Sociedades Comerciais (CSC) de 1986 nascem novas obrigações associadas à prestação de contas. Essas obrigações foram significativamente reforçadas durante o último quinquénio dos anos oitenta, pelas exigências de natureza tributária resultantes da profunda reforma fiscal que conduziu à introdução dos novos Códigos Tributários: CIVA, CIRS e CIRC.

O âmbito e extensão da influência da fiscalidade na contabilidade variam consideravelmente. Em muitos países as normas fiscais condicionam de forma clara os critérios e práticas contabilísticas[6], contrariamente a outros países onde existe uma maior separação entre a contabilidade e a fiscalidade[7].

---

[6] Incluem este grupo de países: Alemanha, Áustria, Bélgica, Espanha, França, Grécia, Itália, Portugal, Suécia, Suíça, entre outros.

[7] Incluem este grupo de países: EUA, Reino Unido, Irlanda e Austrália, entre outros.

Em 1988 verificou-se a reforma fiscal da tributação sobre o rendimento, que se reflectiu de modo acentuado na área contabilística. Poderemos pois afirmar que a contabilidade se tornou um pilar central na tributação directa das pessoas colectivas e também no que respeita ao IVA.

Relativamente à tributação das pessoas colectivas, o sistema fiscal português apoia-se na contabilidade das empresas para determinar o respectivo lucro tributável. Assim, o n.º 1 do art. 17.º do CIRC adianta que "o lucro tributável [...] é constituído pela soma algébrica do resultado líquido do exercício e das variações patrimoniais positivas e negativas verificadas no mesmo período e não reflectidas naquele resultado, determinados com base na contabilidade e eventualmente corrigidos nos termos deste Código". Refere a alínea a) do n.º 3 do mesmo preceito que, para permitir o apuramento do lucro tributável, a contabilidade deve "estar organizada de acordo com a normalização contabilística e outras disposições legais em vigor para o respectivo sector de actividade, sem prejuízo da observância das disposições previstas neste Código". O legislador fiscal vai ainda mais longe ao definir determinadas obrigações contabilísticas para as empresas. Com efeito, segundo o n.º 1 do art. 123.º do CIRC "as sociedades comerciais ou civis sob forma comercial, as cooperativas, as empresas públicas e as demais entidades que exerçam, a título principal, uma actividade comercial, industrial ou agrícola [...] são obrigadas a dispor de contabilidade organizada nos termos da lei comercial e fiscal [...]". A lei fiscal não se fica, todavia, por aqui, definindo um conjunto de regras com relevo contabilístico. Veja-se os n.ºs 3 a 8 do mesmo art. 123.º e art. 125.º, ambos do CIRC.

No que diz respeito ao IVA, a alínea g) do art. 28.º do CIVA, sobre a epígrafe "Obrigações gerais", estatui que os sujeitos passivos deste imposto ficam obrigados a dispor de contabilidade adequada ao respectivo apuramento e fiscalização. Neste contexto, o art. 44.º do mesmo diploma impõe todo um conjunto de obrigações contabilísticas mais específicas acerca do referido imposto. Mas as disposições fiscais que se cruzam com a contabilidade são bem mais extensas. Veja-se a título de exemplo os arts. 50.º a 52.º e 68.º do CIVA, que versam sobre diferentes aspectos contabilísticos imanentes à gestão desse imposto.

Este entrecruzamento contabilidade/fiscalidade é bastante pesado, pois ainda que o legislador fiscal não fixe sistemas específicos de contabilidade, acaba por apontar para a obrigatoriedade de dispor de contabilidade organizada nos termos da lei comercial e da lei fiscal. Para comprovar esta forte inter-relação, muitas vezes tende-se mesmo a reforçar a vertente fiscal da contabilidade. Veja-se o caso das entidades que aplicaram, desde 2005, as NIC/NIRF adoptadas pela União Europeia[8] e que estiveram entre 2005 a 2009 obrigadas a uma dupla contabilidade por efeito de imposições fiscais (n.º 1 do art. 14.º do Decreto-Lei n.º 35/2005, de 17 de Fevereiro)[9].

A Autoridade Fiscal desempenha assim uma função importantíssima, funcionando como um verdadeiro mecanismo de *enforcement*, pois atribui responsabilidades aos gestores, técnicos oficiais de contas (TOC) e revisores oficiais de contas (ROC).

2.3. *Diversidade Contabilística*

As funções de um sistema contabilístico compreendem a organização, registo e divulgação dos factos patrimoniais com vista a

---

[8] As sociedades admitidas à cotação em qualquer mercado regulamentado da UE, e desde que tenham a obrigação de apresentar contas consolidadas, seguem, desde 1 de Janeiro de 2005, na prestação de contas, as normas do IASB adoptadas pela UE: NIC/NIRF e respectivas normas interpretativas. Vulgarmente estas normas aparecem designadas pela sua expressão inglesa: IAS/IFRS e SIC e IFRIC.

[9] Diploma que se encontra parcialmente revogado, conforme alínea g) do art. 15.º do Decreto-Lei n.º 158/2009, de 13 de Julho.

apoiar o processo de tomada de decisão numa entidade. Cabe-lhe também fornecer informações para a análise financeira e os sistemas de controlo de gestão das organizações.

As DF resultam da adopção de conceitos, de pressupostos, de características qualitativas, da definição, reconhecimento e mensuração dos elementos e de procedimentos contabilísticos, que devam considerar-se de aplicação geral, para assegurar os requisitos necessários para que possam servir de base à tomada de decisões, *i.e*, para serem úteis nessa tomada de decisões económicas de um lato grupo de utentes. Para esse efeito, foi necessário desenvolver a regulamentação contabilística numa perspectiva de harmonização e simultaneamente que a profissão contabilística fosse desenvolvida por técnicos especialmente vocacionados para a elaboração dessas DF: os TOC[10].

Estas questões revelam-se de particular importância num contexto em que a actividade comercial nos diferentes países tem sofrido um intenso desenvolvimento desde há já algumas centenas de anos. Foi, no entanto, ao longo do século XX, particularmente a partir dos anos sessenta, que se verificou um considerável aumento nesse tráfego comercial. Entre os elementos dinamizadores dos intercâmbios internacionais podemos destacar, para além de outros, a necessidade das empresas acederem a novos mercados com o objectivo de ampliar a sua carteira de clientes num mercado cada vez mais global, a procura de recursos financeiros para desenvolver novos investimentos, o desenvolvimento das empresas multinacionais e a crescente interdependência económica e política entre as diferentes zonas do globo.

---

[10] Apenas os contabilistas que se encontrem inscritos como TOC na OTOC (anteriormente designada de CTOC) podem assinar as declarações fiscais, as DF e seus anexos, que fazem parte dos documentos de prestação de contas.

A elaboração e divulgação das contas das empresas começou a ter de ser pensada neste novo e difícil contexto, pois se a divulgação dessa informação já coloca dificuldades dentro de um mesmo país, particularmente no que diz respeito à sua comparabilidade, mais difícil e frequentemente pouco significativa se assumiria a comparação das contas das empresas a nível internacional, vindo a colocar-se problemas e barreiras muito significativas na prestação de contas nesta envolvente cada vez mais global.

Assim, fará sentido citar uma afirmação do *THE FINANCIAL TIMES* (1997), que fez furor nos mercados financeiros: "[a] contabilidade é em teoria a linguagem dos negócios, mas existem na prática uma imensidão de dialectos. O resultado é que as DF elaboradas num país são frequentemente ininteligíveis para os investidores de outros países. A eliminação dessas barreiras estimularia o fluxo de capitais, reduzindo o custo do capital em todo o mundo".

A internacionalização e a globalização das economias, em particular dos mercados financeiros, conferem uma grande urgência à necessidade de comparabilidade das DF a nível internacional e, consequentemente, à emergência de harmonização das normas de contabilidade, com vista à elaboração e divulgação da informação contabilística entendível pela generalidade dos operadores dos mercados de capitais internacionais. A comunidade contabilística tornou-se consciente da necessidade de eliminar os obstáculos que se colocam à comparabilidade da informação, porquanto a diversidade contabilística actua como barreira ao livre fluxo de capitais e à confiança e credibilidade que a informação financeira deve proporcionar aos diferentes utilizadores.

Com efeito, a credibilidade e confiança na informação contabilística não deveriam ser colocadas em causa pela utilização, por parte das empresas, de diferentes normativos contabilísticos. Os efeitos nocivos da diversidade de critérios contabilísticos nos mercados de capitais podem ser vislumbrados em vários exem-

110 *Prestação de Contas e o Regime Especial de Invalidade das Deliberações...*

plos internacionais e também nacionais[11]. Um dos casos mais frequentemente apontados como exemplo ilustrativo da importância da credibilidade das DF é o das contas da *Daimler Benz*. Na segunda metade da década de oitenta, a sociedade decidiu deixar de ser essencialmente alemã, para se transformar numa sociedade global e ver as suas acções cotadas em diversas bolsas mundiais, entre as quais a Bolsa de Nova Iorque[12]. A reconciliação dos resultados e dos capitais próprios surpreendeu os investidores, contrariando os referenciais teóricos da contabilidade definidos até então, pois entendia-se a contabilidade alemã como

---

[11] Cite-se, a título de exemplo nacional, o caso das contas da EDP – Electricidade de Portugal, SA. As contas de 1996 apresentavam, segundo os princípios contabilísticos nacionais, um lucro de 66,28 milhões de contos, enquanto a reconciliação efectuada para os princípios norte-americanos (USGAAP) evidenciava um lucro de 110,684 milhões de contos. Como poderia o lucro daquela empresa, segundo as normas dos EUA, quase dobrar em relação a Portugal? Esta era a questão que se impunha e que exigia uma resposta adequada num contexto em que as sociedades operavam num mercado cada vez mais global.

Outro caso exemplar é a apresentação das contas do Banco Comercial Português (BCP), no ano de 2000. Foram grandes as diferenças apuradas entre os resultados obtidos segundo os princípios contabilísticos nacionais (105 milhões de contos) e os USGAAP. Foi notícia de primeira página do Semanário Expresso, com o seguinte título: "BCP perde 80 milhões pelas regras dos EUA". A origem dos diferentes resultados apurados em Portugal e nos EUA no que respeita ao BCP deveu-se, essencialmente: ao diferente tratamento contabilístico do *goodwill* resultante das aquisições das participações no BPA, Banco Mello, Sotto Mayor e BCM; à aquisição de acções próprias; às despesas com pré-reformas; aos bónus concedidos a empregados e aos custos de reestruturação do grupo existentes nos dois países.

Importa atender a que notícias como as referidas não podem deixar de preocupar os investidores dos diferentes mercados bolsistas, pois afinal qual é o valor das acções que adquirem quando fazem os seus investimentos em bolsa?

[12] Qualquer sociedade que pretendesse cotar-se na bolsa de Nova Iorque estava obrigada a fazer a transposição das suas contas para o normativo contabilístico americano, aplicando os SFAS emitidos pelo FASB.

uma das mais conservadoras dentro do grupo de países com sistemas de orientação legalista. Dificilmente se entendia que uma sociedade que apresentasse na Alemanha 615 milhões de marcos de lucros viesse a apresentar nos EUA um prejuízo de 1.839 milhões de marcos, como resultado da mera transposição de um referencial contabilístico para outro.

Os mercados financeiros ficaram surpreendidos. Fruto destas duras realidades, a harmonização surge, portanto, como uma condição necessária para alcançar a desejada comparabilidade da informação. Por tudo isto e muito mais, ao longo deste último meio século vários e profundos esforços têm vindo a ser encetados por diferentes organismos de regulação contabilística, de vocação mais regional ou mais internacional, no sentido de ultrapassar as peias que a internacionalização e a globalização das economias, em particular dos mercados financeiros, têm colocado à prestação de contas e que conferem uma grande urgência à necessidade de comparabilidade das DF a nível internacional e, consequentemente, à emergência de harmonização das normas de contabilidade. Iniciou-se, neste início de século, um processo negocial de harmonização contabilística a nível mundial, que está ainda longe do seu fim, mas que acabou por ter reflexos importantíssimos, com a aceitação pelos EUA em concordância com a UE, de que as sociedades europeias cotadas nos mercados de capitais americanos poderiam elaborar e divulgar as suas contas com base num único conjunto de normas contabilísticas: as IAS/ /IFRS do IASB, deixando de ser exigível a transposição para as normas contabilísticas americanas, as SFAS do FASB, no caso das sociedades europeias pretenderem ver as suas acções cotadas nesses mercados.

Entre as principais vantagens deste processo de harmonização podemos destacar: a diminuição do custo de elaboração e apresentação da informação para as empresas multinacionais; a facilidade de análise, mais clara interpretação e compreensão da informação elaborada em diferentes países; a eliminação de uma das principais barreiras à livre circulação de capitais a nível internacional; e, a simplificação do trabalho das multinacionais de auditoria e das autoridades fiscais. Logo, os esforços têm-se sucedido no sentido de impulsionar a elaboração e a divulgação de contas num "esperanto contabilístico", de modo a serem reconhecidas e aceites internacionalmente.

Os esforços têm-se centrado, todavia, essencialmente na informação orientada para as bolsas de valores mais influentes em termos mundiais, de modo a permitir que a prestação de contas se afigure útil para a tomada de decisões nesse tipo de mercado, em detrimento da prestação de contas das PME, que representam mais de 95% do tecido empresarial europeu. A natureza compromissória que deveria ter sido imposta no sentido da internacionalização da prestação de contas não vingou, existindo hoje uma clara predominância na prestação de contas particularmente vocacionada para a tutela dos investidores, em detrimento quase total da tutela dos interesses dos credores. Houve um claro predomínio do modelo de prestação de contas tipo anglo-saxónico relativamente ao tradicional modelo europeu.

3. Dever geral de relatar a gestão e apresentar contas

No nosso enquadramento jurídico-societário o dever de prestar contas traduz uma obrigação geral do ente societário perante o direito geral dos seus sócios a essa informação, pois estatui a alínea c) do n.º 1 do art. 21.º do CSC, que todo o sócio tem legalmente direito a obter informações sobre a vida da sociedade[13].

---

[13] Esse direito geral à informação é depois explicitado para cada um dos tipos de sociedades: sociedades em nome colectivo (art. 181.º); sociedades por quotas (arts. 214.º a 216.º); sociedades anónimas (arts. 288.º a 293.º); sociedades em comandita por acções (arts. 474.º, 478.º e 480.º), além

A coberto da limitação da responsabilidade típica das sociedades de capitais, impõem-se deveres de uma eficiente elaboração, fiscalização e divulgação, de modo a que as sociedades não defraudem os seus sócios e credores.

Na área dogmática da prestação de contas, o art. 65.º do CSC assume um papel nevrálgico. Prevê o dever de relatar a gestão e apresentar contas. No n.º 1 desse preceito dispõe-se que os membros da administração devem elaborar e submeter aos órgãos competentes da sociedade o relatório da gestão, as contas do exercício e demais documentos de prestação de contas previstos na lei, relativos a cada exercício anual. Esta obrigatoriedade de prestação de contas prevista na lei visa, no essencial, informar os sócios, os credores e o público em geral da verdadeira situação económica e financeira da sociedade, de modo a permitir-lhes tomar decisões com menor margem de incerteza.

A apreciação anual da situação económico-financeira da sociedade tem em vista satisfazer interesses dos sócios, dos credores, de terceiros interessados, do Estado, em geral, como promotor de condições legais e institucionais de empresas economicamente sadias, geradoras de trabalho e riqueza, e, em especial, como beneficiário de parte da riqueza criada na empresa. Assim, o acertamento da situação das sociedades comerciais deve orientar-se por critérios de transparência, de clareza e de verdade.

A apresentação de contas é, assim, matéria da responsabilidade dos órgãos de gestão (gerentes/administradores)[14]. Cabe-lhes

---

de outras disposições particulares que podem constar dos contratos de algumas sociedades. Estas e todas as demais disposições legais *infra* citadas, de que se não faça menção especial, pertencem ao CSC.

[14] Utiliza-se ao longo do texto a expressão "órgãos de gestão/órgãos de administração" para incluir gerentes e administradores, sem atender a que nas sociedades por quotas a expressão adequada deveria ser apenas gerentes, e nas sociedades anónimas administradores. Todavia, optamos por não distinguir essas sub-realidades.

114 *Prestação de Contas e o Regime Especial de Invalidade das Deliberações...*

elaborar e submeter aos órgãos competentes, no caso à assembleia geral, o relatório da gestão, as contas do exercício e os demais documentos de prestação de contas previstos na lei e relativos a cada exercício (n.º 1 do art. 65.º e 65.º-A do CSC). O contrato de sociedade pode, todavia, densificar as obrigações informativas de cada sociedade em concreto, desde que não disponha diversamente do que é previsto na lei geral societária (n.º 2 do art. 65.º). O n.º 5 do art. 65.º do CSC refere "que o relatório da gestão, as contas do exercício e demais documentos de prestação de contas devem ser apresentados ao órgão competente e por este apreciados, salvo casos particulares previsto na lei, no prazo de três meses a contar da data do encerramento de cada exercício anual, ou no prazo de cinco meses a contar da mesma data quando se trate de sociedade que devam apresentar contas consolidadas ou apliquem o método da equivalência patrimonial". As contas objecto de apreciação são integradas não só pelos documentos elaborados de acordo com o SNC (Sistema de Normalização Contabilístico)[15], mas também pelos designados "documentos complementares das contas anuais", que incluem entre outros: o Relatório da Gestão, a Certificação Legal de Contas e o Relatório e Parecer do Conselho Fiscal ou do Fiscal Único.

A elaboração e a divulgação das contas são uma responsabilidade dos administradores ou dos gerentes, cabendo-lhes, no âmbito das suas funções, um conjunto de deveres fundamentais, nomeadamente deveres de cuidado e de lealdade (art. 64.º do

---

[15] Ao longo de todo o texto optámos por nos centrar no novo modelo de normalização contabilístico – o SNC (Decreto-Lei n.º 158/2009, de 13 de Julho), que entrou em vigor em 1.01.2010. A adopção deste modelo conduziu à revogação de todos os diplomas legal-contabilísticos do anterior sistema contabilístico, designado genericamente por modelo POC (Decreto-Lei n.º 410/89, de 21 de Novembro) e de todos os diplomas publicados no âmbito desse modelo contabilístico. Ver a norma revogatória constante do art. 15.º do Decreto-Lei n.º 158/2009, de 13 de Julho.

CSC)[16], que se deve estender à elaboração da informação da entidade. No cumprimento desses deveres gerais de cuidado, os órgãos de administração devem guiar-se pela diligência de um gestor criterioso e ordenado. Os deveres de lealdade obrigam os mesmos órgãos à defesa do interesse da sociedade, atendendo aos interesses de longo prazo dos sócios e ponderando os interesses dos outros sujeitos relevantes para a sustentabilidade da sociedade, tais como os seus trabalhadores, clientes e credores.

A este propósito sublinha COUTINHO DE ABREU (2009: 266) que "os gerentes ou administradores que recusem ilicitamente informações ou prestem informação falsa, incompleta ou não elucidativa violam um dever legal. Se esse comportamento (culposo) causar danos à sociedade e/ou a sócio, eles incorrem em responsabilidade civil nos termos dos arts. 72.º, ss. e 79.º do CSC. Poderão igualmente incorrer em responsabilidade penal nos termos dos arts. 518.º e 519.º do mesmo diploma". Adianta ainda o mesmo autor que nestes casos cabe aos sócios também o direito de requerer inquérito judicial à sociedade (arts. 181.º n.º 6 e 216.º n.º 1 do CSC). Este direito, na opinião de COUTINHO DE ABREU, representa um poderoso instrumento persuasivo-preventivo contra a violação do dever de informar.

Por seu turno, a apreciação e a formulação de juízos de valor sobre o conteúdo contabilístico das contas incumbe ao ROC, ao conselho fiscal e, por último, aos sócios em assembleia geral[17],

---

[16] Alguns destes deveres são extensíveis aos titulares de órgãos de fiscalização (n.º 2 do art. 64.º do CSC).

[17] A convocatória está sujeita a requisitos de forma, conteúdo e publicidade, segundo os arts. 56.º n.º 2; 375.º n.º 4; 377.º n.ºs 2, 3, 4, 5 e 8 e 378.º n.ºs 2 e 3. A forma pode ser uma carta ou aviso convocatório, segundo os arts. 248º n.º 3 e 377.º n.º 8. O conteúdo mínimo vem indicado no art. 377.º n.ºs 5 e 8. Além das menções referidas pelo art. 171.º, deve constar da ordem do dia o elenco das matérias a tratar; e, tratando-se de alteração ao contrato, deve constar a menção das cláusulas propostas para modifica-

116 *Prestação de Contas e o Regime Especial de Invalidade das Deliberações...*

assumindo-se como o substrato de um direito geral à informação por parte de qualquer dos sócios da referida entidade e que não envolve um juízo técnico sobre as referidas contas. Na doutrina societária e na jurisprudência nacional tem-se acentuado a natureza *sui generis* das deliberações de aprovação de contas, considerando que nem todas as deliberações constituem declarações de vontade, configurando-se algumas como declarações de ciência.

3.1. *"Natureza pública" do dever de prestação de contas*

A "natureza pública" do dever de prestar contas ultrapassa largamente o simples registo comercial das mesmas na Conservatória do Registo Comercial, que se rege por normas de direito público, ou mesmo a exigência de certificação legal para as entidades a ela sujeitas.

Há um interesse público associado ao objectivo geral que preside à elaboração e divulgação das contas, quando as mesmas são preparadas com finalidades gerais, revelando-se úteis a um vasto conjunto de utentes/utilizadores, de modo a poderem tomar as suas decisões em contextos de maior segurança, em obediência ao princípio da maior divulgação de informação[18]. Torna-se, por isso, premente a publicitação das contas, pois essas sociedades interferem de forma mais ou menos directa com interesses a proteger, nomeadamente dos seus parceiros (devedores e credores), dos seus accionistas (actuais e potenciais), do Estado (enquanto colector de impostos necessários para financiar despesas públicas e enquanto interessado no adequado funcionamento das suas entidades empresariais), dos seus trabalhadores e do público em geral, pois estes podem ser, mais ou menos directamente, afecta-

---

ção (art. 377.º n.º 8). Quanto à publicidade ver os arts. 377.º n.º 2; 166.º e 167.º, todos do CSC.

[18] Também referido como princípio da abertura ou do pleno conhecimento (*Full Disclosure Principle*).

dos pela estabilidade das diferentes entidades empresariais. São facultadas, por isso, informações de natureza geral que se relevam úteis a este lato conjunto de utentes, permitindo determinar a responsabilidade dos vários intervenientes na elaboração, supervisão e divulgação da prestação de contas.

Como refere MENEZES CORDEIRO (2008: 104) "a escrituração mercantil e os deveres a ela inerentes andam hoje ligados à prestação de contas e à fiscalização das empresas. No fundamental, ela opera como um corpo de regras de Direito público, fixadas pelo Estado e que escapam, por isso e em larga medida, à lógica do Direito privado.

A violação das suas regras conduz, no essencial, a sanções de tipo público, particularmente fiscais".

3.2. *Relatório da gestão*

A elaboração do relatório da gestão, das contas do exercício e dos demais documentos de prestação de contas deve obedecer ao disposto na lei.

O conteúdo mínimo do relatório da gestão encontra-se estabelecido no art. 66.º do CSC. O contrato de sociedade pode complementar o conteúdo deste documento, à semelhança do disposto no art. 65.º n.º 2, *in fine*, mas não o pode derrogar.

No relatório da gestão[19] descrevem-se os elementos fundamentais para a compreensão da situação económico-financeira da entidade, evolução, condições de mercados, razões justificadoras dos investimentos efectuados e programados e a evolução da situação financeira durante o período. A sua elaboração deve obedecer aos requisitos formais exigidos nos arts. 65.º e 66.º do CSC,

---

[19] A 4.ª Directiva da CEE salienta que o relatório anual deve conter, pelo menos, uma exposição fiel sobre a evolução dos negócios e a situação da sociedade.

118 *Prestação de Contas e o Regime Especial de Invalidade das Deliberações...*

cuja responsabilidade pertence aos membros do conselho de administração ou da gerência. Este documento, tal como as contas, enquanto partes da prestação de contas, devem ser submetidos aos órgãos competentes da sociedade para efeitos de aprovação (arts. 263.º n.º 5 e 376.º n.º 1 do CSC). O prazo para a sua apresentação é de três meses a contar da data do encerramento de cada exercício para as contas individuais anuais[20].

O relatório da gestão deve conter, pelo menos, uma exposição fiel e clara sobre a evolução dos negócios, do desempenho e da posição da sociedade, bem como uma descrição dos principais riscos e incertezas com que a mesma se defronta. No âmbito do SNC essa mesma função parece dever ser relatada no anexo[21].

O n.º 5 do art. 66.º do CSC adianta que o relatório da gestão deve indicar em especial:

- acontecimentos importantes ocorridos depois do final do exercício;
- evolução previsível da sociedade;
- as actividades de investimento e desenvolvimento;
- aquisição de acções próprias;
- autorização de negócios entre a sociedade e os seus administradores;
- uma proposta de aplicação de resultados devidamente fundamentada;

---

[20] Para as sociedades obrigadas a elaborar contas consolidadas ou que apliquem o método de equivalência patrimonial (MEP), esse prazo alarga-se para cinco meses.

[21] Deve atender-se à relevância acrescida do anexo na prestação de contas, com a introdução de um novo preceito no CSC, o art. 66.º-A – Anexo às contas, em resultado do Decreto-Lei n.º 185/2009, de 12 de Agosto. O anexo, no quadro do novo SNC, assume-se como a peça talvez mais relevante dessas contas, a atender pelo número de páginas que incluem as informações requeridas nessa peça, que ocupa no anexo da Portaria n.º 989/2009, de 7 de Setembro, cerca de 12 páginas.

- a existência de sucursais da sociedade;
- os objectivos e as políticas da sociedade em matéria de gestão dos riscos financeiros e seus instrumentos de cobertura, bem como a exposição a outros riscos, nomeadamente de preços, de crédito, de liquidez e de fluxos de caixa desde que materialmente relevantes.

Poder-se-á referir que a grande finalidade do relatório da gestão é a compreensão dos elementos da prestação de contas, completando e esclarecendo os dados fornecidos pelas demais DF, servindo como que de "dicionário" das contas, que em virtude da sua natureza e conteúdo (eminentemente numérico, sumário e complexo) se tornam difíceis de interpretar, permitindo assim que as mesmas se possam tornar mais inteligíveis a todos os interessados, permitindo divulgar informações sobre o andamento geral do negócio e das suas perspectivas futuras. Deve atender-se que o anexo integrante das contas desempenha também parcialmente essa função, ainda que de modo mais restrito, pois esse documento é de natureza essencialmente contabilística, enquanto o relatório da gestão é de natureza mais geral, aprofundando temáticas que não são tratadas no anexo.

Até agora, e no âmbito do POC, a maioria dos relatórios de gestão das sociedades não cotadas em bolsa têm-se revelado pouco elucidativos, não atingindo o objectivo para que foram previstos na legislação societária, ao invés dos relatórios da gestão das sociedades com acções cotadas, onde há uma grande preocupação de divulgar grande número de informações.

Como afirmámos anteriormente, a competência para a elaboração do relatório e contas pertence aos membros do conselho de administração ou da gerência. Todavia, e no caso de incumprimento dessa obrigação e no âmbito do direito geral dos sócios à informação, pode qualquer dos sócios intentar uma acção especial a requerer que se proceda a inquérito (art. 67.º do CSC).

3.3. Contas[22]

A partir de 1 de Janeiro de 2010 a elaboração e divulgação das DF a incluir no âmbito da prestação de contas das sociedades baseia-se em esquemas contabilísticos extremamente sofisticados, que foram pensados, no essencial, para as grandes empresas que se encontram obrigadas a elaborar DF essencialmente para o mercado de capitais, de modo a manter informados os investidores actuais e potenciais. Este novo sistema contabilístico – Sistema de Normalização Contabilística (SNC) – que substituiu o POC, irá conduzir a algumas alterações no modelo convencional de prestar informações contabilístico-financeiras.

No tocante às DF de finalidades gerais, o seu objectivo é apresentar apropriadamente informação acerca da posição e do desempenho financeiros e dos fluxos de caixa de uma entidade, que seja útil a um vasto conjunto de utentes na tomada de decisões económicas. A apresentação apropriada exige a representação fidedigna dos efeitos das transacções, outros acontecimentos e condições de acordo com as definições e critérios de reconhecimento dos elementos das DF. Estas permitem também mostrar os resultados da condução por parte do órgão de gestão dos recursos que lhe foram confiados. Para satisfazer este objectivo, as DF devem proporcionar informação sobre:

a) Activos;
b) Passivos;
c) Capital próprio;
d) Rendimentos (réditos e ganhos);
e) Gastos (gastos e perdas);
f) Outras alterações no capital próprio; e,
g) Fluxos de caixa.

---

[22] Seguimos de perto o disposto no SNC.

As DF de finalidades gerais[23] são preparadas com o propósito de proporcionar informação que seja útil na tomada de decisões económicas, permitindo responder às necessidades comuns da maior parte dos utentes. Refere ainda o § 1 da Estrutura Conceptual (EC)[24] do SNC que os utentes tomam decisões económicas, nomeadamente para:

a) Decidir quando comprar, deter ou vender um investimento em capital próprio;

b) Avaliar o zelo ou a responsabilidade do órgão de gestão;

c) Avaliar a capacidade de a entidade pagar e proporcionar outros benefícios aos seus empregados:

d) Avaliar a segurança das quantias emprestadas à entidade;

e) Determinar as políticas fiscais;

f) Determinar os lucros e dividendos distribuíveis;

g) Preparar e usar as estatísticas sobre o rendimento nacional; ou,

h) Regular as actividades das entidades.

Esta informação, juntamente com outra incluída no anexo, ajuda os utentes das DF a prever os futuros fluxos de caixa da entidade e, em particular, a sua tempestividade e certeza.

Um conjunto completo de DF inclui[25]:

a) Um balanço;

---

[23] Designadas genericamente por DF, conforme se refere no § 6 da Estrutura Conceptual (doravante, EC) do SNC.

[24] Trata-se de um conjunto de conceitos contabilísticos estruturantes que, não constituindo uma norma propriamente dita, se assume como referencial que subjaz a todo o SNC.

[25] Os documentos que servem à prestação de contas e à sua subsequente divulgação encontram-se definidos no âmbito da legislação comercial (arts. 29.º a 63.º do Código Comercial), da legislação societária (CSC e CVM), no CIVA e no CIRC e demais legislação em vigor.

O CSC obriga a que seja incluída na prestação de contas, ainda que só o exija para efeitos de registo, a divulgação do relatório sobre a estrutura e as práticas de governo societário, quando não faça parte integrante do

b) Uma demonstração dos resultados;

c) Uma demonstração das alterações no capital próprio (DACP)[26];

d) Uma demonstração dos fluxos de caixa (DFC); e,

e) Um anexo em que se divulgam as bases de preparação e políticas contabilísticas adoptadas e outras divulgações exigidas pelas Normas Contabilísticas e de Relato Financeiro (NCRF), que podem também incluir as notas e outras demonstrações e material explicativo que constituam parte integrante das DF (§ 21 da EC).

Neste contexto, podem integrar-se também mapas suplementares e informação baseada em tais demonstrações ou derivadas delas, destinada a ser lida juntamente com aquelas. Tais mapas e informações suplementares podem versar, por exemplo, sobre informação financeira de segmentos industriais e geográficos e de divulgações acerca dos efeitos das variações de preços.

As DF não incluem, porém, elementos preparados pelo órgão de gestão, tais como relatórios, exposições, debate e análise e

---

relatório da gestão (art. 70.º n.º 2 alínea b) do CSC). Deve entender-se esta exigência como apenas aplicável às sociedades por acções e, particularmente dirigida às sociedades com valores cotados em bolsa.

[26] A partir de 2010, com a entrada em vigor da nova regulamentação contabilística – SNC – alarga-se o número de documentos subjacentes à prestação de contas. Passa a ser obrigatória a elaboração e a divulgação da DACP. É um documento que se assume de uma importância significativa, reflectindo o aumento ou redução dos activos líquidos durante o período (entre duas datas do balanço), introduzindo o conceito de resultado integral que resulta da agregação directa do resultado líquido do período com todas as variações ocorridas em capitais próprios não directamente relacionadas com os detentores de capital, agindo enquanto tal. Este documento, tal como a DFC, não são, no entanto, exigíveis às entidades designadas de PE (Pequenas Entidades), cujos critérios de definição se encontram estabelecidos no art. 9.º do Decreto-Lei n.º 158/2009, de 13 de Julho, e que veremos, ainda que muito sumariamente, mais adiante.

elementos similares que possam ser incluídos num relatório financeiro ou anual, sendo a sua elaboração obrigatória por via da legislação societária e não da legislação contabilística. Cite-se a título de exemplo o relatório da gestão.

O órgão de gestão de uma entidade tem a responsabilidade pela preparação e apresentação das suas DF (§ 11 da EC). Nesta mesma norma refere-se que o órgão de gestão está também interessado na informação contida nas DF, mesmo quando tenha acesso a informação adicional de gestão e financeira que o ajude a assumir as suas responsabilidades de planeamento, de tomada de decisões e de controlo. O órgão de gestão tem a capacidade de determinar a forma e conteúdo de tal informação adicional para satisfazer as suas próprias necessidades, não estando, porém, o relato de tal informação incluído na EC do SNC. Contudo, as DF publicadas são baseadas na informação usada pelo órgão de gestão acerca da posição financeira, das suas alterações e do desempenho da entidade (§ 11 da EC).

As DF são preparadas para um conjunto lato de utentes, onde se incluem investidores actuais e potenciais, empregados, mutuantes, fornecedores e outros credores comerciais, clientes, Governo e seus departamentos e o público (§ 9 da EC). Estes documentos previstos na EC do SNC visam suprir as necessidades informativas que são comuns a todos os utentes, ainda que possam não responder a todas as necessidades de cada um desses agentes em concreto. O legislador societário, no que respeita aos deveres fundamentais dos órgãos de gestão, pressupõe que estes, no exercício da sua actividade, estão adstritos ao cumprimento de deveres de lealdade atendendo não só ao interesse da sociedade e aos interesses de longo prazo dos sócios[27], mas ponderando ainda os

---

[27] Deve atender-se a este objectivo meritório quando a generalidade das orientações contabilísticas se encontram particularmente orientadas para a criação de valor para os accionistas a curto prazo.

interesses dos outros sujeitos relevantes para a sustentabilidade da sociedade, tais como os seus trabalhadores, clientes e credores. Destaca-se assim a importância atribuída a todo um conjunto de utilizadores das DF e não apenas aos accionistas actuais e potenciais.

Comummente as DF são descritas como expressão de uma imagem verdadeira e apropriada de, ou como apresentado apropriadamente, a posição financeira, o desempenho e as alterações na posição financeira de uma entidade. Esse objectivo é assegurado pelo respeito das principais características qualitativas e dos requisitos constantes das normas contabilísticas apropriadas (§ 46 da EC), tendo subjacentes dois grandes pressupostos na sua elaboração: continuidade[28] e regime do acréscimo[29]. As características qualitativas são entendidas como os atributos que tornam a informação proporcionada nas DF útil aos utentes. O SNC impõe quatro principais características qualitativas. São elas: a compreensibilidade (§ 25 da EC), a relevância (§§ 26 a 30 da EC), a fiabilidade (§§ 31 a 38 da EC) e a comparabilidade (§§ 39 a 42 da EC). Algumas dessas características, nomeadamente a relevância e a fiabilidade, são avaliadas pela existência de um conjunto mais ou menos lato de requisitos.

Assim, entende-se que para ser útil a informação tem de ser relevante para a tomada de decisões dos utentes, e sê-lo-á quando

---

[28] Pelo pressuposto da continuidade entende-se que uma entidade continuará a laborar no futuro previsível. Se existir a intenção ou necessidade de liquidar ou de reduzir drasticamente o nível das suas operações, as DF podem ter de ser preparadas segundo um regime diferente e, se assim for, deve ser divulgado o regime usado (§ 23 da EC).

[29] O regime de acréscimo (ou periodização económica) admite que os efeitos das transacções e de outros acontecimentos são reconhecidos quando ocorram e não quando o dinheiro ou o seu equivalente seja recebido ou pago, sendo registados contabilisticamente e relatados nas DF dos períodos com os quais se relacionem (§ 22 da EC).

seja capaz de influenciar as decisões económicas dos utentes ao ajudá-los a avaliar os acontecimentos passados, presentes ou futuros ou confirmar, ou corrigir, as suas avaliações passadas (§§ 26 a 30 da EC). Para aquilatar a existência da *relevância* da informação importa avaliar a materialidade, enquanto pressuposto que a informação é material se a sua omissão ou inexactidão influenciarem as decisões económicas tomadas pelos utentes com base nas DF.

No âmbito da *fiabilidade*, enquanto característica da informação que se afigura indispensável para assegurar a utilidade da informação, poder-se-á afirmar que a informação é fiável se estiver isenta de erros materiais e de preconceitos e os utentes puderem dela depender ao representar fidedignamente o que pretende representar, ou pode razoavelmente esperar-se que ela represente (§ 31 da EC). Para assegurar a fiabilidade da informação exige-se os seguintes requisitos: representação fidedigna (§§ 33 e 34 da EC); "primado" da substância sobre a forma (§ 35 da EC); neutralidade (§ 36 da EC); prudência (§ 37 da EC) e, por último, plenitude (§ 38 da EC). Estes requisitos afiguram-se indispensáveis para que a informação se possa assumir como fiável.

Já a *compreensibilidade* deve ser entendida como uma qualidade essencial da informação proporcionada nas DF, que é a de que ela seja rapidamente compreensível pelos utentes. O legislador contabilístico foi longe no entendimento do utente que visa atingir, afastando-se da ideia do *bonus pater familias* dominante no mundo jurídico vindo a admitir um "utente especial". Presume, assim, um utente "que tenha um razoável conhecimento das actividades empresariais e económicas e da contabilidade e vontade de estudar a informação com razoável diligência". Adianta, ainda, que "a informação acerca de matérias complexas, a incluir nas demonstrações financeiras dada a sua relevância para a tomada de decisões dos utentes, não deve ser excluída meramente com o fundamento de que ela possa ser demasiado difícil para a compreensão de certos utentes" (§ 25 da EC).

126 *Prestação de Contas e o Regime Especial de Invalidade das Deliberações...*

Por último, o legislador considera a *comparabilidade* como uma característica que assegura que os utentes têm condições para comparar as DF de uma mesma entidade ao longo do tempo, a fim de identificar tendências na sua posição financeira e no seu desempenho, além de poderem comparar as DF de diferentes entidades a fim de avaliar a posição relativa de cada uma delas.

Por sua vez, as características qualitativas da informação não podem ser obtidas a todo o custo, existindo um conjunto de constrangimentos à informação relevante e fiável. Avança-se na EC três principais constrangimentos, que representam como que um teste de concordância prática entre: tempestividade (§ 43 da EC); ponderação entre benefício e custo (§ 44 da EC) e, finalmente, o balanceamento entre características qualitativas (§ 45 da EC). A consideração da tempestividade para a realização desse teste de concordância é sempre a ideia da obtenção de informação tempestiva, pois se houver demora indevida no relato da informação ela pode perder a sua relevância e pode vir a mostrar-se pouco adaptada para satisfazer as necessidades dos utentes nas tomadas de decisões económicas. Já no que respeita ao balanceamento entre benefícios e custo, a avaliação passa essencialmente por um processo de ajuizamento, nem sempre fácil de atingir, tendo em conta as diferentes entidades que suportam os custos de mais e melhor informação – a sociedade e os beneficiários dessa mesma informação – os utilizadores. Este ajuizamento tem sempre em mente as necessidades dos utentes e o custo de proporcionar essa mesma informação. No que respeita ao balanceamento das características, existe um necessário *trade-off*, tendo como limite o objectivo a atingir com as DF (§ 42 da EC). Mais uma vez, apela-se para este efeito a um juízo de valor no quadro do sistema contabilístico, pois as DF devem transmitir o que é geralmente entendido como uma imagem verdadeira e apropriada de, ou como apresentando razoavelmente, tal informação. Para atingir esse objectivo, o legislador contabilístico socorre-se de um vasto leque de juízos subjectivos, ainda que sejam de alguma forma objectivados pelas exigências impostas pelos pressupostos, qualidades e requisitos subjacentes à elaboração e divulgação da informação constante das DF de finalidades gerais.

Estas DF preparadas pelo órgão de gestão devem, portanto, apresentar apropriadamente a posição e o desempenho financeiros e os fluxos de caixa de uma entidade. A apresentação apropriada[30] exige a representação fidedigna dos efeitos das transacções, outros acontecimentos e condições de acordo com as definições e critérios de reconhecimento para activos, passivos, rendimentos e gastos estabelecidos na EC do SNC.

Podemos considerar que as DF de finalidades gerais são apropriadas quando se destinam a satisfazer as necessidades de utentes que não estejam em posição de exigir relatórios feitos de acordo com as suas necessidades particulares de informação. Estas DF incluem as que são apresentadas isoladamente ou no âmbito de outro documento para o público, tal como um relatório anual ou um prospecto. Presume-se que a aplicação das NCRF, com divulgação adicional quando necessária, resulta em DF que alcançam uma apresentação apropriada.

Na generalidade das circunstâncias, uma apresentação apropriada é conseguida pela conformidade com as NCRF aplicáveis. Uma apresentação apropriada também exige que uma entidade: seleccione e adopte políticas contabilísticas de acordo com a NCRF aplicável; apresente a informação, incluindo as políticas contabilísticas, de uma forma que proporcione informação relevante, fiável, comparável e compreensível; apresente divulgações adicionais, quando o cumprimento dos requisitos específicos con-

---

[30] Entendemos que as DF apropriadas poderão ser consideradas equivalentes às contas não irregulares do legislador societário, em nome da unidade do sistema jurídico (societário e contabilístico). Ver ponto 5.2 *infra*.

128 *Prestação de Contas e o Regime Especial de Invalidade das Deliberações...*

tidos nas NCRF possa ser insuficiente para permitir a sua compreensão pelos utentes.

No § 11 da EC prevê-se que é o órgão de gestão de uma entidade que tem a responsabilidade primária pela *preparação* e *apresentação* das suas demonstrações financeiras[31].

O actual SNC prevê dois níveis de exigências informativas: um para as entidades que aplicam o SNC e outro para as pequenas entidades que optem por utilizar a NCRF-PE, ambas exigindo DF apropriadas e de finalidades gerais. Assim, existem hoje em Portugal três modelos de relato:

a) Entidades obrigadas, em princípio, a aplicar o SNC: sociedades abrangidas pelo CSC; empresas individuais reguladas pelo Código Civil; EIRL; empresas públicas; cooperativas; ACE e AEIE e outras entidades, excepto as entidades que apliquem as NIC e as sociedades obrigadas à supervisão (bancos, seguradoras e sociedades anónimas de capital aberto).

Assim, pode afirmar-se que o modelo de prestar contas se complexificou, assumiu requisitos informativos para uma larga panóplia de utilizadores/utentes. Deixou de ser orientada essencialmente para os participantes no capital, sendo o leque de utilizadores cada vez mais vasto. A informação contabilística torna-se conjuntamente global e necessariamente complexa. Ao conhecimento objectivo da situação económico-financeira contrapõe-se hoje o juízo profissional, logo a experiência subjectiva de cada um dos preparadores da informação acaba por condicionar as DF preparadas e divulgadas, e que servirão de base às decisões económicas dos diferentes agentes que estabelecem relações com essas entidades. Para minimizar esse aumento de subjectividade obriga-

---

[31] Realce nosso.

se as entidades a um acréscimo significativo das divulgações obrigatórias que devem constar no anexo.

b) As exigências informativas para as *pequenas entidades* são distintas[32], havendo um regime próprio para estas entidades com menores exigências de relato financeiro[33], prevendo-se a não obrigação de elaborar a DFC e a DACP. Assim, o artigo 9.º do Decreto-Lei n.º 158/2009, de 13 de Julho, estabelece que as pequenas entidades que não ultrapassem dois dos três limites seguintes podem optar por não aplicar as NCRF, mas apenas a NCRF-PE:

- Total de balanço: 500.000€;
- Total de vendas líquidas e outros rendimentos: 1.000.000€;
- Número de trabalhadores: 20.

Esta norma aplicar-se-á apenas, e a título opcional, às entidades nas condições atrás referidas, cujas contas não estejam sujeitas obrigatoriamente, por lei ou pelo contrato, à certificação legal de contas, e desde que não integrem o perímetro de consolidação de nenhum grupo.

Pensamos que grande parte das sociedades por quotas poderá integrar este grupo, desde que não ultrapassem os limites exigidos pelo art. 262.º do CSC, pois estas não têm opção dada a obrigatoriedade da certificação legal de contas constante da lei societária. Essas pequenas entidades revelam necessidades de relato mais reduzidas, tendo em conta a menor exigência informativa dos seus utentes.

---

[32] No POC previa-se também para este tipo de entidades modelos de DF menos desenvolvidos, designados modelos sintéticos.

[33] Foi criada no âmbito do SNC uma norma específica para estas entidades, a NCRF-PE, que substitui o conjunto de normas exigidas para as empresas em geral, e um conjunto de DF reduzidas. Todavia, esta norma assume carácter opcional face ao restante normativo. Ver Aviso n.º 15654/ /2009, publicado no Diário da República, 2.ª série, n.º 173, de 7 de Setembro.

130 *Prestação de Contas e o Regime Especial de Invalidade das Deliberações...*

Também o legislador societário já tinha intervindo anteriormente sobre a divulgação da informação dessas entidades. Neste contexto, atente-se na informação empresarial simplificada (IES) prevista no Decreto-Lei n.º 8/2007, de 17 de Janeiro, particularmente dominada por uma lógica de eliminação de formalidades desnecessárias. No preâmbulo do referido diploma refere a intenção de, mediante um único acto, dar-se cumprimento a quatro obrigações legais das empresas que se encontravam dispersas e que obrigavam a altos custos de cumprimento. Desta feita, o n.º 1 do art. 2.º do mesmo diploma admite que a IES abrange:

* A declaração anual de informação contabilística e fiscal prevista no CIRS e no CIRC;
* O registo da prestação de contas;
* A prestação de informação estatística ao INE;
* A prestação de informação estatística ao BP.

Essa informação é remetida ao Ministério das Finanças por via electrónica (art. 4.º), no prazo de seis meses após o fecho do exercício económico (art. 6.º). Em caso de incumprimento (art. 8.º) é o mesmo sancionado nos termos previstos na legislação específica de cada uma das obrigações compreendidas no âmbito da IES.

c) As *grandes sociedades com valores cotados em Bolsa* têm necessidades informativas acrescidas, elaborando obrigatoriamente as suas contas consolidadas com base no normativo do IASB (NIC e NIRF) adoptado pela UE, podendo optar na elaboração das suas contas individuais pelo normativo nacional (SNC) ou pelo normativo internacional (NIC e NIRF). Quando essas entidades estiverem obrigadas à consolidação de contas estas são elaboradas, desde Janeiro de 2005, aplicando esse normativo.

3.4. *Outras exigências associadas à prestação de contas*

Uma das exigências mais relevantes associadas à prestação de contas é a da sua fiscalização. Todavia, as sociedades por quotas nem sempre estão sujeitas à revisão legal de contas, nem prevêem nos seus contratos sociais a obrigatoriedade de um conselho fiscal. Para que a fiscalização aconteça, o contrato de sociedade terá de prever a existência de um conselho fiscal[34], sendo que a presença de um ROC se pode tornar obrigatória por lei, sempre que a sociedade ultrapasse os limites definidos no art. 262.º do CSC. Contrariamente, para as sociedades anónimas a fiscalização é sempre obrigatória[35].

As sociedades por quotas que não tenham optado pela criação de um conselho fiscal devem designar, por imposição legal, um ROC para proceder à revisão legal sempre que, durante dois anos consecutivos, tenham ultrapassados dois dos três limites previstos nas alíneas a) a c) do n.º 2 do art. 262.º do CSC. São eles:

- Total de balanço – 1.500.000€;
- Total de vendas líquidas e outros proveitos – 3.000.000€;
- Número médio de trabalhadores empregados durante o exercício – 50.

A designação do ROC deixa de ser necessária a partir do momento em que a sociedade opte por ter um conselho fiscal ou

---

[34] O n.º 1 do art. 262.º do CSC admite, mas não obriga, a que as sociedades por quotas possam no contrato de sociedade determinar que a sociedade tenha um conselho fiscal, que se rege pelos preceitos de fiscalização ditados para as sociedades anónimas.

[35] Para as sociedades anónimas com acções cotadas em bolsa, aos documentos de apresentação de contas referidos anteriormente devem ainda acrescentar-se o parecer do auditor externo, que deve ser um ROC inscrito na CMVM. A publicitação desse relatório é como que um segundo mecanismo de controlo, destinado a reforçar a credibilidade da informação financeira, tendo em conta que se trata de sociedades de capital aberto.

132 *Prestação de Contas e o Regime Especial de Invalidade das Deliberações...*

deixe de ultrapassar dois dos três limites objectivos definidos anteriormente, durante dois anos consecutivos.

Além deste mecanismo de credibilidade da informação divulgada, PUPO CORREIA (2001: 541) considera que os sócios também têm poderes de fiscalização individual, sobretudo quando exercem, entre outros, o direito à informação sobre os negócios sociais[36], independentemente do tipo jurídico da sociedade.

Para além dessas exigências societárias de revisão das contas previstas no CSC para as sociedades por quotas, a partir de 1 de Janeiro de 2010 passará a vigorar em Portugal um sistema de controlo que se aplicará a todas as entidades que estejam obrigadas a aplicar o novo sistema contabilístico – SNC – e que, de algum modo, funcionará como um mecanismo de *enforcement* na prestação de contas, particularmente no que respeita à sua vertente de elaboração e divulgação. Este mecanismo funcionará independentemente do tipo jurídico da sociedade em questão, tendo como requisito único a obrigatoriedade de aplicar o SNC[37].

3.4.1. *Controlo de aplicação das normas nas entidades sujeitas ao SNC*

Tal como se encontra estabelecido no preâmbulo do Decreto-Lei n.º 160/2009, de 13 de Julho, com a aprovação do novo SNC, inspirado nas normas internacionais de contabilidade (NIC

---

[36] Para as sociedades por quotas o direito à informação consta do art. 214.º do CSC. Para maiores desenvolvimentos sobre o direito à informação ver COUTINHO DE ABREU (2009: 252 e ss.).

[37] O SNC é aplicável, recorde-se, às seguintes entidades: sociedades abrangidas pelo CSC; empresas individuais reguladas pelo CSC; Estabelecimentos individuais de responsabilidade limitada (EIRL); empresas públicas; cooperativas; agrupamentos complementares de empresas e agrupamentos europeus de interesse económico; e outras entidades que se encontrem sujeitas ao POC ou venham a estar sujeitas ao SNC.

e NIRF), é introduzido no sistema contabilístico das empresas em geral um conjunto de conceitos, cuja aplicação, a bem da qualidade da informação financeira a divulgar, se torna necessário controlar. Pretende-se, deste modo, que a Comissão de Normalização Contabilística (CNC)[38] possa fiscalizar a aplicação de critérios de conteúdo mais discricionário, que integram o novo SNC, salvaguardando a certeza e a fiabilidade da contabilidade, no âmbito de uma função reguladora geral.

O controlo da aplicação das normas contabilísticas é desenvolvido através de acções de verificação levadas a efeito por iniciativa da CNC, ou mediante procedimentos de arbitragem. Para o desenvolvimento de tais acções, a CNC recorre à informação disponibilizada na informação empresarial simplificada, ou a outros meios que se considerem relevantes. Os procedimentos de arbitragem visam dirimir, em fase pré-contenciosa, conflitos quanto à aplicação das normas contabilísticas e são desencadeados a requerimento de qualquer das partes (art. 20.º do Anexo do Decreto-Lei n.º 160/2009, de 13 de Julho).

O Decreto-Lei n.º 158/2009, de 13 de Julho, que aprova o SNC, contém pela primeira vez uma disposição sobre *enforce-*

---

[38] Define o art. 3.º do Anexo do Decreto-Lei n.º 160/2009, de 13 de Julho, que a missão da CNC é emitir normas e estabelecer procedimentos contabilísticos, harmonizados com as normas comunitárias e internacionais da mesma natureza, tendo em vista a melhoria da qualidade da informação financeira das entidades que sejam obrigadas a aplicar o SNC, bem como promover as acções necessárias para que tais normas sejam efectiva e adequadamente aplicadas pelas entidades a elas sujeitas.

No domínio da regulação e do controlo da aplicação das normas contabilísticas, a CNC deve desenvolver as acções necessárias para que as normas contabilísticas sejam efectiva e adequadamente aplicadas pelas entidades a elas sujeitas, designadamente: através de acções de verificação levada a efeito por sua iniciativa; ou mediante procedimentos de arbitragem (n.º 2 do art. 4.º do Anexo do Decreto-Lei n.º 160/2009, de 13 de Julho).

134 *Prestação de Contas e o Regime Especial de Invalidade das Deliberações...*

ment contabilístico[39], a que subjazem os correspondentes "ilícitos de mera ordenação social", previstos no art. 14.º do mesmo diploma. Esta matéria será objecto de regulamentação própria a aprovar pela CNC. Prevê o n.º 1 do referido art. 14º que "[a] entidade sujeita ao SNC que não aplique qualquer das disposições constantes nas NCRF cuja aplicação lhe seja exigível e que distorça com tal prática as DF individuais ou consolidadas que seja, por lei, obrigada a apresentar, é punida com coima de 500€ a 15 000€"[40]. O n.º 2 prevê que "a entidade sujeita ao SNC que efectue a supressão de lacunas de modo diverso do aí previsto e que distorça com tal prática as DF individuais ou consolidadas que seja, por lei, obrigada a apresentar, é punida com coima de 500€ a 15 000€". No n.º 3 do mesmo preceito refere-se que "a entidade sujeita ao SNC que não apresente qualquer das DF que seja, por lei, obrigada a apresentar, é punida com coima de 500€ a 15 000€".

Refere-se ainda no n.º 4 do referido preceito que "caso as infracções referidas nos números anteriores sejam praticadas a título de negligência, as coimas são reduzidas a metade". Para além disso, no n.º 5 estatui-se que "na graduação da coima são tidos em conta os valores dos capitais próprios e do total de rendimentos das entidades, os valores associados à infracção e a

---

[39] O n.º 2 do art. 24.º da Lei Geral Tributária prevê mecanismos de *enforcement* fiscal. Em termos contabilísticos é, todavia, possível o controlo da IES pela CNC.

[40] Segundo CUNHA GUIMARÃES (2009: 3) "dado que esses actos ilícitos se referem exclusivamente a questões de incumprimento de normas contabilísticas, e considerando que o TOC assume a responsabilidade pela regularidade técnica nas áreas contabilística e fiscal e assina as demonstrações financeiras e as declarações fiscais, conjuntamente com o representante legal da entidade (*v.g.* órgão de gestão), face ao previsto no art. 6.º do Estatuto da Câmara dos TOC, aprovado pelo Decreto-Lei n.º 452/99, de 5 de Novembro, não será legítimo questionar se, efectivamente, tal como existe a reversão fiscal (n.º 2 do art. 24.º da Lei Geral Tributária), não haverá aqui também uma espécie de 'reversão contabilística'?"

condição económica dos infractores". A organização do processo e a decisão sobre aplicação da coima competem ao presidente da CNC, com possibilidade de delegação no vice-presidente da comissão executiva (n.º 6). Finalmente, o n.º 7 estabelece que o produto das coimas reverte para o Estado e para a CNC, na proporção de 60 % e 40 %, respectivamente. Aos ilícitos de mera ordenação social previstos neste diploma é subsidiariamente aplicável o regime geral do ilícito de mera ordenação social (n.º 8).

Sublinhe-se, porém, que os membros do órgão de gestão são os principais responsáveis pela preparação das DF e, nomeadamente, pela definição das políticas contabilísticas, face ao previsto no n.º 1 do art. 65.º do CSC e no SNC, designadamente no § 11 da EC, pelo que, em nossa opinião, estarão na primeira linha no que tange à assunção de tais responsabilidades. O CSC no n.º 1 do art. 72.º reconhece que "os gerentes ou administradores respondem para com a sociedade pelos danos a esta causados por actos ou omissões praticados com preterição dos deveres legais ou contratuais, salvo se procederam sem culpa".

Assim, associado a este novo sistema contabilístico surge, pela primeira vez, um regime sancionatório para o incumprimento de obrigações contabilísticas, de modo a garantir a regularidade das DF, podendo de algum modo credibilizar a informação contabilística e financeira divulgada pelas entidades, que não estão sujeitas aos mecanismos de fiscalização previstos pelo legislador societário. Para as entidades já obrigadas à fiscalização das suas contas, será mais um mecanismo de reforço na credibilidade da sua informação. Neste contexto, será importante avaliar a sua futura aplicação e o seu impacto nesta população tão heterogénea, que se estende de as PE (art. 9.º do Decreto-Lei n.º 158/2009, de 13 de Julho) a grandes sociedades de capitais abertos, conquanto estas não se organizem na forma de grupo e não estejam obrigadas a consolidar contas. Essa análise será particularmente relevante face à total inexperiência dos organismos portugueses na aplicação deste tipo de mecanismos de *enforcement*.

3.4.2. Fiscalização enquanto dever integrante da prestação de contas

No nosso enquadramento jurídico-societário o dever de fiscalização integrado na prestação de contas baseia-se no modelo das sociedades anónimas. A coberto da limitação da responsabilidade típica das sociedades de capitais impõe-se, apenas para alguns desses tipos, mais concretamente para as sociedades anónimas e para as sociedades em comandita por acções, particulares deveres de uma eficiente fiscalização, com vista a que as sociedades não defraudem os seus accionistas e credores. Para as sociedades por quotas existe essa obrigatoriedade por exigência dos estatutos ou, por lei, desde que tais entidades ultrapassem os limites definidos no art. 262.º do CSC[41].

Tendo em conta a natureza de interesse público da fiscalização das contas, cabe a uma ordem profissional, uma associação profissional de interesse público (OROC), a tarefa de regular a actividade dos entes com competência exclusiva para exercerem essas funções de fiscalização. Cabe, assim, aos ROC ou às SROC verificar a regularidade das contas de certo tipo de sociedades que são obrigadas à fiscalização, para evitar situações de fraude e de manipulação que possam pôr em causa os interesses de todos os que directa ou indirectamente entram em relações com a referida sociedade.

O regime jurídico dos ROC encontra-se estabelecido no Decreto-Lei n.º 487/99, de 16 de Novembro, alterado e republicado pelo Decreto-Lei n.º 224/2008, de 20 de Novembro. Prevê que apenas ROC individuais ou organizados em sociedades

---

[41] Se as sociedades por quotas não estão obrigadas à fiscalização legal, não estão de igual forma obrigadas a apresentar o documento da certificação legal de contas (alínea c) do n.º 1 do art. 42.º do CRC).

(SROC) tenham competência exclusiva para a revisão legal de contas, a qual consiste no exame das respectivas contas. No art. 40.º do referido diploma definem-se essas funções como de interesse público.

A revisão legal consiste no exame às contas, em ordem à sua certificação legal nos termos do disposto no art. 44.º do mesmo Decreto-Lei. Decorrente do exercício da revisão legal será emitida a certificação legal das contas (CLC)[42], a qual exprime a opinião do revisor, de que os documentos de prestação de contas apresentam ou não, de forma verdadeira e apropriada a situação financeira da empresa, bem como os resultados das suas operações, relativamente à data e ao período a que as mesmas se referem (n.º 2 do art. 44.º do citado diploma).

Cumpre salientar que a certificação legal de contas só pode ser elaborada depois de efectuado o exame das contas, exprimindo o revisor a sua convicção. Para a sua emissão os ROC terão de obedecer a um conjunto de normas técnicas de revisão legal de contas emanadas pela OROC. A fiscalização incide sobre a regu-

---

[42] A CLC pode ser modificada quando existam ênfases ou reservas. As primeiras são situações que não afectam a opinião do ROC, mas que exigem ou justificam uma menção na CLC. As segundas são situações que afectam a opinião do ROC e podem ser do seguinte tipo: incertezas fundamentais, limitações de âmbito e desacordos.

Tipos de CLC modificada, segundo a DRA 700 da OROC:

- CLC com ênfases;
- CLC com opinião com reservas;
- CLC com ênfases e opinião com reservas;
- CLC com escusa de opinião, quando o ROC não obtém evidência suficiente face aos efeitos das limitações de âmbito;
- CLC com opinião adversa, quando os efeitos do desacordo são tão profundos e significativos e afectam de tal modo as DF que estas induzem em erro os utilizadores;
- Impossibilidade de CLC, quando o ROC não está em condições de emitir uma CLC, por se lhe depararem situações de inexistência ou significativa insuficiência ou ocultação de matéria de apreciação.

138 *Prestação de Contas e o Regime Especial de Invalidade das Deliberações...*

laridade dos registos e dos documentos elaborados para retratar a actividade de uma sociedade.

Os revisores ou as sociedades de revisão devem expressar uma opinião sobre se as DF apresentam uma imagem verdadeira e apropriada da posição financeira e dos resultados da actividade, de acordo com os PCGA e o afastamento dessas regras deve ser mencionado nos respectivos relatórios. Em caso de falhas nesses procedimentos, prevêem-se sanções severas, que são impostas pela OROC aos membros faltosos.

Ao exame pelo revisor e ao seu relatório aplicam-se as disposições previstas para o conselho fiscal das sociedades anónimas. As competências do fiscal único e do conselho fiscal são muito amplas, conforme se prevê no art. 420.º do CSC. Procedemos à citação de algumas delas, e a título meramente exemplificativo, por se prenderem mais com a problemática em análise:

- Verificar a regularidade dos livros, registos contabilísticos e documentos que lhe servem de suporte – alínea c);
- Verificar (...) a extensão da caixa[43] e as existências de qualquer espécie dos bens ou valores pertencentes à sociedade ou por ela recebidos em garantia, depósito ou outro título – alínea d);
- Verificar a exactidão dos documentos de prestação de contas – alínea e);
- Verificar se as políticas contabilísticas e os critérios valorimétricos adoptados pela sociedade conduzem a uma correcta avaliação do património e dos resultados – alínea f);
- Elaborar anualmente relatório sobre a sua acção fiscalizadora e dar parecer sobre o relatório, contas e propostas apresentados pela administração – alínea g);

---

[43] Deveria o legislador societário ter referido "a extensão do caixa" e não a "extensão da caixa".

- Fiscalizar a eficácia do sistema de gestão de riscos, do sistema de controlo interno e do sistema de auditoria interna, se existentes – alínea i).

No exercício da sua função de fiscalização, cabe aos titulares de órgãos sociais com funções de fiscalização um dever geral de cuidado, empregando para o efeito elevados padrões de diligência profissional e deveres de lealdade, no interesse da sociedade, tal como é previsto no n.º 2 do art. 64.º do CSC.

No caso das sociedades por quotas que ultrapassem os limites definidos no art. 262.º do CSC, a designação do ROC é da competência dos sócios reunidos em assembleia geral. Se tal designação não tiver lugar, aplicar-se-ão as regras dos arts. 416.º a 418.º do CSC. Associada a esta exigência de fiscalização, estabelece o normativo societário um dever de prevenção que cabe ao Conselho Fiscal ou ao ROC, no sentido de antecipar graves dificuldades na prossecução do objecto da sociedade (art. 262.º-A do CSC).

Tendo em conta que a elaboração das DF são da responsabilidade dos órgãos de gestão, a revisão legal dessas contas, enquanto opinião emitida por uma entidade profissional e independente, assume-se de particular relevância para todos os utentes dessas DF, pois baseia-se em julgamentos profissionais independentes[44] e em normas técnicas bastantes exigentes. Logo, para as contas objecto da revisão legal, existe uma presunção ou uma convicção de conformidade do parecer constante da certificação legal das contas com a realidade da empresa e com as regras técnicas de elaboração no exercício de competência funcional exclusiva e gozando de fé pública. Importa ainda realçar que a certificação legal das contas e o relatório do ROC não são, pelas

---

[44] Independência que tem vindo a ser questionada na doutrina. Veja-se toda esta problemática desde os primeiros escândalos financeiros que assolaram os EUA, no início do século XXI.

razões anteriormente invocadas, submetidos a deliberação dos sócios (n.º 5 do art. 263.º do CSC).

Tal como se refere nos relatórios de certificação legal das contas, o ROC ou a SROC procede ao exame efectuado de acordo com as normas e directrizes técnicas da OROC, as quais exigem que o exame seja planeado e executado com o objectivo de obter um grau de segurança aceitável sobre se as DF estão isentas de distorções materialmente relevantes. Para tanto, o exame inclui a verificação, numa base de amostragem, do suporte das quantias e divulgações constantes das DF e a avaliação de estimativas, baseadas em juízos e critérios definidos pelo conselho de administração ou gerência, utilizadas na sua preparação; a apreciação sobre se são adequadas as políticas contabilísticas adoptadas e a sua divulgação, tendo em conta as suas circunstâncias concretas; a verificação da aplicabilidade do princípio da continuidade e a apreciação sobre se em termos globais é adequada a apresentação das DF.

Com base nestes requisitos, o ROC pronuncia-se sobre se o exame efectuado proporciona uma base aceitável para expressar e emitir a sua opinião. Normalmente a opinião, em caso de um relatório não modificado, aparece com o seguinte conteúdo: "em nossa opinião, as DF referidas apresentam de forma verdadeira e apropriada, em todos os aspectos materialmente relevantes, a posição financeira da sociedade X e o resultado das suas operações no exercício findo naquela data em conformidade com os princípios contabilísticos geralmente aceites". A certificação legal de contas visa, assim, reforçar a credibilidade da informação de natureza financeira, assente em princípios de veracidade, objectividade e actualidade.

3.4.3. *Documentos complementares das contas anuais que podem fazer parte da prestação de contas*

De entre os documentos complementares das contas anuais e que poderão/deverão integrar a prestação de contas indicam-se os seguintes: Relatório da Gestão; Relatório e Parecer do Conselho Fiscal ou Fiscal Único; Certificação Legal de Contas; Relatório Anual da Fiscalização Efectuada e Relatório do Auditor Externo. Todavia, e tendo em conta a realidade em estudo – as sociedades por quotas – convém atender que nem todos esses documentos complementares são de apresentação obrigatória. Assim, observando as características do tecido empresarial português, podemos assegurar que apenas uma pequena fatia das sociedades por quotas terá uma exigente prestação de contas, sendo que a maioria das PME deve apenas cumprir os requisitos mínimos de informação, limitando-se a apresentar as contas e o relatório da gestão sem mais, e de entre elas, a maioria poderá optar pela divulgação dos modelos reduzidos, dada a pequena dimensão das nossas entidades empresariais. Apenas aquelas que, por imposição dos estatutos ou por imposição da lei, são obrigadas a dispor de um conselho fiscal ou de um ROC verão os seus requisitos de prestação de contas acrescidos[45], aproximando-se assim da prestação de contas das sociedades anónimas para as quais existe sempre a obrigatoriedade de certificação legal de contas, ainda que sejam sociedades de capital fechado[46]. Neste último caso, a prestação de

---

[45] No caso da exigência do conselho fiscal se dever a uma obrigação estatuária, mas não legal, o ROC emitirá a certificação de contas. Contrariamente, quando a exigência é legal, o relatório emitido pelo ROC designar-se-á de certificação legal de contas.

[46] A consideração das sociedades anónimas de capital aberto ao público implica ainda maiores exigências legais na prestação de contas. Veja-se os requisitos informativos previstos no CVM para este tipo de sociedades.

142 *Prestação de Contas e o Regime Especial de Invalidade das Deliberações...*

contas de uma sociedade por quotas rege-se pelas normas legais previstas para as sociedades anónimas. De harmonia com o respectivo modelo organizativo há uma entidade distinta e independente dos órgãos de gestão que verifica a aplicação das normas legais em vigor, e que funciona como uma garantia de que as normas são correcta e coerentemente aplicadas na prestação de contas, assegurando uma credibilidade acrescida da informação contabilística e financeira dessas entidades.

4. Deliberações sobre a prestação de contas

Na perspectiva de COUTINHO DE ABREU (2009: 234) as deliberações dos sócios traduzem-se em decisões tomadas pelo órgão social de formação de vontade (o sócio único ou a colectividade dos sócios)[47] e juridicamente imputáveis à sociedade[48]. O art. 246.º do CSC, respeitante às sociedades por quotas, define a competência dos sócios e elenca os actos que dependem de deliberação dos sócios, além de outros que a lei ou o contrato indicar[49]. Assim, a alínea e) do preceito em causa define que "a aprovação do relatório da gestão e das contas do exercício, a

---

[47] COUTINHO DE ABREU (2009) abarca também neste conceito de deliberação as decisões do sócio único (sociedades unipessoais). Todavia, esta discussão não nos importa no âmbito do trabalho desenvolvido.

[48] De sublinhar que partilhamos um conceito lato de deliberação social, pois o CSC também apelida de deliberações aquelas decisões tomadas sem reunião dos sócios, como é o caso das deliberações unânimes por escrito (1.ª parte do n.º 1 do art. 54.º do CSC) e das deliberações por voto escrito (art. 274.º n.º 1). O relevante no caso é que se trate de decisões imputáveis ao conjunto dos sócios, ou seja, ao órgão da colectividade dos sócios.

[49] Para as sociedades anónimas os preceitos que tratam destas matérias são os arts. 373.º n.º 2 e 376.º do CSC.

atribuição de lucros e o tratamento dos prejuízos" é matéria da *exclusiva competência dos sócios*[50]. Dada a natureza imperativa da disposição, podemos concluir que o acto de aprovação de contas é uma competência dos sócios, que não poderá ser delegada em qualquer outro órgão neste tipo de sociedades. A assembleia de sócios não deve ser entendida como uma entidade externa da sociedade, porquanto é o órgão tradicional de formação da vontade do ente societário, ou seja, a assembleia é a expressão maior da vontade colectiva social. As deliberações sociais[51] consistem, como ensina CARLOS OLAVO (1988), no resultado da vontade dos titulares dos órgãos da pessoa colectiva, por serem a esta normativamente imputáveis, pois as sociedades comerciais, enquanto pessoas colectivas, necessitam de suportes materiais para que a respectiva vontade se forme e manifeste. Estes suportes materiais são os órgãos da sociedade, através de cujas deliberações a vontade da pessoa colectiva se forma e manifesta. Por outras palavras, deliberação social é o produto da emissão conjunta de todos ou da maioria dos votos e traduz na doutrina jurídica a vontade do órgão colegial imputável à pessoa colectiva.

---

[50] Deve atender-se para este efeito às formas de deliberação previstas nos arts. 54.º e 247.º do CSC. Ainda neste âmbito deve ter-se em linha de conta o art. 263.º, integrado no capítulo VII sob a epígrafe "Apreciação anual da situação da sociedade", respeitante ao relatório da gestão e contas do exercício, particularmente ao disposto no n.º 2 do mesmo preceito, que prevê a desnecessidade de deliberação de aprovação quanto todos os sócios sejam gerentes e todos eles assinem, sem reservas, os documentos de prestação de contas. Esta isenção de deliberação não se aplica, contudo, às sociedades por quotas sujeitas a revisão legal, nos termos do n.º 2 do art. 262.º.

[51] Discute-se largamente na doutrina societária a natureza jurídica das deliberações dos sócios. Várias têm sido as posições defendidas; todavia, tendemos a aceitar a posição de COUTINHO DE ABREU (2009: 239), que as entende como negócios jurídicos, ainda que com algumas especialidades, como as que constam dos arts. 55.º a 62.º e 69.º do CSC.

144 *Prestação de Contas e o Regime Especial de Invalidade das Deliberações...*

Como vimos anteriormente, é da competência[52] e responsabilidade do órgão de gestão a preparação das DF, que apresentem de forma verdadeira e apropriada a posição financeira e as suas alterações, bem como o desempenho de uma entidade, a adopção de políticas e critérios adequados e a manutenção de um sistema de controlo interno apropriado para que o órgão de fiscalização possa vir a expressar uma opinião profissional e independente, baseada no exame dessas DF, caso exista obrigatoriedade de fiscalização da responsabilidade do ROC ou do Conselho Fiscal.

Cabe, assim, ao órgão – assembleia geral de sócios – apreciar as DF, os seus anexos e a proposta de aplicação dos resultados, que fazem parte dos documentos de prestação de contas, que são elaboradas sob responsabilidade da gerência, a quem compete apresentar os mesmos à apreciação do dito órgão competente da sociedade. A assembleia geral não pode modificar os documentos de prestação de contas. Em caso de não concordância, ser-lhe-á permitido recusar as referidas contas (art. 68.º do CSC). Também não cabe a este órgão qualquer tipo de apreciação sobre a certificação legal das contas e o relatório do revisor oficial de contas, dado o disposto no n.º 5 do art. 263.º, pois afirma-se aí que "nas sociedades sujeitas a revisão legal nos termos do n.º 2 do art. 262.º, *os documentos de prestação de contas e o relatório da gestão devem ser submetidos a deliberação dos sócios, acompanhados* de certificação legal das contas e do relatório do revisor oficial de contas"[53].

---

[52] O art. 259.º do CSC considera competência da gerência todos "os actos que forem necessários ou convenientes para a realização do objecto social *com respeito pelas deliberações dos sócios*". Realce nosso.

Para as sociedades anónimas os poderes de gestão do conselho de administração encontram-se estabelecidos no art. 406.º, do mesmo diploma legal, e dentro dessa competência inclui-se a prevista na alínea d), imputando como assunto da responsabilidade da administração a apresentação e divulgação dos "relatórios e contas anuais".

Em última análise a assembleia geral pode decidir a aprovação ou não aprovação da prestação de contas do ente societário, podendo requerer a sua alteração em situações devidamente fundamentadas.

4.1. *Aprovação de contas*[54]

Cabe, portanto, à assembleia geral apreciar os respectivos documentos de prestação de contas. Este órgão aprecia, discute e vota a prestação de contas e, simultaneamente, a aplicação do resultado do período respectivo. Essa apreciação dos documentos de prestação de contas pode conduzir à sua aprovação ou à sua rejeição.

A aprovação das contas pressupõe que as mesmas cumpram o objectivo de fornecer uma imagem verdadeira e apropriada da posição financeira, das suas alterações e do desempenho da entidade; podendo, enquanto tal, ser consideradas contas apropriadas.

Na grande maioria dos casos a prestação das contas apresentadas nas assembleias gerais das sociedades são aprovadas por unanimidade. Todavia, a normalidade admite casos excepcionais, os quais iremos analisar nos pontos seguintes.

---

[53] Realce nosso.

[54] A expressão genérica de "contas" para efeitos de deliberação dos sócios deve sempre entender-se com o sentido de incluir todos os elementos de prestação de contas que podem ser objecto de apreciação e aprovação por parte desse órgão deliberativo e que são para as sociedades por quotas: as contas propriamente ditas e o relatório da gestão (n.º 5 do art. 263.º do CSC).

4.2. Recusa de aprovação de contas

Se a assembleia geral decidir não aprovar as contas apresentadas pelo órgão de gestão, deve a mesma assembleia deliberar motivadamente que se proceda à elaboração total de novas contas ou à reforma, em pontos concretos, das apresentadas e apreciadas pelos sócios na referida assembleia (n.º 1 do art. 68.º do CSC).

Têm ainda os membros do órgão de gestão, responsáveis pela elaboração do relatório da gestão e das contas, o poder de requerer inquérito judicial nos oito dias seguintes à deliberação que mande elaborar novas contas ou reformar as contas não aprovadas pelos sócios em assembleia geral, na hipótese de não concordância com a decisão deste órgão; se a natureza da reforma envolver juízos para os quais a lei não imponha critérios, não se admite a intervenção judicial por inquérito (n.º 2 do art. 68.º do CSC).

No caso concreto em que os membros do órgão de gestão não devem requerer inquérito judicial, por os fundamentos invocados não poderem vir a ser corroborados pela instância judicial, por tratar-se de matéria sobre a qual a lei não impõe critérios, caindo, portanto, na alçada dos juízos profissionais, ou seja, numa zona de discricionaridade técnica que se revela insindicável pelo nosso sistema judiciário. Assim, quando a reforma deliberada pelos sócios incida sobre juízos para os quais a lei não imponha critérios, resta procurar vias alternativas de diálogo, na procura de uma solução que se afigure justa para os sócios em conflito com os órgãos de gestão responsáveis pela preparação e divulgação dessas contas. A lei é omissa sobre o modo de resolver esta questão. Neste particular, parece-nos adequado apelar-se, essencialmente, a juízos profissionais para aferir a existência de razões económicas e/ou financeiras válidas para as soluções contempladas nas contas apresentadas e não aprovadas, e que é matéria de discricionariedade técnica, e por isso, não pode/deve ser fiscalizado pelos tribunais.

Uma de duas soluções se afigura plausível para a resolução deste dissenso. A primeira via poderá envolver o acordo entre os sócios e os membros do órgão de gestão, por meio de cedências recíprocas, resolvendo-se a divergência, sem recurso a qualquer entidade externa. A outra via, talvez mais plausível para a resolução do conflito de interesses, poderá envolver o recurso a meios extrajudiciais, nomeadamente recorrendo a peritos independentes[55]. As partes em desacordo podem entender-se quanto à nomeação de um único ROC que analisará, do ponto de vista técnico e de modo independente, as contas dessa entidade. Em casos mais extremos pode cada um das partes em conflito nomear o seu próprio perito, constituindo-se uma comissão de peritos de revisão, vindo a decisão a ser tomada com base nos relatórios elaborados por esses revisores independentes.

4.3. *Não apresentação de contas*

Se o relatório da gestão, as contas do exercício e os demais documentos de prestação de contas não forem apresentados pelos gerentes da sociedade no prazo legal, qualquer dos sócios pode requerer inquérito judicial. Pretendendo o interessado obter os documentos de prestação de contas, a acção deve ser intentada ao abrigo do CSC, e deve seguir a tramitação estabelecida nele.

A lei concede, primeiramente, um período cominatório de dois meses depois da data limite definida no n.º 5 do art. 65.º do CSC que, no caso de não ser cumprido, pode legitimar qualquer dos sócios a requerer ao tribunal que se proceda a inquérito judicial (n.º 1 do art. 67.º do CSC).

---

[55] Solução semelhante foi adoptada pelo legislador societário a propósito da não aprovação ou rejeição de contas em assembleia convocada judicialmente (art. 67.º do n.º 5 do CSC).

148   *Prestação de Contas e o Regime Especial de Invalidade das Deliberações...*

Prevê o n.º 2 do mesmo preceito que, uma vez recebido o requerimento de inquérito, o Tribunal notifique os gerentes da sociedade e, caso considere procedentes as razões invocadas pelos mesmos para a falta de apresentação dos documentos de prestação de contas, fixa um prazo que em seu prudente arbítrio considere adequado para os mesmos serem apresentados. Caso o Tribunal julgue improcedentes as razões invocadas, e considere que os referidos gerentes não têm condições objectivas para a apresentação das contas em falta, deverá nomear um gerente que irá elaborar os documentos de prestação de contas.

Se as contas elaboradas nessas circunstâncias não vierem a ser aprovadas pelo órgão competente da sociedade, pode o responsável pela sua elaboração, e ainda nos autos de inquérito, submeter a divergência ao juiz, para que este tome uma decisão final.

5. Regime especial de invalidade das deliberações sobre prestação de contas

As deliberações tomadas em assembleia geral podem vir a ser consideradas inválidas (nulas ou anuláveis), pois podem violar disposições da lei ou do contrato de sociedade[56].

O art. 56.º elenca o regime geral da nulidade das deliberações dos sócios, enquanto o art. 58.º o faz para as deliberações consideradas anuláveis.

A nulidade de deliberações sociais corresponde aos casos mais graves, sendo expressamente visada na lei. Os casos de nulidade são taxativos. Dentro dos casos de nulidade o legislador contempla vícios de procedimento e vícios de substância. Incluem os

---

[56] Existe uma extensa doutrina sobre esta problemática. Ver, entre muitas outras obras, as seguintes: COUTINHO DE ABREU (2009); PINTO FURTADO (2005); BRITO CORREIA (1990); CARNEIRO DA FRADA (1988) e LOBO XAVIER (1975).

vícios de procedimento: a realização de assembleias não devidamente convocadas ou no caso da existência de votos escritos sem que todos os sócios tenham tido oportunidade de participar (alíneas a) e b) do n.º 1 do art. 56.º do CSC, respectivamente). Os vícios de substância surgem quando, por natureza, o conteúdo da deliberação não esteja sujeito a esta, ou sempre que haja violação dos bons costumes ou de lei inderrogável (alíneas c) e d) do n.º 1 do art. 56.º do CSC, respectivamente)[57].

De acordo com o n.º 1 do art. 58.º do CSC, são anuláveis as deliberações que: a) violem disposições quer da lei, quando ao caso não caiba a nulidade nos termos do artigo 56.º, quer do contrato de sociedade; b) sejam apropriadas para satisfazer o propósito de um dos sócios de conseguir, através do exercício do direito de voto, vantagens especiais para si ou para terceiros, em prejuízo da sociedade ou de outros sócios ou simplesmente de prejudicar aquela ou estes, a menos que se prove que as deliberações teriam sido tomadas mesmo sem os votos abusivos[58]; c) não tenham sido precedidas do fornecimento ao sócio de elementos mínimos de informação.

O art. 59.º define as condições para a acção de anulação das deliberações. Nestes casos, a anulabilidade pode ser arguida pelo órgão de fiscalização ou por qualquer sócio que não tenha votado no sentido que fez vencimento nem posteriormente tenha aprovado a deliberação, expressa ou tacitamente. O prazo normal para a propositura desta acção é de 30 dias contados a partir da data

---

[57] Os vícios de procedimento são sanáveis, ao contrário dos vícios de substância – n.º 1 do art. 62.º do CSC.

[58] São normalmente apontadas na doutrina duas situações em que uma deliberação é considerada abusiva. Uma delas pode incluir-se no exercício do direito de voto pela maioria para obtenção de vantagens especiais para si ou para terceiros, em prejuízo da sociedade ou em prejuízo de outros sócios. A outra prende-se com o exercício do direito de voto pela maioria para causar prejuízo à sociedade ou aos outros sócios.

150 *Prestação de Contas e o Regime Especial de Invalidade das Deliberações...*

em que foi encerrada a assembleia geral ou da data em que o sócio teve conhecimento da deliberação, se esta incidir sobre assunto que não constava da convocatória (n.º 1 e alíneas a) e c) do n.º 2 do art. 59.º do CSC). A acção de anulação, tal como a acção de nulidade, é proposta contra a sociedade (n.º 1 do art. 60.º). Quando é o órgão de fiscalização a intentar a acção, ou, na sua falta, qualquer gerente, a sociedade suportará todos os encargos da acção proposta, ainda que a mesma venha a ser julgada improcedente (n.º 3 do art. 60.º).

Já para o caso específico de deliberações sobre a prestação de contas o legislador criou um regime especial de invalidade das deliberações, previsto no art. 69.º, que se afasta significativamente do regime geral de invalidades prevista nos arts. 56.º e 58.º[59].

Em nossa opinião, o regime especial de invalidade das deliberações pode ser explicado tendo em conta dois grandes princípios. O primeiro deles tem a ver com o objectivo da elaboração da prestação de contas – dar uma imagem verdadeira e apropriada da posição financeira, das suas alterações e do desempenho de uma entidade, destinada a todos os utentes das DF e não apenas aos órgãos de gestão e sócios. Assim, quando os últimos não aprovam as contas elaboradas pelos primeiros, recai sobre os responsáveis pela sua elaboração a obrigatoriedade de elaborar novas contas, pois estas afiguram-se essenciais aos seus restantes utilizadores, para que estes possam tomar as mais diversas decisões em relação à referida entidade. O segundo princípio prende-se com a responsabilidade última de quem elabora as contas, pois os sócios, ainda que tenham direito a não aprovar as contas, devem fazê-lo fundamentadamente, e cabe ao órgão responsável pela sua elaboração requerer que os tribunais se pronunciem sobre essa recusa

---

[59] Excluímos o caso da ineficácia prevista no art. 55.º do CSC, por não ter equivalente no regime especial de invalidades previstas no art. 69.º.

sempre que não estejam de acordo com essa decisão e desde que tal discordância se prenda com matéria para a qual haja critérios legais (n.º 2 do art. 68.º do CSC). Todavia, o preceito é omisso sobre a via de resolução quando a discordância se prende com matéria para a qual não exista definição de critérios legais, conforme referimos anteriormente. Assim, devem os responsáveis pela elaboração de contas aceitar a recusa motivada da prestação de contas pela assembleia geral, submetendo-se à vontade dos sócios, ou podem os mesmos *in extremis* optar por não elaborar novas contas, submetendo-se à possibilidade de votação da sua destituição e aos mecanismos da responsabilidade civil. A letra da lei parece apontar para a hipótese de se recorrer judicialmente apenas no caso de existir discordância sobre matéria para a qual estejam previstos critérios legais, tendo talvez por base a ideia de que os sócios têm, no seu conjunto, o controlo último da sociedade, ainda que submetidos a normas de carácter imperativo que não poderão ser ultrapassadas no quadro da autonomia privada.

É, todavia, de algum modo difícil convocar argumentos suficientemente válidos para as diferentes soluções criadas pelo nosso legislador societário no art. 69.º do CSC[60], até porque usa e abusa de conceitos indeterminados neste preceito societário. Cabe perguntar:

- Como se deve entender o conceito de violação de preceitos legais contido na primeira parte do n.º 1 do art. 69.º, que apenas conduz à anulação da deliberação, contrariamente ao que é previsto no regime geral de invalidades das deliberações para violações da mesma natureza?
- O que se deve entender por contas irregulares? E como se mede a maior ou menor gravidade da irregularidade prevista no n.º 2 do art. 69.º?

---

[60] Sobre as perplexidades deste regime especial de invalidade das deliberações, ver COUTINHO DE ABREU (2009: 487 e ss.).

- Porquê uma tão grave consequência resultante da violação desses mesmos preceitos legais relativos à reserva legal constante *ab initio* do n.º 3 do art. 69.º?
- O que se deve entender por violação de preceitos cuja finalidade, exclusiva ou principal, seja a protecção dos credores ou do interesse público constante *in fine* do n.º 3 do art. 69.º?

Em suma:

- a que preceitos legais se refere o legislador em cada uma destas disposições? Será que se deve fazer uma interpretação restritiva de preceitos, como preceitos societários contidos no CSC, ou antes se deve entender a expressão "preceitos" como preceitos legais contidos na legislação societária, na contabilística, na relativa à fiscalização das contas, ou a um qualquer outro normativo directa ou indirectamente relacionado com a prestação de contas?

Iremos tentar concretizar nos pontos seguintes os preceitos que estarão em jogo em cada um dos tipos de invalidades previstos pelo legislador societário nos três números integrantes do art. 69.º, procurando de algum modo suprimir as indefinições do legislador neste preceito.

5.1. *Análise do regime*

Sob a epígrafe "Regime especial de invalidade das deliberações" criou a lei – art. 69.º do CSC – normas específicas sobre as deliberações relativas à prestação de contas. De acordo com este dispositivo legal, é fundamento de anulabilidade "a violação dos preceitos legais relativos à elaboração do relatório da gestão, das contas do exercício e de demais documentos de prestação de contas (...)" (n.º 1 do art. 69.º do CSC).

Segundo o n.º 2 do referido artigo é também anulável a deliberação de aprovação de contas em si mesmas irregulares, ainda que o juiz só deva decretar essa sanção nos casos em que essas contas irregulares não forem reformadas no prazo que fixar para o efeito.

O n.º 3 do preceito comina com a nulidade a deliberação de aprovação de contas, que tenham subjacente "a violação dos preceitos legais relativos à constituição, reforço ou utilização da reserva legal, bem como de preceitos cuja finalidade, exclusiva ou principal, seja a protecção dos credores ou do interesse público".

A violação de preceitos legais pode ter gravidade diversa no regime previsto no art. 69.º do CSC[61]; afastando-se, contudo, do preceituado no regime geral de invalidades de deliberações sociais, conforme referimos anteriormente. Assim, se a violação dos preceitos legais se relacionar com a elaboração do relatório da gestão, das contas e de demais documentos de prestação de contas o vício é penalizado com a anulabilidade. No caso da irregularidade das contas o legislador opta, também, pela anulabilidade, sempre que tal irregularidade não seja sanada durante um prazo previamente fixado pelo sistema judicial. Já no caso da violação dos preceitos se relacionar com a reserva legal, ou com a protecção, exclusiva ou principal, dos credores ou do interesse público, o vício conduz à nulidade da deliberação. Como se irá avaliar de seguida, a gravidade dos erros subjacentes a cada um dos preceitos considerados é diversa, podendo variar entre meros erros aritméticos a autênticos comportamentos "fraudulentos" com vista a obter a informação que se deseja divulgar, ainda que a mesma não possa traduzir a imagem verdadeira e apropriada da entidade exigida pelo sistema societário e contabilístico. Desta feita, a

---

[61] Ver OSÓRIO DE CASTRO (2004) sobre o regime anterior ao que hoje se encontra estatuído no art. 69.º do CSC.

154 *Prestação de Contas e o Regime Especial de Invalidade das Deliberações...*

natureza da invalidade com que o legislador atacou a deliberação que aprove contas e relatórios da gestão encontra-se dependente da gravidade do vício subjacente à elaboração e divulgação destes documentos de prestação de contas.

5.2. *Apreciação crítica do regime*

Quis o legislador criar um regime mais favorável no que respeita às deliberações relativas à prestação de contas, que se afasta significativamente do regime geral de invalidade das deliberações contemplado no CSC, que prevê a nulidade para todas as deliberações cujo conteúdo, directa ou indirectamente, seja ofensivo de preceitos legais que não possam ser derrogados nem sequer por vontade unânime dos sócios[62]. Atendendo ao conteúdo do n.º 1 do art. 69.º do CSC, que prevê a violação de preceitos legais relativo às contas e ao relatório da gestão e restantes documentos obrigatórios da prestação de contas, este integra situações que se assemelham às contempladas na alínea d) do art. 56.º, que impõe a nulidade das deliberações violadoras de preceitos legais de natureza imperativa. A imperatividade dos preceitos a que parece apelar-se no art. 69.º pode resultar da violação de preceitos de ordem pública societária, da concretização de princípios enformadores da área societária e da tutela de terceiros.

Este regime de sancionabilidade mais leve visou proteger a incerteza associada aos efeitos posteriores à aprovação de contas, pois a anulação só pode ser arguida num curto espaço de tempo evitando situações complexas, enquanto que a nulidade é invocável a todo o tempo por qualquer interessado e pode ser declarada oficiosamente pelo tribunal (art. 286.º do CCiv.) Para arguir a

---

[62] Para MENEZES CORDEIRO (2009) esta norma alarga o âmbito da anulabilidade em geral (n.º 1 do art. 58.º), em detrimento da nulidade: só funciona dentro da sua estrita previsão.

anulabilidade das deliberações apenas têm legitimidade as pessoas em cujo interesse a lei a estabelece e durante um curto período de tempo subsequente à cessação do vício que lhe serve de fundamento (arts. 287.º do CCiv. e 59.º do CSC). No caso do regime societário, o período para arguir a anulabilidade é muito curto – 30 dias[63] – em nome de outros interesses que o legislador visou proteger, nomeadamente o regular funcionamento da sociedade e o evitamento de incertezas subsequentes à aprovação da prestação de contas.

O *regime de invalidade* que se deve pressupor *no n.º 1* é a violação de preceitos legais[64], desde que a sua finalidade exclusiva ou principal, não seja a protecção dos credores ou do interesse público, pois se tal suceder, num contexto de irresponsabilidade dos sócios, como é o caso da sociedade por quotas depois da realização integral do capital social, o vício é mais fortemente penalizado pelo legislador societário, impondo a nulidade da deliberação e remetendo-nos para o regime previsto no n.º 3 do art. 69.º.

Apesar da letra da lei referir apenas a violação dos preceitos legais relativos à elaboração dos documentos de prestação de

---

[63] Segundo o n.º 2 do art. 59.º do CSC: "o prazo para a propositura da acção de anulação é de 30 dias contados a partir da data em que foi encerrada a assembleia geral – alínea a); do 3º dia em que foi encerrada a assembleia geral – alínea b); e da data em que o sócio teve conhecimento da deliberação, se esta incidir sobre assunto que não constava da convocatória – alínea c).

[64] De acordo com o entendimento de LOBO XAVIER (1975) a identificação das normas imperativas é questão que quase sempre será fácil de resolver, sobretudo se, como frequentemente acontece, o texto da norma contém indicações de que o legislador quis (ou não quis) vedar absolutamente a derrogação da disciplina nela estatuída (a sua derrogação, portanto, mesmo por vontade unânime dos associados que pretendam estabelecer disciplina divergente), mormente nos estatutos ou pactos sociais.

contas, pensamos que se deve fazer uma interpretação extensiva do preceito para contemplar também a não apresentação dos documentos, cuja entrega seja obrigatória para que a assembleia de sócios pudesse ter aprovado a prestação de contas.

Assim, e no que respeita ao relatório da gestão este é um documento obrigatório integrante da prestação de contas (art. 70.º do CSC), pelo que necessariamente deve ser elaborado ou divulgado por todas as sociedades obrigadas à prestação de contas. Todavia, poderá não estar em conformidade com alguns dos requisitos definidos na lei para a sua apresentação (art. 66.º do CSC), não cumprindo os objectivos que presidem à sua elaboração e divulgação. Como tal, poderá conduzir à aplicação do regime de invalidade das deliberações sobre a prestação de contas, à semelhança do que acontece com as contas.

A invalidade da deliberação, no que respeita ao relatório da gestão, poderá resultar da não apresentação, da sua não elaboração ou da sua elaboração incorrecta face à violação dos preceitos legais estabelecidos para esse efeito (art. 66.º do CSC), ou da não divulgação de todas as informações que obrigatoriamente deviam constar do relatório da gestão. A título meramente exemplificativo: não fazer uma correcta evolução da gestão; não fundamentar uma drástica diminuição dos rendimentos ou um acréscimo dos gastos e nada referir quanto a investimentos realizados no decurso do período; não mencionar um facto relevante ocorrido após o termo do exercício; não se debruçar acerca da evolução previsível da sociedade; entre tantas outras informações que obrigatoriamente devem constar do relatório da gestão, conforme previsto na lei societária. Também a sua não assinatura sem reservas por todos os responsáveis pela sua elaboração, pode conduzir a vícios na deliberação de aprovação de contas que o inclua. Essas irregularidades no relatório da gestão podem conduzir à invalidade das deliberações tomadas em assembleia geral.

Outras situações que podem ser incluídas no regime especial de invalidades contemplado no n.º 1 do art. 69.º e que não se prendem com as contas e o relatório da gestão:

- A não elaboração e apresentação da certificação legal de contas para as sociedades em que a mesma é obrigatória, bem como a violação de preceitos legais relativos à sua elaboração. Ainda que a certificação legal de contas não seja alvo de aprovação pelos sócios (n.º 5 do art. 263.º), esta deve obrigatoriamente fazer parte dos documentos de prestação de contas (70.º do CSC). Estas situações conduzem necessariamente à violação de um preceito legal imperativo em relação às sociedades por quotas que devem obrigatoriamente apresentá-lo, em função do previsto no art. 262.º do CSC;
- A não elaboração e apresentação do parecer do órgão de fiscalização quando este exista por expressa imposição da lei ou por vontade dos sócios contida no contrato social;
- A não apresentação e a violação de preceitos legais relativos a outros documentos de prestação de contas, que se considerem obrigatórios, tendo em conta as exigências legais (societárias ou contabilísticas) ou estatutárias previstas para os diferentes tipos jurídicos de sociedades.

Pelo n.º 5 do art. 263.º do CSC, alguns dos documentos anteriores integram a prestação de contas, mas não estão sujeitos à apreciação e sindicância dos sócios, logo não há deliberações de aprovação/recusa por vontade colectiva do ente societário, pelo que estarão só por si, pelo menos numa análise mais superficial, excluídos do âmbito do regime especial de invalidade das deliberações. Todavia, a deliberação da assembleia geral que aprove a prestação de contas que não incluam esses documentos em caso da sua obrigatoriedade, nomeadamente a certificação legal de contas e o relatório do ROC para as sociedades que se encontram nas condições do n.º 1 e ou n.º 2 do art. 262.º do CSC, deve ou não conduzir à invalidade da deliberação da prestação de contas por violação de preceitos legais? Em nossa opinião a resposta só pode ser positiva, pois apesar de os sócios em assembleia geral não se pronunciarem sobre esses documentos de *per si*, não deixam de tomar uma deliberação anulável por violação de preceitos legais, e cuja invalidade resulta da não inclusão desses documentos enquanto elementos obrigatórios da prestação de contas desse tipo de sociedades.

Importará agora avaliar se a certificação legal de contas ou revisão legal poderão ser incluídas no âmbito do regime especial de invalidades do n.º 1 do art. 69.º, permitindo a anulação ou, em casos especiais, a nulidade da deliberação da assembleia geral que aprovou a prestação de contas, que incluíram documentos que sofriam de vícios graves. Dispõe o n.º 7 do art. 44.º do Decreto-Lei n.º 224/2008, de 20 de Novembro, que a certificação legal de contas em qualquer das suas modalidades, bem como a declaração de impossibilidade de certificação legal, são dotadas de fé pública[65], só podendo ser impugnadas por via judicial quando arguidas de falsidade. Ainda que estes relatórios não façam parte dos documentos aprovados pelos sócios, a verdade é que integram a prestação de contas. Assim sendo, poderão incluir-se os seus vícios no âmbito do art. 69.º, e dada a gravidade do vício, deverá conduzir à nulidade da deliberação da aprovação de contas, com base na violação de preceitos cuja finalidade é a protecção do interesse público? Tendemos a responder positivamente, porque a certificação legal de contas ou revisão legal, sendo fraudulenta, e ainda que não seja sujeita a aprovação dos sócios (n.º 5 do art. 263.º do CSC) "envenena" a deliberação de aprovação da prestação de contas, podendo a nulidade ser requerida

---

[65] Por tal facto, e de acordo com o n.º 5 do art. 263.º, não são estes documentos de prestação de contas submetidos à deliberação dos sócios.

com base neste preceito (n.º 3 do art. 69.º do CSC), com o argumento de violação dos interesses públicos.

Prevê o n.º 2 do art. 69.º que "[é] igualmente anulável a deliberação que aprove *contas em si mesmo irregulares*, mas o juiz, em casos de pouca gravidade ou fácil correcção, só decretará a anulação se as contas não forem reformadas no prazo que fixar".

Nesta hipótese, o legislador societário previu um regime especial de invalidade das deliberações que envolvam apenas a questão das contas[66], onde tem em linha de conta instrumentos como o Balanço, a Demonstração dos Resultados, a DFC, Anexos e DACP[67]. Importa, assim, analisar o que é que o legislador considera como "contas irregulares". Lamentavelmente, neste caso ficamos à mercê do intérprete da lei, pois não se prevê a definição de contas irregulares na legislação societária.

Em nossa opinião, dever-se-á entender por contas irregulares as DF que não apresentem apropriadamente a posição e o desempenho financeiros e os fluxos de caixa de uma entidade, sendo certo que a apresentação apropriada prevista no SNC exige a representação fidedigna dos efeitos das transacções, outros acontecimentos e condições de acordo com as definições e critérios de reconhecimento para activos, passivos, rendimentos e gastos esta-

---

[66] Ver ponto 3.3 supra. Os documentos a apresentar dependem das maiores ou menores exigências informativas a que os diferentes tipos de sociedades estão obrigadas em função da sua forma jurídica e de outros indicadores económico-financeiros.

[67] Deve atender-se que o legislador societário não adianta quais as DF que devem ser compreendidas no conceito geral de "contas". Pensamos que indirectamente parece ter imputado essa função ao legislador contabilístico, particularmente depois da revogação ou alteração de grande parte dos preceitos do Código Comercial sobre escrituração, registo e balanço (Títulos IV, V e VI, respectivamente). Neste particular, merece realce o art. 62.º na sua versão alterada pelo Decreto-Lei n.º 76-A/2006, de 29 de Março, onde se refere que "todo o comerciante é obrigado a dar balanço anual do seu activo e passivo nos três primeiros meses do ano imediato".

160 *Prestação de Contas e o Regime Especial de Invalidade das Deliberações...*

belecidos na sua EC. Na generalidade das circunstâncias, uma apresentação apropriada é conseguida pela conformidade com as NCRF aplicáveis. Uma tal apresentação exige também que uma entidade seleccione e adopte políticas contabilísticas de acordo com a NCRF aplicável ao caso concreto. Exige-se, assim, que se apresente a informação, incluindo as políticas contabilísticas, de uma forma que proporcione a disponibilização de informação relevante, fiável, comparável e compreensível. No tocante às divulgações adicionais, estas revelam-se necessárias quando o cumprimento dos requisitos específicos contidos nas NCRF possa ser insuficiente para permitir a sua compreensão pelos utentes. Há que atender que a aplicação de políticas contabilísticas inapropriadas não deixa de o ser pelo facto de serem divulgadas ou assumidas no anexo ou outros materiais explicativos, pois relevam-se violadoras de uma apresentação apropriada e devem, por isso, ser irregulares no entendimento do nosso legislador societário e não apropriadas para o legislador contabillístico.

Face ao exposto, parece adivinhar-se um âmbito dúbio no n.º 2:

a) Deverá este preceito integrar situações particularmente relacionadas com a violação de preceitos técnicos mais formais, mas que não alteram na essência a qualidade da informação divulgada nas DF? A ser assim, parece admitir-se no âmbito deste preceito a incorrecta contabilização dos factos patrimoniais, irregularidades de tipo mais formal, que na sua essência não joga com interesses a proteger (públicos e dos credores), ou não corporizam a violação de preceitos legal-contabilísticos, pois se fosse esse o caso a anulabilidade deveria ser arguida com base nos pressupostos do n.º 1 do art. 69.º.

b) Ou pelo contrário, deveremos entender que não estarão incluídas no n.º 1 as situações de violação de preceitos legais relativos à elaboração das contas do exercício, reconduzindo todas elas ao pressuposto de que as contas não reflectem a verdadeira situação económica e financeira da sociedade, por apresentarem irregularidades, e, neste caso, estas situações deverem ser integradas no âmbito do n.º 2 do art. 69.º.

Assim, e relativamente ao n.º 1 do art. 69.º, se, por um lado, devemos entender que a letra do preceito é menos ampla do que o espírito do legislador, por outro lado, entendemos que a letra deste preceito é mais ampla do que o espírito do legislador. Incluir-se-ão, assim, no âmbito da interpretação extensiva[68] as situações que respeitam à violação dos preceitos legais relativos à elaboração do relatório da gestão e de outros documentos de prestação de contas que não as contas em si mesmo, pelo facto de o legislador não contemplar no âmbito do n.º 1 a violação de preceitos legais pela não elaboração em caso da sua obrigatorie-dade. Já no caso da necessidade implicar o recurso à interpretação restritiva[69] se admitirão os casos de violação dos preceitos legais relativos à elaboração das contas do exercício, pois essa infracção deverá em nossa opinião estar incluída no âmbito das irregulari-dades previstas no n.º 2 ou no n.º 3. Caberão no âmbito deste último número as situações subjacentes às deliberações aprovadas que possam vir a revelar-se lesivas à protecção dos credores ou ao interesse público. É, por isso, necessário fazer, simultaneamente, uma interpretação extensiva e *abrogante* do preceito constante no n.º 1, para que o art. 69.º possa ter alguma coerência.

Retomando a análise do n.º 2, não cogitamos como podem as contas, para a maioria dos casos[70], ser irregulares sem violarem

---

[68] A interpretação extensiva impõe-se pela necessidade de estender a letra do preceito para a fazer corresponder ao espírito do legislador.

[69] Por essa via, restringe-se a letra da lei para a fazer corresponder ao espírito do legislador.

[70] A irregularidade das contas, salvo casos muito excepcionais, encon-tra-se associada à violação de preceitos legais, que podem não ser preceitos

preceitos legais, nomeadamente preceitos de natureza legal-contabilística. Dever-se-á entender que o n.º 2 do art. 69.º só se aplica a casos de meras irregularidades supríveis pelo órgão de gestão, e que só conduzirá a anulabilidade da deliberação quando o órgão não responda no prazo concedido pelo juiz para a correcção das contas? A ser assim, então a orientação constante do n.º 2 deveria ser uma continuação da norma constante do n.º 1 e não um preceito autónomo. Deveria o legislador ter assegurado que, havendo violação de preceitos legais que conduzissem a irregularidades das contas facilmente supríveis, a deliberação só seria anulável se o órgão responsável pela elaboração das contas não acedesse à sua correcção no período definido pelo Tribunal. *A contrario* conduziria sempre à anulação da deliberação se a irregularidade não fosse facilmente suprível. Tendo em conta o disposto no ordenamento contabilístico sobre o conceito de contas apropriadas e o apelo à unidade do sistema jurídico-contabilístico não nos parece muito defensável esta ideia.

Em nossa opinião dever-se-á interpretar extensivamente o conceito de contas irregulares do legislador societário como equivalente ao conceito de contas não apropriadas do legislador contabilístico[71], em nome da unidade do sistema jurídico (societário e contabilístico). Milita a nosso favor a disposição constante do n.º 1 do art. 14.º do Decreto-Lei n.º 158/2009, de 13 de Julho, de acordo com a qual qualquer entidade sujeita ao SNC que não aplique as disposições constantes nas NCRF cuja aplicação lhe

---

de natureza societária, mas sê-lo-ão necessariamente de natureza contabilística. Um exemplo de irregularidade que pode não envolver violação de preceitos legais é o caso da ocorrência de um erro matemático/aritmético. Assim, e salvo casos contados, a irregularidade das contas acarretará necessariamente a violação de preceitos legais.

[71] Deve atender-se que o legislador contabilístico não define contas não apropriadas, define *a contrario* contas apropriadas, conforme consta do § 46 da EC.

seja exigível e que distorça com tal prática as DF individuais ou consolidadas que seja, por lei, obrigada a apresentar, incorre num ilícito de mera ordenação social. De algum modo pode entender--se que as contas elaboradas por uma entidade que não cumpram os requisitos do SNC serão, por isso mesmo, não apropriadas ou irregulares.

Em síntese, poderemos concluir que estaremos perante deliberações dos sócios violadoras do n.º 2 do art. 69.º do CSC sempre que os mesmos aprovem contas irregulares. Pondera-se nesta disposição legislativa, como afirma FERNANDES FERREIRA (1996: 443), "a prestação de contas apropriada não afastada da lei e dos procedimentos a considerar 'geralmente aceites'. (...). Exige-se a sinceridade como requisito indispensável à prestação de contas, perante a actual necessidade de informação multifacetada.

Atendendo à letra da lei, a irregularidade foi prevista pelo legislador apenas para as contas, não se admitindo irregularidades no relatório da gestão, ou nos outros documentos de prestação de contas, pois limita-se a referenciar a irregularidade exclusivamente para as contas. Parece que os outros documentos incluídos na prestação de contas não podem ser irregulares, podendo a deliberação da sua aprovação vir a ser anulada apenas se na sua elaboração se violarem preceitos legais, integrando-se, por isso, qualquer das violações no âmbito do n.º 1 do art. 69.º. Orientação que, também, não colhe o nosso assentimento.

Uma terceira situação contemplada no regime especial de invalidades das deliberações é a prevista no *n.º 3 do art. 69.º*[72],

---

[72] O n.º 2 do art. 454.º do CSC previa que "a deliberação do conselho geral que aprove sem reservas as contas do exercício pode ser declarada nula no tribunal a requerimento de qualquer accionista ou, verificando-se ofensa de normas destinadas a proteger interesses de credores, também a requerimento destes, no prazo de 3 anos". Todavia, este preceito encontra-se revogado desde 2006. Hoje, esta orientação encontra-se parcialmente vertida no n.º 3 do art. 69.º.

164 *Prestação de Contas e o Regime Especial de Invalidade das Deliberações...*

e revela-se mais gravosa, pois o legislador prevê a nulidade das deliberações quando o vício se centra na violação de preceitos legais relativos à constituição, reforço ou utilização da reserva legal, bem como de preceitos cuja finalidade, exclusiva ou principal, seja a protecção dos credores ou do interesse público.

A prestação de contas apresenta uma vertente particularmente relevante no que diz respeito ao capital social e à sua manutenção[73]. O capital social e, particularmente, o capital próprio reveste uma natureza especial no âmbito societário, pois visa a defesa de terceiros, particularmente de credores sociais, a tutela da sociedade[74] e dos sócios, particularmente dos sócios minoritários, e, ainda, de interesses gerais, nomeadamente interesses relacionados com o comércio em geral, com a angariação de receitas públicas (fiscais e da segurança social), além de outros que se prendem com interesses da colectividade onde a sociedade se sedia, tendo em conta a sua especial vocação para a criação de riqueza. Assim, um dos temas relevantes da prestação de contas prende-se com a distribuição dos resultados, em virtude do efeito que provoca sobre os capitais próprios e sobre a própria capacidade da sociedade crescer e desenvolver-se, tendo subjacente o binómio distribuição/ /autofinanciamento. Face aos interesses divergentes presentes nesse binómio é, por isso, alvo de forte regulamentação legal de natureza proteccionista, pois a responsabilidade limitada típica das sociedades de capitais tem de ser refreada por uma protecção dos

---

[73] Também a EC do SNC atribui uma enorme relevância a um conceito próximo. Define o conceito de manutenção do capital e a determinação do lucro. Ver §§ 102 a 108 da EC do SNC.

Para um estudo detalhado do capital social e da sua manutenção ver PAULO TARSO (2004).

[74] A tutela da sociedade em situações de conflitos com um ou mais sócios nas sociedades por quotas é assegurada por algumas normas legais, conforme disposto nos arts. 21.º n.º 1 alínea b); 251.º e 58.º n.º 1 alínea b) do CSC, mas dada a natureza exemplificativa do preceito é possível vir a contemplar outras situações, nomeadamente no contrato de sociedade.

credores da sociedade e por uma tutela dos interesses gerais do comércio jurídico e da sociedade em geral.

O art. 32.º, na actual versão e tendo como objectivo responder às novas disposições do SNC, visa assegurar que a distribuição dos resultados aos sócios se limite ao que tecnicamente se possa considerar resultado do período[75]. Essa distribuição de lucros encontra-se sujeita a um conjunto de impedimentos legais constantes do art. 31.º do CSC. Logo, o legislador ataca as deliberações que aprovem distribuições de lucros fictícios (bens sociais que não sejam lucros de balanço)[76] aos sócios com o "antibiótico da nulidade". A orientação vertida no n.º 3 do art. 69.º do CSC prevê a nulidade das deliberações tomadas pela assembleia geral em caso de violação de preceitos legais relativos à constituição, reforço ou utilização da reserva legal.

Na 2ª parte do n.º 3 o legislador prevê a nulidade quando haja violação de preceitos, cuja finalidade, exclusiva ou principal, seja a protecção dos credores ou do interesse público. Importa, todavia, questionar o que se deve entender por preceitos[77] cuja finalidade exclusiva ou principal seja a protecção dos credores ou do interesse público. Ora, por um lado, um dos interesses nucleares do Estado é que as empresas destinem a impostos uma fracção justa do seu rendimento, em obediência ao princípio da equidade e de justiça tributária que deverá suportar o desenho de qualquer sistema fiscal moderno. Assim, qualquer violação de preceitos

---

[75] O art. 32.º do CSC foi profundamente alterado, particularmente no que diz respeito à introdução de um n.º 2 completamente novo, face às exigências do novo sistema contabilístico – o SNC, com a publicação do Decreto-Lei n.º 185/2009, de 12 de Agosto.

[76] Acerca desta temática ver COUTINHO DE ABREU (2009: 476).

[77] O que se deve entender por "preceitos" na 2ª parte do n.º 3 do art. 69.º? Apesar de o legislador indicar apenas preceitos e não preceitos legais como faz na 1ª parte deste preceito, pensamos dever entender-se preceitos como preceitos legais, à semelhança do que dispõe na 1ª parte e, também no n.º 1 do art. 69.º.

legais que conduza a comportamentos oportunísticos de minimização do imposto a pagar pelas empresas, que possam colocar em questão esse interesse do Estado, merecerá a sanção de maior gravidade: a nulidade.

Por outro lado, o interesse dos credores prende-se com a possibilidade de incumprimento por parte da entidade, sendo certo que algumas decisões tomadas e que são violadoras de preceitos legais podem pôr em causa o pontual cumprimento das suas obrigações, com sérios riscos para esses credores, podendo em última análise conduzir a problemas de sustentabilidade e mesmo de sobrevivência desses credores. Como tal, o sistema societário reserva-lhe um "remédio particularmente agressivo": a nulidade.

5.3. *Proposta de alterações*

Conforme afirmámos anteriormente, o legislador societário previu um regime mais favorável no que respeita às deliberações relativas à prestação de contas (art. 69.º), afastando-o significativamente do regime geral de invalidade das deliberações contemplado no CSC (art. 56.º), pois esse regime prevê a nulidade para todas as deliberações cujo conteúdo, directa ou indirectamente, seja ofensivo de preceitos legais que não possam ser derrogados nem sequer por vontade unânime dos sócios, enquanto para o caso especial das deliberações que se prendem com a prestação de contas previu para os casos gerais a anulabilidade, reservando a nulidade apenas para as situações previstas no n.º 3 do art. 69.º do CSC, face à gravidade das situações que integra.

Se parece desejável este regime mais favorável em nome do bom funcionamento das sociedades, defendemos o alargamento do regime da nulidade a todas as violações de normas relativas à prestação de contas que visem defender os interesses da própria sociedade, dos sócios, dos credores sociais, de terceiros relacionados com a sociedade, especialmente os trabalhadores e o Estado. Assim, e sempre que as contas apresentadas se venham a revelar irregulares ou não apropriadas, o legislador devia sancioná-las com a nulidade, desde que essas contas comportassem modos de violar os interesses que a lei societária visa tutelar. Este regime sugerido devia ser integrado por um regime de nulidade atípico, tendo em conta os interesses a acautelar, que previsse um prazo máximo para a arguição da nulidade, permitindo limitar a incerteza subsequente a qualquer aprovação de contas, sob pena de ter fortes impactos negativos sobre o normal funcionamento dos entes societários. À semelhança do anterior n.º 2 do art. 454.º, preceito que se encontra revogado desde 2006, podia passar a prever-se que a deliberação da assembleia geral que aprovasse sem reservas as contas do exercício podia vir a ser declarada nula no tribunal a requerimento de qualquer accionista ou, verificando-se ofensa de normas destinadas a proteger interesses de terceiros, também a requerimento destes, no prazo máximo de 3 anos. Idealmente, e em nossa opinião, esse prazo não deveria ultrapassar um ano, em nome dos interesses envolvidos.

Defendemos, no entanto, e cumulativamente um regime de renovação das deliberações nulas à semelhança do previsto no art. 62.º do CSC, em que se poderia admitir a renovação do relatório e contas subjacentes à aprovação da prestação de contas sempre que estas pudessem ser renovadas pelo órgão de gestão, sem particulares contrariedades. Este regime devia ser acompanhado, sempre que tal se justificasse, de um reforço da responsabilidade civil dos gerentes/administradores (arts. 72.º e ss. do CSC), enquanto responsáveis pela elaboração e divulgação das contas.

Há irregularidades que apesar de conduzirem a contas não apropriadas não justificarão a sancionabilidade anteriormente referida, por não violarem preceitos legais imperativos ou pelo facto de essa violação não ferir preceitos cuja finalidade exclusiva ou principal seja a protecção dos interesses da própria sociedade, dos sócios, dos credores sociais, de terceiros relacionados com a sociedade, especialmente os trabalhadores e o Estado. Poderiam neste caso essas deliberações ser sancionadas com a anulabilidade, apenas e só no caso de o órgão responsável pela elaboração das contas e do relatório da gestão não os reformarem no prazo que o Tribunal fixasse para o efeito.

Outra opção integraria situações irregulares de pouca gravidade ou de fácil correcção, que não deveria conduzir à partida a qualquer sanção, mas apenas a um apelo da assembleia geral para se que procedesse à sua correcção, num prazo previamente fixado para o efeito. Todavia, e no caso do órgão responsável não acolher esta orientação da assembleia geral restaria, à semelhança da situação anterior, invocar a anulabilidade da deliberação de aprovação junto dos órgãos judiciais.

A título meramente exemplificativo, apontam-se alguns exemplos de incorrecções incluídos *nas contas* e que podem tornar inválidas (nulas ou anuláveis) as deliberações tomadas pela assembleia geral:

- Erros algébricos ou matemáticos;
- Uma reclassificação de elementos do activo incorrecta ou não devidamente explicitada. Atenda-se, por exemplo, a uma reclassificação de um activo fixo tangível para propriedades de investimentos, não devidamente explicitada ou mesmo incorrecta. O não reconhecimento de activos fixos tangíveis por não transferência de investimentos em curso, quando estes estão em condições de serem utilizados;
- Violação de preceitos legais contabilísticos imperativos, nomeadamente a violação dos pressupostos subjacentes à elaboração das demonstrações financeiras: regime de acréscimo e da continuidade. Refira-se a este respeito, uma das

alterações substanciais do legislador contabilístico, que previu pela primeira vez o reconhecimento dos gastos associados às gratificações aos trabalhadores, devendo este reconhecimento ser efectuado no período em que aqueles prestaram serviços na entidade, respeitando-se, assim, o regime de acréscimo;
- A não obediência às características qualitativas e aos respectivos requisitos da informação financeira, pondo em causa a utilidade das DF;
- Omissões de reconhecimento e mensuração de elementos patrimoniais materialmente relevantes ou verdadeiras fraudes nesse reconhecimento e mensuração, com o fim de dissimular a verdadeira situação da entidade;
- Erros na aplicação de políticas contabilísticas;
- Erros na aplicação dos critérios de mensuração ou não obediência a esses critérios, com o fim de dissimular a verdadeira situação da entidade. A título de exemplo refira-se a utilização abusiva do justo valor enquanto critério de mensuração;
- Erros ou não obediência às disposições técnicas e procedimentos contabilísticos obrigatórios previstos nas NCRF e na EC, ou a sua aplicação inadequada à natureza da operação. Considere-se, a título de exemplo, o não reconhecimento de uma provisão materialmente relevante. Essa não consideração conduz à inobservância das características qualitativas da informação prevista na EC, na sua vertente de fiabilidade, particularmente no que respeita ao requisito da prudência, bem como o desrespeito das regras constantes da NCRF 21 – Provisões, Passivos Contingentes e Activos Contingentes, violando a prudência por não ter havido precaução na elaboração das estimativas, e subavaliando os passivos e os gastos da entidade. Este procedimento violou o direito de acesso à informação verdadeira e apropriada,

conduzindo a um acréscimo de resultado, que pode acabar por ser distribuído aos sócios e, em casos limite, violar o disposto nos arts. 32.º, 33.º e 34.º[78] do CSC, com eventual prejuízo para os credores;

- Selecção de políticas contabilísticas desadequadas face ao normativo contabilístico em vigor quando se admitem tratamentos alternativos. Se existir uma NCRF que identifique a política a aplicar deve consagrar-se essa disposição. Se aquela norma não existir, deve contabilizar-se com base no julgamento profissional apoiando-se nas seguintes fontes: ou numa NCRF que trate questões semelhantes e relacionadas; ou apelando-se em última análise à EC[79];
- Incorrecta classificação das massas do activo, do passivo e do capital próprio;

---

[78] O art. 34.º do CSC é uma disposição que visa essencialmente a defesa dos credores. Deve atender-se que os credores sociais podem propor uma acção para a restituição à sociedade das importâncias distribuídas em excesso.

[79] Existe, contudo, uma orientação na EC que parece contrariar essa orientação geral, nomeadamente nos §§ 3 e 4. No § 3 afirma-se que a EC "não é uma NCRF e, por isso, não define normas para qualquer mensuração particular ou tema de divulgação". Adianta o § 4 que "a CNC reconhece que em alguns casos pode haver um conflito ente esta EC e uma qualquer NCRF. Nos casos em que haja um conflito, os requisitos da NCRF prevalecem em relação à EC". Parece contrariar a ideia que a EC desempenha na área contabilística o mesmo papel que na área do Direito é desempenhado pela CRP, e é em última análise o recurso último a que devemos lançar mão para assegurar a existência de um direito ou a realização de justiça. Todavia, o espírito do legislador teve em conta, essencialmente, a mutabilidade das NCRF, no que respeita aos requisitos de reconhecimento e mensuração, que não se compatibilizam com uma EC de natureza mais imutável. Já em nossa opinião, a EC deve prever os princípios nucleares de todo o sistema contabilístico e que não podem, por isso, ser mutáveis em favor de tratamentos contabilísticos mais ou menos oportunísticos contemplados nas NCRF.

- Constituição ou reforço ou desreconhecimento[80] de imparidades[81] sem justificação adequada;
- Alterações substanciais em contas a pagar e a receber sem justificação suficiente;
- Falta de suporte documental de operações realizadas;
- A não apresentação do anexo às contas[82], que é um documento obrigatório da prestação de contas por via de preceitos legal-contabilísticos e, também, pelo novo art. 66.º-A do CSC, ou a violação de preceitos legais relativos à sua elaboração, ou a não divulgação de informações que obrigatoriamente deviam constar do anexo;
- A não apresentação de qualquer outro documento exigível pelo legislador contabilístico;
- Falta de assinatura sem reservas das contas por todos os responsáveis pela sua elaboração.

Para cada uma das situações referidas anteriormente interessa fazer o teste de concordância prática, de modo a avaliar se a deliberação é susceptível de causar dano apreciável à sociedade, aos próprios sócios, ou a algum dos outros interesses protegidos pelo sistema jurídico em geral – interesses públicos ou dos credo-

---

[80] Expressão adoptada pelo legislador contabilístico e que não colhe o nosso assentimento, à semelhança de muitas outras previstas no âmbito do SNC. Poder-se-á adiantar que a partir de 1 de Janeiro de 2010, com a entrada em vigor do SNC, a terminologia contabilística sofreu uma verdadeira revolução, todavia, o legislador contabilístico nem sempre se pautou pela melhor doutrina conceptual.

[81] *Ibidem.*

[82] O anexo faz parte do conjunto completo de demonstrações financeiras, que em termos de legislação societária aparece designado por "contas", tal como consta do § 8, *in fine*, da EC. Todavia, este mesmo preceito dispõe que não incluem o conjunto completo de DF os "elementos preparados pelo órgão de gestão, tais como relatórios, exposições, debate e análise e elementos similares que possam ser incluídos num relatório financeiro ou anual".

res – de modo a avaliar se o vício deve ser sancionado com a nulidade ou anulabilidade. Para o efeito, deve ter-se em atenção que uma deliberação tomada enfermará de vícios, na medida em que, no que concerne à atribuição de resultados, estiverem em conflito os interesses da sociedade com os dos sócios e com os dos credores dessa sociedade.

Assim, e sempre que a violação das normas legais seja particularmente adequada para afectar os interesses de terceiros que estabelecem relações com a entidade, em nossa opinião essa violação deveria conduzir à nulidade da deliberação da aprovação da prestação de contas.

As contas elaboradas tendo por base qualquer dos tipos de erros anteriormente referidos, ou outros não evidenciados, não traduzem a verdadeira situação financeira da sociedade, nem se afiguram como apropriadas, podendo considerar-se contas irregulares nuns casos, enquanto em outros se poderão mesmo considerar contas "fraudulentas". Todavia, em qualquer dos casos, a violação conduzirá a DF que não estão em conformidade com as NCRF e os objectivos que presidem à sua elaboração e divulgação, pois baseiam-se em erros que, se puderem ser considerados materialmente relevantes, são capazes de conduzir à não obediência dos objectivos definidos para a sua apresentação.

Apesar da diversidade das situações elencadas, verifica-se em todas elas a característica de não reflectir a verdadeira situação económica e financeira da sociedade, por apresentarem irregularidades, mais ou menos graves, e serão em consequência contas irregulares, podendo afectar o objectivo principal de elaboração dessas contas, que "é o de proporcionar informação acerca da posição financeira, do desempenho e das alterações na posição financeira de uma entidade que seja útil a um vasto leque de utentes na tomada de decisões económicas" (§ 12 da EC), podendo colocar ou não em causa os interesses subjacentes à prestação de contas. Em casos de erros de maior gravidade, cuja irregularidade não seja suprível e afecte os interesses a tutelar com a sua elaboração e divulgação, deve a deliberação que as aprova ser penalizada com a sanção da nulidade.

No caso de ser intentada uma acção de invalidade de uma deliberação social relativa à prestação de contas, tendo como causa de pedir a irregularidade das contas, pensamos que o juiz, face à pouca gravidade ou à fácil correcção da situação, deve notificar o gerente da sociedade e fixar um prazo que em seu prudente arbítrio considere adequado para a reformulação das contas, só vindo a considerar a nulidade/anulação da deliberação se o órgão responsável pela elaboração das contas não responder eficazmente a essa notificação judicial[83]. Estarão incluídas entre as situações menos graves aquelas que respeitam a meras incorrecções de contabilização, mas que não afectam de modo relevante o apuramento do resultado do período, afectando, no essencial, a composição das massas patrimoniais activas e passivas. Como exemplo de uma mera irregularidade considere-se o caso de um activo financeiro adquirido por uma entidade, que deveria ser considerado em activos correntes[84] (em outros instrumentos financeiros) e que, por mero erro de contabilização, foi reconhecido como activo não corrente (em investimentos financeiros).

Assim, a aprovação de DF e/ou relatórios da gestão inapropriados colocam em causa diversos interesses. Com efeito, transmitem aos utilizadores uma informação "fraudulenta" ou não cumpridora dos objectivos que lhe são confiados, ou seja, não proporcionam informação adequada/apropriada acerca da posição financeira, do desempenho e das alterações da posição financeira

---

[83] MENEZES CORDEIRO (2009) no comentário ao CSC considera essa hipótese de reforma das contas como mais uma manifestação de *favor societatis*.

[84] Sobre o conceito de activo corrente e activo não corrente, ver ANA RODRIGUES (2010: 75 e 76).

174   *Prestação de Contas e o Regime Especial de Invalidade das Deliberações...*

de uma entidade, não vindo a revelar-se útil para a tomada de decisões económicas dos vários utentes dessas DF. São, por isso, susceptíveis de conduzir a sérios problemas, pois se as contas aprovadas pelos sócios enfermarem de vícios graves, que joguem com o desempenho da entidade afectam diversos interesses. São eles: os interesses públicos por via da incorrecção do apuramento do imposto a pagar; os de os sócios pela deficiente distribuição de resultados a que podem ter direito e a constituição de uma reserva legal abaixo do limite exigido por lei; e o de os credores por via da redução da capacidade da empresa em cumprir com as suas obrigações presentes e futuras. Assim, uma deliberação que aprovou contas com este tipo de vícios deveria, à luz dos princípios societários, implicar a nulidade dessa deliberação.

Em síntese, melhor andaria o legislador, em nossa opinião, se previsse a situação de nulidade à semelhança do regime geral de invalidades contemplado no CSC, considerando a nulidade para todas as deliberações cujo conteúdo, directa ou indirectamente, fosse ofensivo de preceitos legais que não possam ser derrogados nem sequer por vontade unânime dos sócios. Essa violação de preceitos legais poderia contemplar as contas e/ou os restantes documentos obrigatórios da prestação de contas. Essa violação deveria integrar, em nossa opinião, o atentado de preceitos legais de natureza formal e/ou substancial, desde que a sua gravidade fosse o bastante para impor essa reacção.

6. O regime da invalidade das deliberações de aprovação de contas na jurisprudência portuguesa

O acesso ao direito e à justiça por parte das nossas sociedades é relativamente escasso, por isso o número de casos que chegam aos nossos tribunais superiores é ainda mais reduzido, particularmente no que respeita à resolução dos conflitos relacionados com as deliberações sobre prestação de contas. A experiência portuguesa é escassa nesta questão, em particular para o caso das sociedades por quotas[85]. Talvez a justificação para tais comportamentos se deva procurar na morosidade do nosso sistema judiciário e nos elevados custos judiciais, bem como na falta de tradição desta última forma de resolução de conflitos, particularmente atendendo à natureza familiar da generalidade deste tipo societário.

A jurisprudência tem acentuado bastante a natureza *sui generis* das deliberações de aprovação de contas, considerando que nem todas as deliberações constituem declarações de vontade, mas antes declarações de ciência. Logo, não tendo sido violadas quaisquer normas relativas à elaboração do relatório da gestão, das contas do exercício e de demais documentos de prestação de contas, ou preceitos cuja finalidade, exclusiva ou principal, seja a protecção dos credores ou do interesse público, não há lugar à invalidade das deliberações sociais. Poder-se-á admitir, por isso, como entendimento dominante da nossa jurisprudência que "a deliberação de aprovação das contas anuais constitui uma declaração de ciência e não uma declaração de vontade"[86].

Nas acções de invalidade das deliberações sobre prestação de contas um dos factores reconhecido como inibidor da existência de processos prende-se com a complexidade da prova. Muitas vezes, e não obstante serem realizados exames periciais, não se consegue provar que as divergências alegadas pela parte tivessem existido, não havendo portanto razão para proceder à declaração de nulidade/anulabilidade das decisões da assembleia geral que aprovou o relatório da gestão e as contas de uma determinada sociedade[87].

---

[85] A generalidade dos conflitos relativos a estas matérias centra-se nas sociedades anónimas.

[86] STJ, Acórdão 26 Junho 2007, *in* www.dgsi.pt.

[87] STJ, Acórdão 26 Junho 2007, *in* www.dgsi.pt.

176 *Prestação de Contas e o Regime Especial de Invalidade das Deliberações...*

Têm surgido diversos acórdãos sobre a anulação da deliberação de aprovação de contas, cujas causas de pedir se consubstanciam na falsidade das informações que estiveram subjacentes à elaboração dos respectivos documentos de prestação de contas (os quais não traduzem a situação real dos negócios da sociedade), bem como na recusa de informações. Os arrestos judiciais tendem a decidir a questão fundamentando-se em outros preceitos societários que não o art. 69.º do CSC, pois a relevância acaba por ser a anulação com base no disposto no art. 58.º, n.º 1, alínea b). Em nossa opinião, parece estranho que as partes apoiem as suas pretensões num preceito geral de anulabilidade das deliberações (alínea b) do n.º 1 do art. 58.º do CSC), quando existe um regime específico para as deliberações de aprovação de contas (art. 69.º do CSC). Todavia, e recorrentemente, deparámo-nos com acórdãos onde esta última opção em matéria de direito aparece sufragada. Alguns deles apelam mesmo à cumulação desses dois preceitos para fundamentar as suas decisões[88].

Grande parte das acções declarativas de condenação, pedindo a anulação das deliberações da assembleia geral que aprovam o relatório da gestão e as contas de um determinado ano, invocam que as contas não reflectem a realidade da actividade exercida pela sociedade, não correspondendo o volume de vendas e serviços ao realizado, sendo por isso manipulado e conduzindo por essa via à criação de lucros irreais, registando-se, portanto, irregularidades que prejudicaram a sociedade, na medida em que esta vê, normalmente, diminuídos os resultados e os lucros a distribuir. Essa situação verifica-se sempre que existem alterações e discrepâncias entre os factos patrimoniais realizados e os que serviram de base à aprovação das contas, resultando uma tal discrepância da manipulação a que foram sujeitas. Os nossos tribunais superiores têm vindo a considerar que uma deliberação contrária à lei,

---

[88] Acórdão do STJ de 26.06.2007, *in* www.dgsi.pt.

por princípio, é sempre fonte de prejuízos para a sociedade. Vários acórdãos (a título de exemplo, o acórdão do STJ de 18.06.96) têm vindo a confirmar essa posição também sufragada na doutrina, nomeadamente por PINTO FURTADO (2005).

Cumpre ainda salientar a tendência dos nossos tribunais para integrarem no âmbito do art. 69.º n.º 1 os seguintes vícios[89]: a falta da assinatura do relatório da gestão e das contas do exercício e de demais documentos de prestação de contas pelos órgãos de gestão, em virtude de se registar a violação do preceito legal que obriga todos os elementos do órgão de gestão a assinarem os respectivos documentos. A falta de assinaturas nas contas do exercício é sancionada com a anulabilidade da deliberação social (arts 65.º n.º 3 e 69.º n.º 1 do CSC), não se devendo considerar sanado o vício pelo facto de todos os elementos da administração terem participado na assembleia em que foi tomada a deliberação, nem pelo facto de ser pouco grave a omissão.

Por seu turno, a falta de assinatura do parecer do conselho fiscal por um dos seus vogais, sem que se mostre justificada a eventual recusa de assinatura, conduz igualmente à anulabilidade da deliberação social que violou as normas atinentes ao regular funcionamento daquele órgão de fiscalização (arts. 56.º, alínea a) do n.º 1 do 58.º, 420.º, 421.º e n.º 4 do 423.º, todos do CSC). Atenda-se que, mais uma vez, o especial regime de invalidade não é muito atendido na nossa jurisprudência.

---

[89] Acórdão do TRL de 17.04.2007. No mesmo sentido, Acórdão do TRL de 11-11-04. Ambos *in* www.dgsi.pt.

No acórdão de 17 de Abril, ainda que se refira a vícios relativos à prestação de contas de uma sociedade anónima, refere-se que é vício do relatório de contas a não assinatura por todos os membros da administração, sob pena de anulabilidade e não de mera irregularidade. Também o parecer do conselho fiscal da sociedade deve estar assinado sob pena de ser anulável. Esta posição vai no sentido que defendemos no ponto 5.2 e 5.3 deste trabalho.

178 *Prestação de Contas e o Regime Especial de Invalidade das Deliberações...*

De igual modo, é anulável nos termos do art. 58.º n.º 1 al. c) e n.º 4 al. b), e por força do estatuído nos artigos 65.º, 246.º n.º 1 al. e) e 263.º do CSC, a deliberação tomada em assembleia geral de uma sociedade por quotas relativa à aprovação do balanço e contas do exercício de certo ano sem prévia colocação do respectivo relatório da gestão à disposição dos sócios[90].

A aplicação do n.º 2 do art. 69º do CSC parece ser invocado na jurisprudência apenas para o caso em que as contas sejam em si mesmas irregulares, por assentaram em documentos falseadores dos resultados[91].

Normalmente a aplicação do n.º 3 do art. 69.º do CSC pela jurisprudência centra-se nos casos em que a execução da deliberação é susceptível de causar dano apreciável à sociedade, aos próprios sócios, ou a algum destes[92]. Todavia, o preceito não visa proteger os interesses destes entes, mas antes dos interesses públicos e dos credores. São exemplo deste tipo de decisões a deliberação que aprova contas que se traduzem necessariamente num aumento dos gastos da sociedade meramente fictícios, com todas as consequências nefastas que essa criação artificial pode causar aos interesses de credores e interesses públicos, ou quando as contas evidenciem um activo líquido superior ao real, casos em que a deliberação que as aprove é nula[93].

7. Conclusões

A prestação de contas assume-se hoje como um vector fundamental na responsabilização dos gerentes perante os utentes das

---

[90] Acórdão do TRP de 5.05.2009, *in* www.dgsi.pt.

[91] Acórdão do TRP de 15.03.2004, *in* www.dgsi.pt. O conceito de contas irregulares, também, não é devidamente explicitado na jurisprudência.

[92] Acórdão do STJ de 26.06.2007. No mesmo sentido Acórdão do TRL de 26.05.09. Ambos *in* www.dgsi.pt.

[93] Ver o interessante acórdão do STJ de 27.05.2003, *in* www.dgsi.pt.

DF. Apesar disso, poderemos afirmar que não têm existindo grandes desenvolvimentos nas áreas dogmáticas da prestação de contas, sendo que alguns dos concretos institutos societários precisam de ser devidamente ponderados no contexto do novo quadro contabilístico (SNC) e face ao escopo geral do acervo normativo em jogo.

Em nossa opinião, justificar-se-ia a criação de três diferentes modelos de prestação de contas independentemente do tipo jurídico da sociedade que tem a obrigação dessa prestação, tendo sempre em conta razões de ordem pública e de protecção dos interesses dos credores.

Um primeiro modelo para as grandes sociedades cotadas em bolsa, onde as necessidades informativas são particularmente acentuadas, dadas as especificidades associadas a esse tipo de ente empresarial.

Um segundo modelo para as sociedades que ultrapassem os limites previstos na definição de Pequena Entidade[94], indepen-

---

[94] O conceito de PE para este fim não terá que coincidir com o conceito de PE definido no art. 9.º do Decreto-Lei n.º 158/2009, de 13 de Julho. Em nossa opinião, este conceito devia ser redefinido tendo em atenção essa disposição legislativa, conjugado com os valores previstos no art. 262.º do CSC, e tendo como suporte a realidade empresarial europeia e portuguesa.

Realidade europeia:

QUADRO N.º 2.

Definição europeia de PME

PME	N.º efectivos	Volume Negócios (milhões Euros)	Balanço Total anual (milhões Euros)
Média	e"50-<250	e"10 – < 50	< 43
Pequena	e"10-<50	e"2 – <10	< 10
Micro	<10	< 2	< 2

Fonte: Recomendação da Comissão (2003/361/CE), de 6 de Maio

De acordo com a definição nacional são PME as empresas que, cumulativamente, preencham os seguintes requisitos: empreguem até 500 tra-

180 *Prestação de Contas e o Regime Especial de Invalidade das Deliberações...*

dentemente da natureza jurídica das mesmas (sociedade por quotas, sociedade anónima, ou sociedade em comandita por acções). Todavia, neste particular arquétipo teria de existir uma uniformização adequada à realidade portuguesa entre os limites previstos no art. 9.º do Decreto-Lei n.º 158/2009, de 13 de Julho, os definidos no art. 262.º do CSC e, eventualmente, os constantes na legislação europeia. O objectivo seria estabelecer critérios semelhantes para as pequenas entidades, de modo a existir uma coincidência entre os critérios societários e os contabilísticos no que respeita aos requisitos informativos a divulgar.

Devia, por isso, prever-se uma melhor adequação entre os requisitos de natureza contabilística e os societários, de modo a obter-se uma harmonização que abarcasse a essência da estrutura empresarial portuguesa. Em nossa opinião, também não se afigura razoável onerar as pequenas sociedades anónimas com a obrigatoriedade de fiscalização[95], só porque foi escolhido esse tipo

---

balhadores (600, no caso de trabalho por turnos regulares); não ultrapassem 11 971 149 euros de vendas anuais; e não possuam nem sejam possuídas em mais de 50% por outra empresa que ultrapasse qualquer dos limites definidos nos pontos anteriores (Despachos Normativos n.º 52/87, n.º 38/ /88 e Aviso constante do DR n.º 102/93, Série III). A situação em Portugal é apresentada no quadro 1.

[95] A nossa dúvida neste particular é bem mais profunda, defendendo a admissão da constituição de uma sociedade anónima apenas para as grandes empresas, e admitindo a criação de dois tipos jurídicos distintos que absorvessem a realidade económica hoje designada de PME. Assim, poder-se-ia em termos societários criar dois tipos distintos de entes: um para as micro e pequenas empresas e outro distinto para as médias empresas, aproximando os regimes jurídicos da essência económica dessas entidades. Permitia-se que a legislação societária se harmonizasse com a nossa realidade empresarial, que é extremamente heterogénea, sendo dominada pelas micro e pequenas entidades. Dever-se-ia prever um tratamento societário diferenciado para cada um dos tipos que integram a nossa realidade societária, tendo em conta que os problemas que se colocam a esses tipos de sociedade são bastante diversos. Há factores qualitativos e quantitativos que distinguem profundamente esses diferentes tipos e que deveriam ser absorvidos pelo legislador societário.

societário, ainda que o seu capital esteja concentrado nas mãos de meia dúzia de accionistas, onde os detentores de capital são, simultaneamente, os responsáveis pela gestão, justificando-se, por isso, um aligeiramento dos requisitos da prestação de contas, tendo subjacente a essência mais profunda que justifica esse dever societário geral.

Por último, um modelo *sui generis* para as entidades que se situassem dentro dos limites definidos para as Pequenas Entidades, independentemente da natureza jurídica das mesmas. O regime de prestação de contas devia apostar num modelo muito simplificado, em detrimento das fortes exigências informativas que hoje penalizam essas pequenas entidades, não obstante o esforço encetado para a criação de um modelo mais reduzido (NCRF-PE) relativamente ao modelo geral do SNC.

Outro tema que merece alguma preocupação no que respeita à prestação de contas, no âmbito do novo SNC, prende-se com um "conjunto quase ilimitado de situações" que vão envolver essencialmente juízos profissionais e não critérios legais. Admite-se, assim, no novo sistema contabilístico um aumento da intervenção dos preparadores na definição das práticas contabilísticas e nos juízos de valor sobre os factos patrimoniais, o que se traduz numa maior subjectividade na decisão e, por conseguinte, numa maior responsabilidade[96]. Esse tipo de juízos, para aferir a exis-

---

[96] Discute-se neste caso se haverá responsabilidade subsidiária do TOC. Degladiam-se argumentos a favor e contra. Os defensores da tese da responsabilidade adiantam que o TOC é o responsável pela regularidade técnica, nas áreas contabilística e fiscal, assumida, nomeadamente, pela assinatura das DF e das Declarações Fiscais (art. 6.º do ECTOC). Os opositores apoiam-se na ideia de que o SNC, tal como as NIC e anteriormente o POC não contêm referências às responsabilidades técnicas contabilísticas do TOC, logo não poderia prever sanções aos TOC. Sobre este assunto ver CUNHA GUIMARÃES (2009).

tência e o reconhecimento dos elementos nas DF, cabe no âmbito da discricionariedade técnica dos responsáveis pela sua elaboração, razão pela qual poderá não vir a ser sindicada pelos tribunais. Adivinha-se, por isso, um acréscimo dos conflitos, que no quadro do nosso sistema judiciário parece não ter solução.

No que respeita às decisões judiciais dos nossos tribunais superiores e depois de uma análise atenta, podemos concluir que são poucos os casos de conflito sujeitos à sindicância jurisdicional no que respeita à questão da validade das decisões da assembleia geral, que envolva deliberações sobre prestação de contas das sociedades por quotas. A generalidade dos acórdãos consultados prende-se com deliberações tomadas em assembleias gerais das sociedades anónimas onde normalmente se discute a violação dos direitos de informação dos sócios, bem como a irregularidade das contas. Uma tal situação revela-se curiosa quando a lei impõe a fiscalização obrigatória dessas entidades e a mesma goza de presunção de fé pública, pois os revisores têm de expressar uma opinião sobre se as DF apresentam uma imagem verdadeira e apropriada da posição financeira e dos resultados da actividade, de acordo com os PCGA, e o afastamento dessas regras devem ser mencionadas. Deste modo, deviam assegurar a credibilidade da informação elaborada e divulgada sob a responsabilidade dos gerentes/administradores. Constituem um mecanismo de tutela da confiança de todos os que nelas se apoiem para tomar decisões. Assim, a revisão de contas operará como garantia visível da seriedade das DF junto do grande público. Todavia, as sociedades por quotas, objecto do nosso trabalho, na sua generalidade integram-se no grupo de sociedades onde essa obrigatoriedade de revisão é reduzidíssima.

Por último, e em jeito de súmula importa adiantar a urgência de uma profunda alteração do regime especial actualmente previsto no art. 69º do CSC, de modo a suprimir as suas indefinições e, ultrapassar as suas enormes incoerências em nome da coerência e unidade do sistema jurídico-contabilístico.

8. Bibliografia

ABREU, J. M. COUTINHO DE (2009), *Curso de Direito Comercial "Das Sociedades*, Vol. II, 3.ª Ed., Coimbra, Edições Almedina.

CASTRO, C. OSÓRIO DE (1984), "Sobre o Artigo 89, n.º 2, do Projecto de Código das Sociedades", *Revista de Direito Económico*, X/XI. p. 227-250.

CORDEIRO, A. MENEZES (Coord.) (2009), *Código das Sociedades Comerciais Anotado*. Coimbra, Editora Almedina.

CORDEIRO, A. MENEZES (2008), *Introdução ao Direito da Prestação de Contas*. Coimbra, Editora Almedina.

CORREIA, Luís BRITO (1990), *Direito Comercial (Deliberações dos Sócios)*, 3.º Vol., Lisboa, AAFDL.

CORREIA, Miguel J. A. PUPO (2001), *Direito Comercial,* Lisboa, 7.ª Ed., Ediforum.

Domingues, PAULO DE TARSO (2004), *Do Capital Social – Noção, Princípios e Funções*, 2.ª Ed., Coimbra, Coimbra Editora.

FERREIRA, Rogério FERNANDES (1996), "Ética na Prestação de Contas", *Revista de Contabilidade e Comércio*, n.º 212, p. 439-460.

FURTADO, J. H. da Cruz PINTO (2005), *Deliberação de Sociedades Comerciais*, Col. Teses, Coimbra, Almedina.

GUIMARÃES, J. F. da CUNHA (2009), "O Controlo de Aplicação das Normas (*Enforcement*) no SNC", *Revista Electrónica INFOCONTAB*, 47, Outubro, p. 1-4.

OLAVO, CARLOS (1988), "Impugnação das Deliberações sociais", *CJ*, 12.º, III, p. 21 e ss.

RODRIGUES, ANA M. (Coord.) (2010), *SNC – Sistema de Normalização Contabilística*, Almedina.

XAVIER, Vasco da G. LOBO (1975), *Anulação de Deliberação Social e Deliberações Conexas*, Atlântida Editora

A FRAUDE FISCAL
COMO CRIME DE APTIDÃO.
FACTURAS FALSAS
E CONCURSO DE INFRACÇÕES

MIGUEL JOÃO DE ALMEIDA COSTA
Mestrando em Direito Penal na FDUC

PARTE I

A Fraude Fiscal como Crime de Aptidão

1. A ilicitude Penal Fiscal

1.1 *O Estado de Direito Fiscal*

A economia liberal oitocentista nascida da revolução industrial inglesa desenvolveu-se fortemente abstraída da existência do Estado: pontificava o princípio da limitação da intervenção estadual na economia, que teria o seu equilíbrio assegurado pela livre actuação privada, guiada pela «mão invisível» da expressão ascética de ADAM SMITH. E via no Direito, na linha traçada pelo Código Napoleónico de 1804, um mero «suporte do enquadramento passivo das acções económicas privadas»[1], através dos institutos do contrato – instrumento por excelência da autonomia privada – e da propriedade – de natureza absoluta e perpétua.

O modelo do Estado Liberal sofreu o primeiro abalo com a 1.ª Guerra Mundial e sucumbiu com a crise de 1929, que veio evidenciar a necessidade da intervenção estadual para a prevenção de desequilíbrios económicos. Com a afirmação do Estado de Direito Social, empenhado na regulação global da economia e da

---

[1] ALFREDO JOSÉ DE SOUSA, «Direito Penal Fiscal – Uma Prospectiva», *Direito Penal Económico e Europeu: Textos Doutrinários (DPEE)*, vol. II, Coimbra: Coimbra Editora, 1999, p. 147.

sociedade e na correcção da actuação privada, a estrutura e as funções estaduais cresceram drasticamente. E com elas a despesa pública; o que significou a necessidade de uma tributação de base alargada.

Assim, nos estados contemporâneos[2], o imposto assumiu-se como principal fonte de receitas públicas, justificando-lhes a qualificação de *Estados de Direito Fiscais*. Pressuposta em toda a estrutura do Estado Fiscal – premissa, de resto, da sua qualificação como Estado de Direito Fiscal – não pode deixar de estar a ideia de *justiça fiscal*, concretizada na juridificação dos princípios da legalidade fiscal, da segurança jurídica, da igualdade fiscal, da generalidade tributária, da uniformidade e da capacidade contributiva. É esta a ideia que empresta ao princípio da auto-tributação uma autêntica expressão material e que «condiciona a própria eficiência e rendimento do sistema, na medida em que uma distribuição injusta estimulará a fraude e a evasão fiscais e distorcerá comportamentos»[3].

Por outro lado, a ideia de estadualidade fiscal exprime-se também no princípio da subsidiariedade da intervenção estadual na vida económica – enunciado por HEINZ HALLER –, que exige que se permita com a maior amplitude possível a livre decisão dos indivíduos em todos os domínios da vida, admitindo-se a limitação dessa liberdade de decisão apenas quando do seu exercício sem entraves resultarem danos para a colectividade, ou quando o Estado tenha de tomar precauções para preservar essa mesma liberdade individual[4]. Dentro desta área de liberdade, e num con-

---

[2] Não assim nos comunistas, de economia planificada e centralizada, que assentam na detenção pelo Estado do monopólio da actividade económica produtiva.

[3] ANTÓNIO L. SOUSA FRANCO, *Finanças Públicas e Direito Financeiro*, vol. I, Coimbra: Almedina, 1992, p. 154.

[4] JOSÉ CASALTA NABAIS, «Estado Fiscal, cidadania e alguns dos seus problemas», *Boletim de Ciências Económicas (BCE)*, vol. XLV-A (2002), p. 570.

texto de justiça fiscal, os particulares têm a possibilidade de actuar do modo que lhes permitir obter o melhor resultado fiscal. Têm, isto é, a oportunidade de fazer uma *planificação fiscal* preordenada a pagar o mínimo possível a título de imposto, através de operações como as deduções à colecta, os reportes de prejuízo, as isenções fiscais, os benefícios fiscais, a constituição de sociedades em zonas francas, ou a subscrição de Planos de Poupança – que configuram procedimentos *intra legem*, deixados à escolha do contribuinte segundo o princípio da liberdade de gestão fiscal, e que por isso são inteiramente lícitos[5].

1.2. *Planificação, elisão e evasão fiscais*

O fenómeno da *fuga aos impostos*, enquanto conjunto de comportamentos praticados para alcançar uma situação fiscal óptima, engloba vários tipos de actuação que não são todos ilícitos. Para além da autêntica planificação fiscal, a doutrina clássica anglo-saxónica traça uma distinção essencial entre *tax avoidance* e *tax evasion*.

1.2.1. A primeira – *elisão fiscal* ou evasão fiscal legítima – «visa evitar a ocorrência de facto que possa resultar no preenchimento da previsão de uma norma de incidência, evitando, consequentemente, as decorrências fiscais impostas pela respectiva estatuição»[6]: o contribuinte realiza um ou vários actos jurídicos, lícitos, com o objectivo de evitar a aplicação de certa norma fiscal[7].

---

[5] Cf. SUSANA AIRES DE SOUSA, *Os Crimes Fiscais – Análise Dogmática e Reflexões sobre a Legitimidade do Discurso Criminalizador*, Coimbra: Coimbra Editora, 2006, p. 43.

[6] NUNO POMBO, *A Fraude Fiscal. A norma incriminadora, a Simulação e outras Reflexões*, Coimbra: Almedina, 2005, p. 25.

[7] Conforme destaca SUSANA AIRES DE SOUSA, *ob. cit.*, pp. 45-46, não integram o fenómeno da elisão, sendo jurídico-fiscalmente irrelevantes, as

A elisão fiscal, portanto, distingue-se claramente da *evasão ilícita*, com a qual o agente procura, depois de verificado o pressuposto de facto do imposto, subtrair-se ao cumprimento da obrigação daí emergente. Mais sinteticamente, e pondo em evidência a diferença ao nível do momento em que uma e outra ocorrem: «na *tax avoidance* procura-se não entrar na relação jurídica tributária, na *tax evasion* procura-se dela sair»[8].

Discute-se muito o tratamento jurídico a dar a estes comportamentos do contribuinte. Facto é que se tem procurado restringir o âmbito da elisão, ameaçando com a ilicitude algumas dessas opções do contribuinte. E, reputando de insuficientes essas limitações pontuais, o legislador de 1998 instituiu na Lei Geral Tributária uma *cláusula geral anti-abuso* que ameaça com a ineficácia para o direito tributário os negócios que preencham os pressupostos do art.º 38.º/2 LGT: a conduta será ilícita quando: i) os actos ou negócios jurídicos tenham sido praticados com o único ou principal objectivo de não pagar ou pagar menos a título de imposto, ii) sejam praticados por meios artificiosos ou fraudulentos, iii) e com abuso das formas jurídicas[9].

---

situações em que o contribuinte se abstém de praticar um acto com relevância fiscal para não pagar o imposto (por exemplo, deixar de fumar para não pagar o imposto sobre o consumo do tabaco), bem como os efeitos económicos que podem resultar da tributação (como os da repercussão do imposto, da amortização ou descapitalização, ou da remoção).

[8] ALBERTO XAVIER, «O negócio indirecto em direito fiscal», *Ciência e Técnica Fiscal (CTF)*, n.º 147 (1971), p. 11.

[9] A partir deste entendimento legislativo, é compreensível que as doutrinas italiana e espanhola usem para designar este fenómeno a expressão «ilusão fiscal», apontando para a ideia de astúcia empregue para enganar a vontade legal com vista a obter uma vantagem patrimonial injustificada e, como tal, em certos casos ilícita; claramente distinto, portanto, da verdadeira planificação fiscal. Cf. NUNO POMBO, *ob. cit.*, p. 27. Sobre o art.º 38.º/2 LGT – natureza jurídica e interpretação –, v. DIOGO LEITE DE CAMPOS/JOÃO COSTA ANDRADE, *Autonomia Contratual e Direito Tributário (A Norma Geral Anti-Elisão)*, Coimbra: Almedina, 2008.

1.2.2. No âmbito da *evasão ilícita*, por fim, é necessário distinguir *ilicitude fiscal* de *infracção fiscal*. A primeira resulta da violação de uma norma fiscal, e pode suscitar do ordenamento jurídico reacções diversas: Consoante o carácter da violação, as sanções terão natureza *civil* – reconstitutiva (anulação dos actos e execução fiscal), preventiva (vencimento total das dívidas fiscais pagas em prestações por incumprimento de uma delas), compensatória (juros compensatórios) ou compulsória (juros de mora)[10]. Num menor número de casos, contudo, poderão as sanções ser de índole punitiva – *administrativa* ou *criminal*; apenas a prática de infracções tributárias é sancionada com estas reacções, que conduzem à aplicação de uma coima (se a conduta configurar uma contra-ordenação tributária) ou de uma pena (tratando-se de crime tributário ou fiscal).

1.3. *A ilicitude penal fiscal*

1.3.1 A violação da lei fiscal, dizíamos, pode suscitar reacções diversas consoante a diversa natureza da violação. Essa diversidade de natureza parece traduzir-se numa diferença ao nível da ilicitude: os comportamentos previstos pelo legislador como infracções tributárias são aqueles que o mesmo reputa de mais graves do ponto de vista da ilicitude. Esta, não sendo grandeza abstracta, encontra no âmbito fiscal o seu referente na teleologia do imposto: «se a lei fiscal se destina, primacialmente, à obtenção de meios de financiamento essenciais ao funcionamento da comunidade, será o grau de essencialidade de tais fins que há-de determinar a medida da gravidade da ofensa à lei fiscal»[11], que vai «desde a inobservância mínima, estática, do cumprimento de um

---

[10] Neste sentido, NUNO SÁ GOMES, *Evasão Fiscal, Infracção Fiscal e Processo Penal Fiscal*, Lisboa: Rei dos Livros, 2000, pp. 18 e ss.

[11] SUSANA AIRES DE SOUSA, *ob. cit.*, p. 49.

192   *A Fraude Fiscal como Crime de Aptidão. Facturas Falsas e Concurso...*

dever, à provocada ofensa do objecto de uma norma criadora de um dever primordial na ordem tributária»[12].

JOÃO RICARDO CATARINO/NUNO VICTORINO[13] assinalam que a prática de infracções tributárias produz, além do *dano directo do sujeito activo* da relação tributária, um *dano social*, «constituído pelo desvalor da acção de falta de cumprimento de deveres sociais de colaboração com os órgãos incumbidos da função de ordenação do bem-estar colectivo». De facto, é notório e consabidamente perverso o efeito social da evasão; no rol avançado por ANTÓNIO DÓRIA: «a) obriga à exacerbação do ónus tributário sobre os contribuintes diligentes ou sobre os que estão materialmente impossibilitados de se valer dos expedientes evasivos; b) comprime as receitas públicas, como alternativa, privando o Estado dos meios necessários à execução dos serviços que se atribui; c) corrói o princípio da igualdade tributária; d) frustra a distribuição dos encargos fiscais segundo a capacidade contributiva dos indivíduos»[14].

O dano directo do sujeito activo pode ser reparado através da execução fiscal e da sujeição a juros compensatórios; o dano social, porém, comprova a necessidade da existência de mecanismos sancionatórios, orientados por finalidades de prevenção geral, conducentes à aplicação de coimas e de penas destinadas a aumentar o grau de cumprimento.

1.3.2. Para tanto, todavia, as incriminações devem corresponder a um «sentimento de censura dominante da comunidade a que

---

[12] JOÃO RICARDO CATARINO/NUNO VICTORINO «Contributos para o estudo do novo direito infraccional tributário», *CTF*, n.º 405 (2002), p. 54.

[13] JOÃO RICARDO CATARINO/NUNO VICTORINO, «Aspectos gerais e específicos do novo Regime Geral das Infracções Tributárias», *Fiscalidade*, Jan. 2002, pp. 38 e ss.

[14] ANTÓNIO DÓRIA, «A evasão fiscal legítima: conceito e problemas», *CTF*, n.º 143 (1970) p. 45.

se dirigem»; não sendo assim – conforme a perene lição de PASTORET de que os efeitos das penas se perdem quando a elas se opõe a opinião geral da comunidade –, «de duas uma, ou as penas não são aplicadas, deixando-se cair, por desuso, a respectiva norma incriminadora ou, em alternativa, as penas são aplicadas tal como previstas, reconhecendo-as a comunidade como pura violência legislativa»[15]. O que permite entrever as dificuldades que envolvem a questão da ilicitude fiscal, destacadas também, mais remotamente até, mas também nos *setecentos*, por BECCARIA, no contexto de uma reflexão sobre o crime de contrabando: «o *contrabando* é um delito que ofende gravemente a sociedade; mas, contudo, a sanção respectiva não deverá ser infamante, porque a opinião pública não atribui a marca da infâmia a tal delito, pois os delitos que os homens não julgam ofensivos dos seus interesses não suscitam a sua indignação»[16].

E, de facto, nos âmbitos económico e fiscal, a censurabilidade de certos comportamentos, por afectarem interesses supra-individuais «que se concretizam em vítimas abstractas ou distantes»[17], não foi sempre uma atitude socialmente homogénea. A extensão do *ius puniendi* ao domínio económico – para reprimir a *criminalidade de colarinho branco*, na difusa expressão de SUTHERLAND; ou a afim germânica de *Kavaliersdelikte* – deparava-se com forte resistência. Rotulada de *hiper-criminalização*, pretendeu-se que ofendia o (intocável, nas economias capitalistas) princípio da liberdade de exercício de actividades económicas, «afectando a força dinamizadora da livre iniciativa e negando a finalidade do lucro que promove o desenvolvimento económico»[18]. Também

---

[15] NUNO POMBO, *ob. cit.*, p. 31.

[16] SOARES MARTÍNEZ, *Direito Fiscal*, Coimbra: Almedina, (reimp.) 1997, p. 328, sobre a reflexão de BECCARIA.

[17] EDUARDO CORREIA, «Introdução ao Direito Penal Económico», *DPEE*, Coimbra: Coimbra Editora, vol. I, 1998, p. 297.

[18] EDUARDO CORREIA, *DPEE, ob. cit.*, p. 297.

194 *A Fraude Fiscal como Crime de Aptidão. Facturas Falsas e Concurso...*

assim no âmbito fiscal, em virtude da repristinação vigorosa pelas correntes neo-liberais do princípio da subsidiariedade da intervenção estadual na vida fiscal.

1.3.3. Após profundas mutações sócio-económicas e estaduais, embora subsista alguma resistência à criminalização de certos fenómenos da vida económica, a necessidade de tutelar penalmente os sectores económico e fiscal é um dado pouco contestado. No domínio fiscal, o factor que mais intensamente infundiu a tolerância relativamente à intervenção punitiva do Estado deriva da metamorfose do Estado Liberal em Estado Social: da transição de um *Estado-Polícia* que cobrava impostos com o estrito objectivo de arrecadar as receitas necessárias à sua subsistência, para um *Estado-Providência* que os cobrava para financiar as suas actividades sociais[19].

Nas relações de «imemorial e tenso conflito entre fisco e contribuinte»[20], «se, como se viu, o Estado-Fisco não pode interferir na esfera de liberdade dos cidadãos-contribuintes, também é certo que estes não poderão atentar contra os interesses legalmente consagrados e protegidos do Estado»[21]. Não restam hoje dúvidas quanto à necessidade (e legitimidade) da incriminação de vários comportamentos fiscais, entre eles pontificando o de fraude.

1.3.4. E parece-nos que a tendência é, ainda hoje[22], no nosso país, a do aumento da sua reprovação social. Para o efeito con-

---

[19] Neste sentido, ANABELA MIRANDA RODRIGUES, «Contributo para a fundamentação de um discurso punitivo em matéria penal fiscal», *DPEE*, vol. II, p. 481.

[20] ANTÓNIO DÓRIA, *ob. cit.*, p. 83.

[21] DIOGO LEITE DE CAMPOS/JOÃO COSTA ANDRADE, *ob. cit.*, p. 83.

[22] Diz-se *ainda hoje*, porque noutros estados de direito social como o nosso, porém com economias mais poderosas e finanças públicas mais saudáveis, em que o Estado assegura serviços públicos com eficiência e qualidade e as populações desfrutam de maior bem-estar económico, os

correm vários factores: O facto de os aumentos da carga fiscal surgirem acompanhados de discurso político de sensibilização para a necessidade de que cada contribuinte faça um esforço suplementar a favor do *equilíbrio urgente das finanças públicas* – que subiu muito de urgência quando a UE esclareceu que havia objectivos financeiros a cumprir e que podia haver défice, mas não tanto – poderá acabar por ter esse efeito sobre a (e dada a) parte das pessoas que considera importante a integração europeia do país por razões económicas. Por outro lado, o reforço que se tem registado ao *nível da fiscalização* parece também destinado a cumprir, além do efeito directamente visado de reduzir a fraude, o do aumento do seu grau de censura. No mesmo sentido, a publicação das *listas dos devedores ao fisco*, se bem que tenha sido determinada pela confiança no efeito de um certo espírito de esquadrinhamento, mais do que no de autêntica censura, talvez contribua para o enraizamento desta; através da vergonha, feita instrumento, se o pode ser.

1.3.5. Segundo ANABELA MIRANDA RODRIGUES, «uma característica do direito penal fiscal é, com efeito, a de que os destinatários das normas tendem a não se sentir como *beneficiários* da incriminação (mas antes como *perseguidos* por ela) e, consequentemente, também não como *vítimas*. Tendem, portanto, a desinteressar-se da *punição* e da sua *eficácia*»[23]. Talvez aqueles factores (1.3.4) contribuam para despertar os contribuintes para a conveniência do cumprimento da norma, que é o reverso do juízo de censura sobre a evasão e corre para o mesmo fim. No entanto, note-se, achamos bastante discutível o acerto da última medida referida – que apenas usámos a título de exemplo (de possível

---

níveis de aceitação da carga fiscal imposta e de censura relativamente à evasão ilegítima terão já atingido um ponto mais próximo do óptimo. Pensamos, p. ex., nalguns países nórdicos da Europa.

[23] ANABELA MIRANDA RODRIGUES, *ob. cit.,* pp. 482 e ss.

factor de enraizamento do sentimento de censura). De facto, nela parece manifestar-se uma confusão política quanto às prioridades do sistema fiscal considerado no seu todo: O essencial está, antes de mais, na justiça (que aqui tomamos sobretudo na vertente da *igualdade tributária*) do próprio sistema tributário. Apenas depois, e apenas se necessário (e, neste caso, apenas na medida dessa necessidade), se deverá recorrer a instrumentos de teor sancionatório.

E é já neste campo que se situa o sistema penal fiscal, que no cumprimento daquelas condições encontra o seu lugar subsidiário. Além delas, o sistema penal fiscal deve também basear-se na igualdade – o que é, de resto, condição para o próprio objectivo de responder eficazmente ao fenómeno da fraude. Assim, a despeito das flutuações que se verifiquem nos graus de censura da fraude – ou, analisando pelo prisma antípoda, nos graus de resistência à sua criminalização –, o sistema penal tributário deve visar a punição da generalidade das condutas que assumiu criminalizar, e não apenas de algumas à laia exemplo. E mesmo, eventualmente, lançar mão de penas mais graves (preservado o princípio da proporciona-lidade), já que o facto de a consciência ética dos cidadãos não estar ainda devidamente formada não impede o direito penal fiscal chamar a si a promoção de novos valores que ajudem a formar uma «consciência ética fiscal»[24]. Efectivamente, confirmando os propósitos do legislador de 1993 na reforma do RJIFNA, o RGIT deu novo passo nessa direcção.

Mas também aqui deve ser-se cauteloso e ter sentido de prioridade: como ensina SOARES MARTÍNEZ, «qualquer pessoa disposta a ocultar ao Fisco as situações de que emergem as dívidas de impostos, constrói um quadro de representações psicológicas sobre os efeitos daquela ocultação; nele considerando as hipóteses de a sua conduta ilícita não vir a ser conhecida e a de tal conduta

---

[24] ANABELA MIRANDA RODRIGUES, *ob. cit.,* p. 487.

ser descoberta e, consequentemente, penalizada. (…) Assim, um país cujos serviços tributários funcionem satisfatoriamente poderá estabelecer *sanções fiscais* moderadas. Quando assim não acontece, terá de confiar-se na gravidade das *penas* como instrumento de prevenção de *ilicitudes*»[25]. Assim, concluindo, parece-nos de alertar: o Estado sempre poderá, em face das normas incriminatórias fiscais que institui, considerar os indivíduos que as violem *culpados* no sentido jurídico-criminal e aplicar-lhes uma sanção pesada, mas não poderá pretender, com isso, estar a responsabilizá-los pela ineficiência do sistema tributário.

Por outro lado, a melhoria dos serviços e prestações sociais públicos seria decerto a circunstância mais capaz de dar novo ânimo ao postulado da auto-tributação e de reduzir a evasão fiscal. Sobretudo quando a tendência que se regista é a de aumento reiterado dos níveis da carga fiscal. Uma evidência. Que, sendo-o, todavia permanece uma perspectiva longínqua.

1.4. *Síntese*

A essencialidade do imposto nos estados fiscais contemporâneos e o tipo de danos que a prática de certos ilícitos tributários provoca, com destaque para a fraude fiscal – que tem um considerável (e de tendência crescente) impacto negativo na nossa consciência ética comunitária –, justificam, em termos de a reputar indispensável, a existência de um direito punitivo tributário, que é condição de «garantia e ordem em vista da reintegração da ordem jurídica, quando perturbada por uma tal violação»[26].

---

[25] SOARES MARTÍNEZ, *ob. cit.*, p. 333.
[26] JOÃO RICARDO CATARINO/NUNO VICTORINO, «Aspectos gerais e específicos...» *ob. cit.*, p. 38.

2. A antecipação da tutela no direito penal secundário

2.1. Há duas formas de empreender a antecipação da tutela penal: antecipando a *técnica de tutela*, sobretudo através da utilização dos *crimes de perigo*; e antecipando o *objecto da tutela*, fazendo-o consistir em *bens jurídicos intermédios espiritualizados,* na designação usada por ROXIN para se referir, p. ex., à obrigação de dizer a verdade em juízo, protegida pelo crime de falsas declarações e perjúrio – que visa em última instância promover a emergência da verdade material, imprescindível à realização de Justiça, mas para cuja punibilidade não se exige a criação de um perigo dessa não realização, bastando o puro desvalor de acção da mentira.

2.2. Relativamente à antecipação técnica da tutela, pode dizer-se que o direito penal secundário, pelas especificidades que assume relativamente ao direito penal clássico, é propício ao recurso à técnica dos crimes de perigo, e em particular aos crimes de perigo abstracto; por duas ordens de ideias que se interligam: «por um lado, a natureza supra-individual dos bens jurídicos protegidos e, por outro, a vontade do legislador de criar para eles um campo de protecção antecipada»[27].

Quanto à primeira ideia, GOLDSCHMIDT referia-se a «bens ideais e sem sujeito», como que secundários na ordem jurídico-penal, e WOLF sustentava a consequente «imaterialidade dos danos» passíveis de lhes serem ser infligidos, no sentido de não serem constatáveis como *modificações do mundo exterior*, mas apenas como «falta de cumprimento de uma tarefa imposta pelo estado no caso concreto» – palavras de FIGUEIREDO DIAS. Seguidas da explicação de que aquelas ideias, embora apontando o caminho correcto a seguir, não expressam ainda a verdadeira

---

[27] JORGE DE FIGUEIREDO DIAS, «Para uma dogmática do direito penal secundário», *DPEE*, vol. I, p. 65.

natureza do bens em causa, devendo antes afirmar-se que os bens jurídicos supra-individuais se caracterizam por uma «materialidade transnaturalística e transpessoal», uma vez que também eles, e não apenas os bens jurídicos individuais, se relacionam com o «livre desenvolvimento da personalidade do homem»; simplesmente assumindo em relação aos bens jurídicos individuais as especificidades decorrentes do facto de que a actuação humana, nos âmbitos típicos do direito penal secundário, como o do ambiente, o económico ou o fiscal, só «é possível como fenómeno social, em comunidade e em dependência recíproca dela». A partir da aceitação desta «relevância axiológica directa» assim atribuída ao direito penal secundário, somos levados a compreendê-lo como sendo dotado de algo mais, ou de muito mais, do que uma «racionalidade meramente finalística e indiferente a valores»[28].

O que nos traz à evidência de que a antecipação da tutela, apesar do carácter supra-individual dos bens, tem, tal e qual como quando os bens são individuais, de deixar preservadas as garantias constitucionais a que obrigam os princípios da legalidade, da culpa, da ofensividade e do *in dubio pro reo*. E à conveniência de interpretar restritivamente os crimes de perigo abstracto[29] e de empregar em sua vez, tanto quanto possível, *crimes de aptidão*[30].

---

[28] FIGUEIREDO DIAS, *DPEE, ob. cit.*, p. 57.

[29] Desenvolvidamente, BLANCA MENDOZA BUERGO, «La configuración del injusto (objectivo) de los delitos de peligro abstracto», *Revista da derecho penal y criminologia*, 9 (2002), pp. 39 ss.

[30] SCHRÖDER foi o primeiro autor a teorizar sobre este género, que via como terceira categoria dentro dos crimes de perigo: distinta da dos crimes de perigo concreto, dado que o tipo não exige a comprovação *ex post* de uma situação de perigo para o bem jurídico, e distinta também da dos crimes de perigo abstracto, porque não se limita a proibir uma conduta que a experiência ou a estatística permitam qualificar de tipicamente perigosa. «Através da consagração de expressões do género *idóneo para lesar, susceptível de prejudicar* ou *apto a causar dano* para os bens jurídicos (...), o tipo renuncia à forma concreta que o perigo pode revestir, ao mesmo

Esta construção típica permite que o legislador, quando vir necessidade de oferecer a certo bem jurídico tutela mais avançada do que permitiria um crime de perigo concreto[31], o faça sem que para tanto tenha de estender a punibilidade a condutas em concreto inofensivas[32]. Permite, isto é, situar a tutela num momento

tempo que exige ao intérprete e ao aplicador da lei a comprovação no caso concreto de uma aptidão genérica da acção para atingir aqueles bens jurídicos. Produz-se desta forma uma combinação na acção de elementos abstractos e concretos de perigo, concentrados na acção de tal sorte que o perigo nem está abstractamente contido na *ratio legis*, nem surge tipicamente exposto como evento, mas apresenta-se como uma qualidade intrínseca à acção» (SCHRÖDER *apud* AUGUSTO SILVA DIAS, «Entre "Comes e Bebes": debate de algumas questões polémicas no âmbito da protecção jurídico-penal do consumidor (a propósito do acórdão da Relação de Coimbra de 10 de Julho de 1996)», *RPCC*, (8) 1998, pp. 520-524). Na proposição de HOYER, que se dedicou ao estudo dos crimes de aptidão em *Die Eignungsdelikte* (1987), «são de aptidão os delitos em que a acção típica é caracterizada em função da sua idoneidade para pôr em perigo o objecto da tutela penal» (HOYER *apud* SUSANA AIRES DE SOUSA, *ob. cit.*, pp. 73-74).

[31] Como refere SILVA DIAS, «Entre "Comes e Bebes"...», *ob. cit.*, pp. 576 e ss, sendo os crimes de perigo comum concreto crimes de resultado, levantam muitas dificuldades probatórias derivadas da necessidade de comprovação do nexo de causalidade. O que representa «uma desvantagem político-criminal dos crimes de perigo comum concreto relativamente às restantes modalidades de perigo e a outras técnicas incriminatórias. O que se ganha em danosidade e em sagração do princípio da ofensividade, perde-se em eficácia no combate à criminalidade» (p. 586).

[32] A *impossibilidade da lesão* constitui, no dizer de SILVA DIAS, um «limite estrutural do perigo abstracto». Sem ele, são inconstitucionais os crimes de perigo abstracto por violação dos princípios da ofensividade (*nullum crimen sine injuriae*) e da culpa. Face ao princípio da ofensividade – considera FARIA COSTA – só se podem criminalizar situações concretas de exposição objectiva a perigo: «de fora fica, em verdadeiro rigor, todo o reino de legitimidade da punição de condutas cujo traço essencial não está no facto de o perigo se ter concretamente desencadeado, mas sim e diferentemente em o perigo ser considerado como mera motivação para o legislador punir tal conduta. Ao sancionar-se penalmente um comportamento

intermédio, que cremos ser o mais antecipado que é possível dentro de cânones de plena legitimidade. E, deste modo, representa um instrumento útil a um direito penal equilibrado entre o *funcionalismo* empenhado em combater, por via da frequente utilização de técnicas de tutela antecipada, a nova criminalidade[33] em áreas como a fiscal, do ambiente ou do consumo, e o *garantismo,* que destaca o princípio da ofensividade, e que vê naquela via uma instrumentalização do direito penal pela política criminal com a consequência de o bem jurídico passar de critério limitador da intervenção penal a critério fundamentador dessa intervenção.

3. A fraude fiscal

3.1. *O bem jurídico protegido e a conduta típica. Os modelos fundamentais*

3.1.1. A qualificação do tipo de ilícito da fraude fiscal supõe a concomitante definição do seu objecto de tutela. Como assinalam FIGUEIREDO DIAS/COSTA ANDRADE, uma das notas que mais distingue o direito penal secundário do clássico, dito *de justiça*, é

---

dentro destes parâmetros de valoração somos confrontados com a inexistência de uma qualquer ofensividade relativamente a um concreto bem jurídico» (JOSÉ DE FARIA COSTA, *O Perigo em Direito Penal*, Coimbra: Coimbra Editora, (reimp.) 2000, p.624.

[33] Com *nova criminalidade* quer-se abranger, além das novas formas de criminalidade propriamente ditas, o fenómeno do aumento da ressonância social negativa de certas condutas, que por isso passam a reclamar com mais vigor um tratamento penal, como justamente se verifica no domínio fiscal; de facto, como já acima por outras palavras se referiu, «a tutela de um bem jurídico deve ser condição necessária, mas não condição suficiente para que se justifique a proibição e punição penal. (...) Para que possa funcionar como *indicador último do conceito material de crime*, o conceito de bem jurídico tem de estar referido ao exterior das normas penais, àquilo que a comunidade considera valioso» (SUSANA AIRES DE SOUSA, *ob. cit.*, p. 289).

202 *A Fraude Fiscal como Crime de Aptidão. Facturas Falsas e Concurso...*

a «relação de codeterminação recíproca entre o bem jurídico e a conduta típica». É que «no direito penal de justiça, é possível referenciar claramente o bem jurídico pondo entre parênteses o desenho normativo da incriminação – v. g. a *vida* em relação ao *homicídio* – e, portanto, como realidade ontológica e normativa preexistente à descrição legal da conduta proibida», ao passo que, «no direito penal secundário, muitas vezes só a partir da consideração do comportamento proibido é possível identificar e recortar em definitivo o bem jurídico»[34]. Citando ainda, agora SILVA DIAS: «o legislador não parte aqui das representações de valor pré-existentes na consciência jurídica da comunidade, mas intervém modeladoramente no sentido de uma ordenação da convivência», a partir de «objectivos de estratégia e política criminal previamente traçados», podendo neste sentido afirmar-se que «os crimes tributários têm natureza artificial».

Por isto, no debate sobre o bem jurídico protegido pelos crimes fiscais, é habitual fazer-se «apelo ao sentido e alcance da matéria proibida como argumento sistematicamente privilegiado»[35].

3.1.2. Costumam apresentar-se, para o crime de fraude fiscal, *três modelos fundamentais* de interpretação dessa *relação de codeterminação recíproca entre bem jurídico e conduta típica*[36]:

1. Um primeiro, tende a configurar o tipo de ilícito como *crime de dano,* que se preenche com a causação de um

---

[34] «O crime de fraude fiscal no novo direito penal tributário português», *RPCC*, (6) 1996, p. 81.

[35] JORGE DE FIGUEIREDO DIAS/MANUEL DA COSTA ANDRADE, «O crime de fraude fiscal no novo direito penal tributário português», *RPCC*, 6 (1996), p. 82.

[36] Consensualmente, FIGUEIREDO DIAS/COSTA ANDRADE, *ob. cit.,* p. 419, SILVA DIAS, «O novo direito penal fiscal não aduaneiro – Considerações dogmáticas e político-criminais», *Fisco*, n.º 22, Julho de 1990, p. 47, PAULO DÁ MESQUITA, «Sobre os crimes de fraude fiscal e burla», *Direito e Justiça*, vol. XV, Tomo 1, SUSANA AIRES DE SOUSA, *ob. cit.,* p. 68.

prejuízo patrimonial ao Estado, quer sob a forma de não pagamento ou de pagamento indevidamente reduzido de um imposto, quer sob a de obtenção indevida de um benefício fiscal ou de um reembolso sem suporte legal. Neste modelo, o bem jurídico protegido é o *interesse público no recebimento completo e tempestivo dos impostos*; centrada a ilicitude principalmente no *desvalor de resultado*, o bem jurídico resulta de índole *patrimonial*; e, assim, a fraude fiscal reconduz-se, no essencial, a uma *forma especial Burla*, em cuja factualidade típica terá de avultar a inflicção de um *dano patrimonial ao Estado*.

2. Em extremo oposto, uma outra concepção concebe o ilícito-típico fiscal como violação dos deveres de informação e de verdade que impendem sobre o contribuinte, de modo que o bem jurídico protegido será «*a pretensão do Estado ao cumprimento dos deveres de revelação dos factos que versem a comunicação de dados às autoridades financeiras, conforme o estabelecido nas singulares leis fiscais*»[37]. O bem jurídico é aqui integrado pelos valores da *transparência* e da *verdade*; completamente distinto, portanto, do da concepção patrimonial, o bem jurídico assim definido aproxima-se da estrutura dos bens jurídicos próprios dos *crimes (de perigo abstracto)* de falsificação: a segurança e a fiabilidade do tráfico jurídico de documentos. Na sua radicalidade, este entendimento, colocando em absoluto a tónica no *desvalor da acção* de inobservância do dever de verdade fiscal, abstrai completamente da possibilidade de ocorrência de um resultado de dano ou de mero perigo.

3. Uma terceira via actualmente muito difundida propõe a criação de *modelos mistos ou compromissórios,* que procuram combinar elementos dos modelos anteriores de modo

---

[37] KÖHLMANN *apud* FIGUEIREDO DIAS/COSTA ANDRADE, *ob. cit.*, p. 85.

a tutelar ambos os bens jurídicos referidos – por exemplo garantindo primacialmente a tutela de um e a tutela apenas reflexa do outro. Poder-se-á nestes moldes configurar a fraude fiscal *crime de falsidade, porém expressamente preordenado à produção de um dano, que representa um prejuízo patrimonial para o Fisco.*

Apresentados os arquétipos fundamentais, analisemos as opções do legislador português. As do passado e a actual.

3.2. O art.º 23.º do Rjifna.

Redacção originária

No passado, a versão originária do art.º 23.º do RJIFNA dispunha que seria punido pela prática do crime de fraude fiscal quem adoptasse alguma das condutas aí tipificadas «*com intenção de obter para si ou para outrem vantagem patrimonial indevida*».

Crime de perigo abstracto e de resultado cortado

A presença ostensiva do especial elemento subjectivo «com a intenção de obter (...) vantagem patrimonial indevida» tornava inequívoca, cremos, do ponto de vista da relação entre tipo objectivo e tipo subjectivo, a atribuição à fraude da natureza de *crime de resultado cortado*[38]. Nesse sentido, FIGUEIREDO DIAS/COSTA ANDRADE sustentaram que, «comprovada a intenção do agente de infligir um dano ao património fiscal (ou, consoante os casos, a obtenção de um benefício indevido), a sua produção efectiva não é indispensável à consumação da infracção»[39]. O que significa a

---

[38] Também ditos *crimes de tendência interna transcendente*. Na definição de JESCHECK, *apud* FIGUEIREDO DIAS/COSTA ANDRADE, *ob. cit.*, p. 88, nestes crimes, «o agente almeja um resultado, que há-de ter presente para a realização do tipo, mas que não é preciso alcançar».

[39] FIGUEIREDO DIAS/COSTA ANDRADE, *ob. cit.*, pp. 90 e ss, e COSTA ANDRADE, «A Fraude Fiscal – Dez anos depois...» *ob. cit.*, pp. 326 e ss.

garantia de uma protecção avançada do património do Estado, uma antecipação da «intervenção preventiva e repressiva do direito penal para um momento anterior ao da ocorrência do sacrifício patrimonial». Do ponto de vista da sua ofensividade, tratava-se de um *crime de perigo abstracto*, como em geral sucede nos crimes de falsificação.

Partindo deste entendimento, os autores concluíam que a fraude fiscal se apresentava *tipicamente como um crime de falsidade* – sendo essa *in-verdade* na comunicação de factos à Administração Fiscal o denominador comum a todas as condutas tipificadas –, e *materialmente como um crime contra o património fiscal* – já que essas mesmas condutas só eram incriminadas por referência aos ganhos do agente ou prejuízos do Estado, determinadas pelo escopo político-criminal inequivocamente assumido de proteger o património do Fisco.

Por conseguinte, esta construção seria um exemplo paradigmático do *modelo compromissório*. Afastado do modelo patrimonial pelo facto de o resultado lesivo não integrar a factualidade típica da infracção, e distinto também do modelo da falsidade por esta não bastar para o preenchimento do tipo de ilícito, tendo de acrescer-lhe a intenção de produzir o resultado danoso.

3.3 *O art.º 23.º do RJIFNA.*

Redacção de 1993

O Decreto-Lei n.º 394/93, de 24 de Novembro, veio alterar a redacção da art.º 23.º RJIFNA, relativo à fraude fiscal, cuja descrição típica passou a ser a de que «*constituem fraude fiscal as condutas ilegítimas tipificadas no presente artigo que visem a não liquidação, entrega ou pagamento do imposto ou a obtenção indevida de benefícios fiscais, reembolsos ou outras vantagens patrimoniais susceptíveis de causarem diminuição das receitas tributárias*».

206   *A Fraude Fiscal como Crime de Aptidão. Facturas Falsas e Concurso...*

A eliminação da referência expressa à *intenção* do agente trouxe controvérsia à classificação da fraude fiscal. A relevância prática é, naturalmente, a de que consoante a classificação serão distintas as condutas susceptíveis de punição a esse título.

3.3.1. *Crime de perigo abstracto e de resultado cortado*

FIGUEIREDO DIAS/COSTA ANDRADE mantiveram o entendimento de que se trata de um *crime de resultado cortado*. Consideram, no fundo, que a referência à atitude interna do agente, co-determinante do desvalor da acção e definidora da área de tutela típica, se mantém, tendo, simplesmente, sido substituída a expressão «*intenção*» pela expressão «*que visem*»[40]. De modo que os argumentos invocados para a qualificação acima operada mantêm completa validade.

A eles acrescendo um argumento de *coerência sistemática*, consistente no facto de o art.º 26.º RJIFNA (correspondente ao actual art.º 22.º do RGIT) privilegiar, como condição da concessão do benefício do arquivamento do processo e da isenção de pena, a reposição pelo agente da verdade sobre a sua situação fiscal. Preceito que seria uma forma de neutralizar a danosidade social da conduta típica e de apontar indirectamente o bem jurídico tutelado[41].

---

[40] Não o afirmavam expressamente os autores no citado texto de 1996. Que era esse o seu entendimento podia já sem grande risco presumir-se; confirma-o, e reafirma-o, COSTA ANDRADE, no texto de 2006, pp. 328 e ss, sob a expressiva epígrafe «também a raposa muda de pêlo mas não muda de natureza», que concretiza do seguinte modo: «enquanto o legislador de 1990 formulava a infracção segundo o modelo canónico *quem fizer x com intenção de y comete fraude fiscal*, o legislador de 1993 optou, para dizer o mesmo, pela redacção *constitui fraude fiscal a acção x que vise y*».

[41] SILVA DIAS, «Os crimes de fraude fiscal e de abuso de confiança fiscal: alguns aspectos dogmáticos e político-criminais», *CTF*, n.º 394, Abril-Junho de 1999, p. 54, sobre o entendimento de FIGUEIREDO DIAS/ COSTA ANDRADE.

3.3.2. *Crime de perigo concreto*

i. Com entendimento diferente, SILVA DIAS refere que a interpretação acima vista aproxima estruturalmente a fraude fiscal das contra-ordenações, cujo fundamento de ilicitude assenta e se esgota, esse sim, na violação de deveres fiscais acessórios; uma ilicitude formal que fere o princípio da subsidiariedade da intervenção penal. A fraude fiscal assim interpretada seria um crime materialmente inconstitucional, já que a antecipação da tutela penal para um momento em que a conduta do agente sacrifica bens distintos e meramente instrumentais dos que em última análise são protegidos, só será constitucional se esse for – e não o é no caso da fraude – o único modo de tutela suficientemente eficaz[42].

Além disso, o argumento do privilegiamento da verdade é algo *reversível*, já que o mesmo art. 22.º exige, como segunda condição, o pagamento do imposto em dívida. A isto, por sua vez, poderia responder-se que, além de a reposição da verdade ocupar o primeiro lugar nas exigências do art. 22.º, pode mesmo dar-se o caso de, em concreto, não haver nada a pagar ou a devolver, sobrando apenas a reposição da verdade[43]. O alcance exegético do artigo é ainda, como acima, o de entrever indícios do bem jurídico que a lei quis proteger. Vejamos: A exigência de pagamento tinha de figurar como requisito: o legislador não podia conceder o favor da dispensa de pena sem reclamar os créditos devidos; além de que, como é sabido, o cumprimento da pena não exonera da relação de imposto (art.º 9.º RGIT). Pelo contrário, a exigência da reposição da verdade não seria imprescindível; pelo que vem, de facto, destacar o valor da *verdade*. Todavia, esse é um requisito cujo objectivo é, precisamente, favorecer o pagamento e a obtenção das receitas pelo Fisco, para tanto admitindo

---

[42] SILVA DIAS, «Os crimes...» *ob. cit.,* p. 54.

[43] COSTA ANDRADE, «A Fraude Fiscal – Dez anos depois...» *ob. cit.,* p. 329.

208   *A Fraude Fiscal como Crime de Aptidão. Facturas Falsas e Concurso...*

a dispensa de pena em condições muito menos exigentes que as do Código Penal – aplicável apenas a crimes puníveis com pena não superior a 6 meses (art. 74.º CP). De resto, a reposição da verdade é uma circunstância instrumental da fixação do montante a pagar ou a restituir, por conseguinte se compreendendo que, nos casos em que se venha a concluir que não há nada a pagar ou a restituir, ainda assim se privilegie e exija – e em primeiro lugar, como no elenco do artigo – a reposição da verdade.

Por outro lado, tal como o RJIFNA, o RGIT prescinde da *voluntariedade* da reposição da verdade. O que significa que têm a mesma relevância quer a retractação feita por livre e espontânea vontade, quer a que é feita por solicitação da administração fiscal, após ter sido descoberta a prática do crime. Para uns, trata-se de uma solução criticável do ponto de vista político-criminal: o legislador sacrificou o «objectivo fundamental de promover e reforçar a consciência fiscal» e favoreceu o «oportunismo do infractor: (...) Perante este quadro, ele preferirá naturalmente aguardar o desenrolar dos acontecimentos, ciente de que, mesmo depois de descoberto e mediante o pagamento da dívida, existem sérias probabilidades de ficar impune. (...) O objectivo do art. 22.º não é, em suma, de *facilitar ao autor a conversão à lealdade fiscal* (SAMSON), mas de proteger os cofres públicos de qualquer maneira»[44]. É esse o objectivo político-financeiro determinante das opções de política criminal. Para outros, a solução peca, mas por defeito: «Teria sido desejável ir mais além, premiando a reposição da verdade tributária, mas não foi possível. Há muitos que entendem ainda a sanção penal como uma necessidade ética ou jurídica, quando o que sobretudo importa é a protecção dos bens jurídicos tutelados»[45].

---

[44] SILVA DIAS, «O novo direito penal fiscal não aduaneiro (Decreto-Lei n.º 20-A/90, de 15 de Janeiro) – Considerações dogmáticas e político-criminais», Fisco, n.º 22, Julho de 1990, p. 41.

[45] O próprio autor do anteprojecto do RGIT: GERMANO MARQUES DA SILVA, «Notas sobre o regime geral das infracções tributárias (Aprovado

ii. Quanto à introdução do elemento «*que visem*», SILVA DIAS considera que veio operar uma mudança no sentido de uma verdadeira objectivização do tipo de ilícito da fraude fiscal, ao referir-se, não já ao agente – como a «*intenção*» da redacção anterior[46] –, mas à conduta. Esse elemento objectivo eleva a pressuposto típico a aptidão ou tendência das acções descritas no n.º 2 para a não liquidação, não entrega ou não pagamento do imposto ou para a obtenção indevida de benefícios fiscais, reembolsos ou outras vantagens patrimoniais. Com a exigência dessa idoneidade, terá o legislador pretendido afastar da tipicidade as condutas de ocultação ou alteração de dados que não tenham qualquer influência no cálculo do imposto.

Essa aptidão, que é objectiva, tem, para a afirmação do tipo subjectivo, de ser abarcada pelo dolo do agente. E não apenas, necessariamente, por dolo directo, sendo admissível o dolo eventual: se um agente não tem a certeza de que, alterando um facto na declaração, beneficia de um incentivo fiscal, por desconhecer, por exemplo, a taxa de imposto, mas representar essa possibilidade como séria, e actuar em conformidade com ela, realiza o tipo

---

pela Lei n.º 15/2001, de 5 de Junho)», Direito e Justiça, vol. XV, Tomo 2, 2001, p. 65.

[46] De facto, se a expressão «*que visem*» significasse uma intenção específica, ela teria de reportar-se a um resultado não incluído no tipo de crime, como sucedia na versão originária do art.º 23.º. Ora, se tal expressão tivesse um alcance meramente subjectivo, ela reportar-se-ia ao resultado de perigo que integra o tipo de ilícito, e haveria uma total coincidência entre tipo objectivo e tipo subjectivo. Neste sentido, SILVA DIAS, «Os crimes...» *ob. cit.*, p. 57. Não deve porém desatender-se o facto – nota COSTA ANDRADE, «A Fraude Fiscal – Dez anos depois...» *ob. cit.*, p. 332 – de que o legislador de 1993 incluiu a expressão «*vantagem patrimonial pretendida*», onde no texto originário se lia «*vantagem patrimonial indevida*», facto indiciador da manutenção de momentos subjectivos no tipo da fraude. Como quer que seja, também esta expressão desapareceu com o RGIT: na letra do novo texto legal não parece possível divisar sequer a mais subtil referência subjectiva.

subjectivo da fraude fiscal, desde que represente a aptidão da sua acção para a produção do resultado de perigo ou de lesão e actue aceitando a ocorrência do mesmo; diferentemente, se agir conformando-se com o que vier, mas quase desacreditar da aptidão da sua conduta, não se poderá afirmar o dolo eventual por ter escapado ao agente a representação daquela[47].

iii. A expressão «*susceptíveis de causarem*» – seguindo ainda o raciocínio de SILVA DIAS –, surge como qualidade descritiva do carácter perigoso das condutas do n.º 1, isto é, da *não liquidação, entrega ou pagamento do imposto ou a obtenção indevida de benefícios fiscais, reembolsos ou outras vantagens patrimoniais,* e não já das do n.º 2. Na sua opinião, esta *susceptibilidade* vale com o mesmo sentido que na redacção anterior tinha a expressão «*dirigidos a*», e que era, e portanto continua a ser, a de que «não é necessária a ocorrência efectiva de uma diminuição de receitas fiscais ou da obtenção de um benefício fiscal, bastando a comprovação de que as condutas comportam um risco típico, uma possibilidade séria de produção de tais eventos». Daí concluía o autor que se estaria perante um *crime de perigo concreto*[48], em que o legislador, em vez de utilizar no tipo o termo «perigo», como é habitual nos casos congéneres do Código Penal, preferiu usar uma expressão que «tem inequivocamente o sentido da descrição de um processo de perigo».

E o momento da realização do perigo é o da liquidação[49]: o da liquidação definitiva, no caso de liquidação administrativa; o da entrega da declaração na repartição das finanças ou da sua expedição por correio, nos casos de auto-liquidação. Com a con-

---

[47] Neste sentido, SILVA DIAS, «Os crimes...» *ob. cit.,* p. 54.

[48] Já o considerava face à redacção de 1990.

[49] Sempre. Mesmo nos casos em que a liquidação e o pagamento coincidem temporalmente, e em que, portanto, o momento do perigo coincide com o da lesão. SILVA DIAS, «Os crimes...» *ob. cit.,* pp. 55 e ss.

sequência de se ter de reputar atípico o não pagamento da dívida tributária depois de ela ter sido reconhecida e liquidada correctamente; e de a desistência relevar até ao momento da liquidação, nas condições gerais previstas no art.º 24.º CP.

iv. Pela nossa parte, não cremos que a tese do perigo concreto seja a mais consonante com o tipo legal da fraude fiscal. Não é a mais ajustada à letra da lei, concretamente na interpretação do inciso «*susceptíveis de causarem*», que não só não parece inequivocamente conter «o sentido da descrição de um processo de perigo», como antes, numa análise mais directa e patente, o que parece ser é uma cláusula de aptidão, que reclama uma idoneidade para o dano.

Do ponto de vista teleológico e político-criminal, secundamos a opinião de COSTA ANDRADE de que a qualificação como crime de perigo concreto não favorece o espírito da reforma de 1993 – de intensificar a eficiência do sistema penal na repressão da evasão fiscal –, na medida em que a punição por crime de perigo concreto supõe a tantas vezes difícil comprovação de um resultado de perigo e a sua ligação às condutas tipificadas na incriminação por um nexo de imputação objectiva. Além de que redobra as exigências subjectivas, ao exigir que o dolo do agente abarque aquela aptidão e este resultado de perigo[50].

Tudo considerado, a fraude fiscal concebida como crime de perigo concreto representaria, para os *agentes de colarinho branco* – «permanentemente despertos para a exploração dos interstícios de atipicidade oferecidos pela lei criminal»[51] e por isso designados de *Inteligenzverbrecher* –, uma multiplicação das possibilidades de fuga ao seu recorte assim intrincado.

---

[50] O próprio autor reconhece, noutro (con)texto, as desvantagens político-criminais dos crimes de perigo concreto – *supra*, nota 31.

[51] COSTA ANDRADE, «A Fraude Fiscal – Dez anos depois...» *ob. cit.*, p. 334.

212   *A Fraude Fiscal como Crime de Aptidão. Facturas Falsas e Concurso...*

3.3.3. *Crime de perigo abstracto-concreto*

Uma terceira posição era sustentada por PAULO DÁ MESQUITA, que classificou a fraude fiscal como *crime de perigo abstracto--concreto*, «pois o tipo não se limita a descrever uma conduta genericamente perigosa nem exige a comprovação concreta de uma situação de perigo, mas exige a comprovação de uma aptidão concreta da acção para diminuir as receitas fiscais»[52]. E, simultaneamente, como *crime de resultado cortado*, considerando que a expressão *«que visem»* manteve o sentido, que tinha na redacção originária do RJIFNA, de exigir a intenção de infligir o dano ao fisco[53].

---

[52] DÁ MESQUITA, *ob. cit.*, p. 108.

[53] COSTA ANDRADE – «A Fraude Fiscal – Dez anos depois...» *ob. cit.*, p. 341 – refere que a classificação como crime de resultado cortado proposta por DÁ MESQUITA não se fica a dever à expressão *«que visem»*, mas ao facto de o autor adscrever alcance subjectivo ao elemento *susceptibilidade de causarem* dano ao Estado. Esta não seria, de facto, uma interpretação adequada, logo porque a susceptibilidade de diminuição das receitas tributárias, reportando-se às vantagens patrimoniais abrangidas pelo tipo, constitui conceito de claro recorte objectivo – neste sentido, COSTA ANDRADE, defendendo ser o inciso *«que visem»* o «único momento que pode funcionar como autónomo momento subjectivo a acrescer ao *dolo-do-tipo»*.

Contudo, da leitura que fizemos do texto de DÁ MESQUITA não retirámos o mesmo sentido. O que depreendemos é que o autor considera que a fraude fiscal é um crime de resultado cortado, porque exige que a conduta tenha sido praticada com a intenção de («que vise») obter uma vantagem patrimonial; e de aptidão, porque a conduta praticada com essa intenção tem ainda, para que o tipo legal se perfaça, de se revelar idónea a («susceptível de») diminuir as receitas fiscais – momentos que se relacionam entre si em moldes de execução vinculada. E esta parece-nos já uma tese perfeitamente possível; na qual não alinhamos por entendermos que a eliminação da *intenção* comportou a objectivização do tipo legal.

3.4 *O art.º 103.º do RGIT*

Quanto aos aspectos que nos interessam, pode dizer-se que a entrada em vigor do RGIT não alterou o recorte da fraude fiscal do RJIFNA. Pelo que os argumentos acima apresentados continuam, à luz do novo diploma, a ser ponderáveis para a formação de uma opinião.

Lê-se no art.º 103.º do RGIT que:

«1 – *Constituem fraude fiscal, punível com pena de prisão até três anos ou multa até 360 dias, as condutas ilegítimas tipificadas no presente artigo **que visem** a não liquidação, entrega ou pagamento do imposto ou a obtenção indevida de benefícios fiscais, reembolsos ou outras vantagens patrimoniais **susceptíveis de causarem** diminuição das receitas tributárias. A fraude fiscal pode ter lugar por:*

a) *Ocultação ou alteração de factos ou valores que devam constar dos livros de contabilidade ou escrituração, ou das declarações apresentadas ou prestadas a fim de que a administração fiscal especificamente fiscalize, determine, avalie ou controle a matéria colectável;*

b) *Ocultação de factos ou valores não declarados e que devam ser revelados à administração tributária;*

c) *Celebração de negócio simulado, quer quanto ao valor, quer quanto à natureza, quer por interposição, omissão ou substituição de pessoas».*

3.4.1. A actual redacção da fraude fiscal – melhor: a redacção que a fraude fiscal conhece desde 1993, com a eliminação da referência à «intenção» – parece-nos afastar qualquer possibilidade de a entender como crime de resultado cortado.

Do ponto de vista da letra da lei, cremos ser impossível ver na expressão «*que visem*» uma intenção do agente de frustrar a obtenção pelo Estado das receitas fiscais. Subscrevemos o parecer de SILVA DIAS de que tal expressão se apresenta como uma intermediação objectiva entre as condutas tipificadas nas *alíneas a), b) e c)* e «*a não liquidação, entrega ou pagamento do imposto ou a obtenção indevida de benefícios fiscais, reembolsos ou outras vantagens patrimoniais*», no sentido de exigir uma aptidão daquelas à verificação destas. A exigência desta idoneidade, repete--se, corresponde ao objectivo do legislador de afastar da tipicidade as condutas de ocultação ou alteração de dados, ou de celebração de negócios simulados que não tenham qualquer influência no cálculo do imposto. Trata-se de uma aptidão objectiva, que tem de ser abarcada (subjectivamente) pelo dolo do agente, directo ou eventual.

Por sua vez, as condutas de «*não liquidação, entrega ou pagamento do imposto ou de obtenção indevida de benefícios fiscais ou reembolsos*» são consideradas pelo próprio tipo como susceptíveis de lesar o interesse do Estado na obtenção de receitas. De facto, com a expressão «***susceptíveis de causarem***», o legislador quis, a nosso ver, fazer duas coisas: Por um lado, confirmar o carácter tipicamente perigoso ou a natural idoneidade desses factos para a lesão do interesse do Estado na obtenção das receitas tributárias. Por outro, garantir o enquadramento na área típica de «*outras vantagens patrimoniais*» que o contribuinte possa eventualmente obter; isto é, preventivamente – acautelando-se contra a hipótese de os agentes fiscais se anteciparem com sucesso ao âmbito da norma incriminadora –, garantir que caem nas suas malhas outras vantagens, então não divisáveis ou em todo o caso não nomeadas, mas que possam vir a existir e a revelar idêntica idoneidade para a lesão das receitas fiscais.

3.4.2. Resulta assim notório o carácter acentuadamente *patrimonialista* do *bem jurídico* protegido no crime de fraude fiscal.

O *património fiscal* é o bem jurídico protegido pelas *infracções tributárias*. Para o proteger eficazmente, o legislador, por um lado, recorreu a formas antecipadas de tutela e, por outro, atribuiu à *reposição da verdade* um valor decisivo para a suspensão e para a dispensa de pena. No entanto, não é a verdade o bem jurídico protegido, nem a sua ruptura o facto eticamente desvalioso que justifica a criminalização; não é o reflexo da *consciência ética fiscal* imperante. Além disso, construir o sistema sancionatório fiscal sobre esse valor seria contrário à exigência de subsidiariedade da intervenção penal e mais gravoso para os contribuintes, que assim poderiam preencher infracções tributárias e ser punidos por condutas que não revestem, em concreto, qualquer ofensividade para o património fiscal, quando uma tutela eficaz se pode assegurar tendo-o directamente por referência – p. ex. prescindindo da sua lesão efectiva, mas exigindo uma aptidão da conduta para essa lesão. A relevância que tem a verdade no direito penal fiscal é-lhe atribuída justamente com o intuito de privilegiar ou favorecer a obtenção das receitas tributárias pelo Fisco, sendo a ofensa deste património o núcleo da ilicitude penal fiscal. O que é o preferível do ponto de vista da legitimidade e da constitucionalidade da criminalização.

Ao prescindir da voluntariedade da reposição da verdade, o legislador ampliou a margem de impunidade; o que, sendo a obtenção das receitas fiscais o bem jurídico protegido e o fim visado, é compreensível. Porém, com isso desprezou o objectivo da eticização fiscal, que no médio prazo talvez seja mais profícuo do que o aumento imediato dessas receitas e realize melhor, embora mais mediatamente, esse mesmo objectivo.

Em definitivo, o interesse tutelado pelo crime de *fraude fiscal* é o do Estado na obtenção das «*receitas tributárias*»[54], e a con-

---

[54] No sentido de que o nosso legislador optou por uma concepção patrimonialista, SUSANA AIRES DE SOUSA, *ob. cit.,* p. 72, com a «consideração formal» de que, tendo em conta que o RGIT criou crimes tributários comuns e crimes especiais, entre os quais os fiscais, e que a doutrina financista reconhece às normas tributárias um âmbito mais abrangente do que às fiscais, a melhor opção teria sido a de usar, em vez daquela, a expressão «receitas fiscais».

216 *A Fraude Fiscal como Crime de Aptidão. Facturas Falsas e Concurso...*

cepção da fraude fiscal como um *crime de falsidade* apresenta-se agora indefensável. Essa era já uma concepção «repudiável»[55] antes da nova redacção do art.º 23.º RJIFNA, pela consideração de que, concebida como proibição de violar deveres fiscais acessórios, a fraude se aproximaria da noção de ilicitude formal própria de uma contra-ordenação; e desnecessária, ademais, porquanto a protecção se pode fazer por referência directa ao bem jurídico *receitas fiscais*, com pleno respeito pelos princípios da ofensividade e da *ultima ratio* da intervenção penal. E tornou-se, depois daquela alteração, totalmente indefensável face à direcção para que a letra da lei expressamente aponta quanto ao bem jurídico protegido.

3.4.3. Quanto ao modo escolhido para a protecção desse bem jurídico, é inequívoco que o crime em análise não configura um crime de dano, uma vez que o seu preenchimento prescinde da efectiva lesão do bem jurídico. Não configura também um crime de perigo abstracto, já que o perigo surge no tipo como mais do que simples motivo da incriminação. Ficamos deixados entre o perigo concreto e o perigo abstracto-concreto:

Não cremos, repetimo-lo, que a fraude fiscal configure um crime de perigo concreto, como defende SILVA DIAS, em cuja posição, no essencial, vínhamos até este ponto alinhando. O que levou o autor a sustentar a tese do crime de perigo concreto terá sido o facto de considerar que a assunção, por parte da lei, da idoneidade da «*não liquidação, entrega ou pagamento do imposto...*» para a lesão do bem jurídico, significa que esses factos se apresentam já como resultados de perigo. E já concordámos com esta leitura, quando dissemos que com a expressão «*susceptíveis de causarem*», o legislador quis confirmar a natural idoneidade desses factos para a lesão do bem jurídico. O que pensamos tam-

---

[55] É de SILVA DIAS esta forte adjectivação, «Os crimes...» *ob. cit.*, p. 58.

bém é que é justamente essa assunção legal que abre a possibilidade de prescindir da (complexa) verificação *ex post* de perigo concreto para o bem jurídico. Bastará, estamos em crer, a de que a conduta era apta a causar-lhe dano.

A *aptidão* avulta no tipo da fraude fiscal num duplo sentido: exige-se que a *ocultação ou alteração de factos ou valores ou das declarações, a ocultação de factos ou valores não declarados, ou a celebração de negócio simulado* revelem uma *aptidão objectiva* («*que visem*») para a *não liquidação, entrega ou pagamento da prestação tributária ou para a obtenção indevida de benefícios fiscais ou reembolsos ou outras vantagens patrimoniais,* factos que, por sua vez, são *naturalmente idóneos* («*susceptíveis de causarem*») à inflicção de um dano ao Estado.

Pelo percurso cumprido, vemo-nos conduzidos à mesma conclusão de SUSANA AIRES DE SOUSA de que a fraude fiscal se configura como *crime de aptidão*, que exige do julgador que avalie se a conduta, no momento em que foi praticada, era apta à diminuição dessas receitas.

3.4.4. Resta apenas, por fim, esclarecer a qual dos dois momentos de aptidão assinalados se refere o juízo que dá o fundamento à classificação ora defendida.

Se o juízo de aptidão incidir sobre a susceptibilidade da não liquidação, entrega ou pagamento ou obtenção de benefícios fiscais para a frustração das receitas fiscais do Estado – é este o parecer de SUSANA AIRES DE SOUSA[56] –, o tipo é mais exigente do ponto de vista objectivo, exigindo a aptidão da conduta tipificada para a não liquidação, entrega ou pagamento ou obtenção de benefício ou outra vantagem, e a aptidão destes para lesão do património fiscal; e mais exigente também do ponto de vista subjectivo, tendo o dolo do agente que abarcar todos esses momentos objectivos.

---

[56] SUSANA AIRES DE SOUSA, *ob. cit.,* pp. 73 e ss.

218   *A Fraude Fiscal como Crime de Aptidão. Facturas Falsas e Concurso...*

Mais ajustado ao texto legal e à intencionalidade político-criminal da reforma, segundo COSTA ANDRADE[57], seria fazer o juízo de aptidão recair apenas sobre a idoneidade das condutas tipificadas para a não liquidação, entrega ou pagamento ou obtenção de benefícios fiscais. Deste modo, o tipo resultaria descomplexizado, e o seu âmbito mais abrangente: exigir-se-ia apenas, para o seu preenchimento, a verificação de uma das condutas tipificadas, e a sua aptidão para a *não liquidação, entrega ou pagamento ou obtenção indevida de benefício*. Por seu turno, a idoneidade destas para causar o dano ao Estado, por ser «óbvia e conatural»[58] às situações descritas, teria como tal o alcance de dispensar verificação concreta.

Subscrevemos já a ideia de que a obtenção das vantagens patrimoniais enunciadas no tipo é *naturalmente idónea* a causar um dano ao Estado. Porém, somente o interesse na obtenção de receitas fiscais – e não quaisquer outros interesses patrimoniais do Estado – constitui objecto de tutela do crime de fraude fiscal. Assim, embora aceitando que esta última solução privilegiaria a simplicidade e, nessa medida, a ubiquidade da norma incriminatória da fraude fiscal, e reconhecendo ainda que o étimo e a letra da lei autorizam aquela leitura, facto é que a realidade prático-jurídica nos apresenta situações em que a obtenção de uma *vantagem patrimonial* (por parte do contribuinte), apesar de implicar uma redução do património estático do Estado, não tem como correspectivo uma *diminuição das suas receitas fiscais*. É o que sucede, no contexto fenomenológico das *facturas falsas*[59], «quan-

---

[57] Esta é, para o autor, a forma mais adequada a sustentar a fraude fiscal como crime de aptidão. COSTA ANDRADE, «A Fraude Fiscal – Dez anos depois...» *ob. cit.,* pp. 340 e ss.

[58] COSTA ANDRADE, «A Fraude Fiscal – Dez anos depois...» *ob. cit.,* p. 335.

[59] É nos casos de facturas falsas que mais se fazem sentir as consequências prático-jurídicas desta concepção. De facto, a temática das facturas falsas convoca inúmeros elementos de ponderação relevantes para o lato

do o sujeito passivo que beneficia do reembolso está isento de IVA e em situação deficitária que determina que eventuais deduções indevidas da matéria colectável não alterem a situação de ausência de responsabilidade fiscal a título de IRC»[60]. Punir estes factos – que, embora típicos e aptos a resultarem numa vantagem patrimonial para o agente, não se revelam aptos a reduzir as receitas fiscais – a título de fraude fiscal, significaria desprezar o princípio da ofensividade relativamente ao bem jurídico identificado na lei como sendo o protegido pelo crime de fraude.

Não significa isto, evidentemente, negar relevância penal àqueles factos. Uma vez que seria insustentável e contrário a toda a intencionalidade da actual legislação penal fiscal que esses casos ficassem impunes, eles serão também punidos criminalmente; mas a título de burla tributária – ficando assim nítido como a menor amplitude típica de um crime não afecta a ubiquidade do sistema.

Do mesmo modo, e por maioria de razão, também a obtenção de «*outras vantagens patrimoniais*» – aquelas cujo enquadramento na área típica o legislador, ciente do assinalado profissionalismo dos agentes fiscais, quis preventivamente assegurar – só poderá consumar o crime de fraude fiscal se, passando pelo (mesmo) crivo da aptidão apreciada *ex ante*, tais vantagens se mostrarem «*susceptíveis de causarem a diminuição das receitas fiscais*».

---

fenómeno da evasão fiscal, que à luz das diversas categorizações possíveis analisamos na PARTE II do presente texto.

[60] PAULO DÁ MESQUITA, *ob. cit.*, p. 118. No mesmo sentido, SUSANA AIRES DE SOUSA, *ob. cit.,* p. 78.

3.5. Síntese conclusiva

O preenchimento do tipo legal de crime de fraude fiscal exige, conjugadamente:

i) a verificação de uma das condutas tipificadas – *ocultação ou alteração de factos ou valores, ou celebração de negócio simulado*;

ii) que a mesma seja objectivamente apta a («que vise») influenciar o cálculo do imposto – não liquidação, entrega ou pagamento do imposto, ou obtenção indevida de benefício fiscal, reembolso, ou outra vantagem patrimonial;

iii) e que a obtenção por parte do contribuinte dessa vantagem patrimonial seja apta à («susceptível de causar») diminuição das receitas fiscais. Este último elemento típico imprime à fraude fiscal, do ponto de vista da ofensividade, a fisionomia de **crime de aptidão**.

PARTE II

Facturas falsas e concurso de infracções

1. Fenomenologia

1.1 O fenómeno das facturas falsas designa o conjunto de documentos escritos relativos a mercadorias ou serviços e respectivos preços, utilizados com o propósito de enganar o Estado-Fisco, que se podem sistematizar, do ponto de vista das relações entre *utilizador* e *emitente*, nas seguintes modalidades: *a)* atribuídas pelo *emitente-utilizador* a empresas inexistentes; *b)* atribuídas pelo *emitente-utilizador* a empresas existentes, com desconhecimento destas últimas; *c)* e emitidas por um terceiro de conluio com o utilizador (gratuitamente ou mediante o pagamento de um preço), que as incorpora na sua contabilidade fiscal – dentro destas destaca-se a espécie muito difundida das facturas relativas a transacções inexistentes entre duas empresas de que o *emitente* e *utilizador* é sócio-gerente[61].

A profusão do uso de facturas falsas é uma circunstância que tem o seu contexto na introdução pela Reforma de 1988/1989 do princípio da tributação dos rendimentos reais efectivos[62]. Este princípio – que é uma densificação, no âmbito da tributação das empresas, do princípio do rendimento líquido – impõe que, na fixação da sua matéria colectável, as empresas deduzam aos proveitos os custos necessários à sua obtenção; e que, se estes excederem aqueles, aquelas tenham a faculdade de reportar aos exercícios posteriores essa diferença. Por meio de facturas falsas, logram-se deduções indevidas à matéria colectável do IRC ou do IRS. De modo análogo, nos impostos indirectos conseguem obter-se deduções à prestação tributária devida ou reembolsos indevidos. No IVA – que é em regra determinado pelo sujeito passivo e cujo montante é dado pela diferença entre o valor do IVA pelo mesmo cobrado aos seus clientes, a jusante, e o valor suportado a montante na aquisição de bens ou serviços (método do crédito de imposto: art.º 22.º/1 CIVA) –, o alienante, mesmo sendo-o apenas na factura, tem de entregar ao Fisco o valor de IVA que dela consta, e o adquirente pode deduzir o mesmo valor, com a possibilidade de reportar o eventual excesso ao período de tributação seguinte ou pedir o seu reembolso. Entre as possibilidades de uso de facturas falsas conta-se ainda a (também usual) simulação do valor da transacção de imóvel, visando reduzir ou evitar o pagamento de IMT.

Deste modo, abriu-se o espaço a um leque de comportamentos fiscais fraudulentos muito compensadores, consistentes na simulação de custos fiscalmente dedutíveis – que respeitam o forma-

---

[61] Classificação de NUNO SÁ GOMES, *ob. cit.,* p. 239.

222   *A Fraude Fiscal como Crime de Aptidão. Facturas Falsas e Concurso...*

lismo exigido, através da documentação desses custos em facturas, e iludem o Fisco, pela inscrição nas mesmas de dados falsos. Uma possibilidade assim compensadora e de execução relativamente simples tinha de redundar, e redundou, num fenómeno de aproveitamento generalizado, quer geográfica, quer subjectivamente: disseminado por todo o país, nos diversos ramos da actividade empresarial (embora com particular frequência nos sectores da construção civil, têxtil e do calçado), por grandes e pequenos empresários, o fenómeno das facturas falsas evidenciou a obsolescência da perspectiva tradicional que via a criminalidade fiscal como hiper-criminalização injustificada e designava por *delito de cavalheiros* aquilo que hoje se diz *crime fiscal*[63]. Trata-se, aceita-se agora sem reservas, de comportamentos com iminente relevância penal, que reclamam uma intervenção punitiva orientada por exigências de prevenção. Tanto mais quanto é certo que, além da sua danosidade no específico plano fiscal, a facturação fictícia é também instrumento estratégico de criminalidade económica amplamente considerada[64].

1.2. Sobre a utilização de facturas falsas versa hoje expressamente o art.º 104.º/2 RGIT. Aí se lê que há fraude qualificada sempre que a «*fraude tiver lugar mediante a utilização de facturas ou documentos equivalentes por operações inexistentes ou por valores diferentes ou ainda com a intervenção de pessoas ou*

---

[62] Neste sentido, ISABEL MARQUES DA SILVA, *Regime Geral das Infracções Tributárias,* Coimbra: Almedina, 2007, pp. 71 e ss.

[63] Neste sentido, ISABEL MARQUES DA SILVA, *ob. cit.,* p. 73.

[64] Como exemplos podem avançar-se a transferência de dinheiro para branqueamento de capitais, através de facturas que certificam os fluxos financeiros como somas pagas por serviços inexistentes; a maior parte das fraudes ao orçamento comunitário, por meio de facturas que documentam compras, vendas ou exportações fictícias; ou os fundos clandestinos para a corrupção, justificados por despesas simuladas (ALBERTO PERDUCA, «Fraude ao IVA e cooperação judiciária», *RMP,* n.º 68, Ano 17.º (1996), pp. 119-120).

entidades diversas das da operação subjacente». A qualificação – e, além dela, a preclusão do recurso aos expedientes da suspensão ou do arquivamento do processo, que o RGIT permite nos casos de fraude simples – dever-se-á ao facto de «a esta conduta corresponder uma ilicitude e um grau de culpa agravados, em função da especial violação dos deveres de confiança que intercedem nas relações entre os contribuintes e o Estado-Fisco»[65].

No entanto, o tratamento jurídico a dar a estas condutas continua a ser debatido. As dúvidas quanto à sua qualificação jurídica surgem paradigmaticamente no âmbito do concurso de crimes, concretamente no discernimento das fronteiras típicas entre a fraude fiscal, a burla e a falsificação de documentos – bem como no confronto com a figura da simulação, que, não sendo questão de concurso, também aqui se fará, e primeiramente, para maior clareza de ideias. E as divergências surgem, porque a delimitação daquelas fronteiras se faz, no direito penal secundário, mediante exegese da *relação de codeterminação recíproca* entre factualidade típica e bem jurídico protegido – operação propícia a dissonâncias, que produziu as discordantes interpretações acima analisadas, agora reconvocadas para este efeito.

2. Facturas falsas e simulação

2.1. Como ensinam FIGUEIREDO DIAS/COSTA ANDRADE, «a simulação não configura, em si e de per si, um autónomo ilícito penal, não sendo, como tal, proibida e sancionada pelo direito criminal vigente»[66]. Ao contrário do que sucedia na vigência do Código Penal de 1886, em que era punida no art.º 455.º como autónomo crime contra o património. Todavia, na opinião de

---

[65] DIOGO LEITE DE CAMPOS/JOÃO COSTA ANDRADE, *ob. cit.*, p. 94.
[66] FIGUEIREDO DIAS/COSTA ANDRADE, *ob. cit.*, p. 96.

EDUARDO CORREIA, o preceito que estabelecia essa incriminação não deveria ser aplicado quando se estivesse na presença de simulação fiscal, uma vez que o princípio da especialidade precludiria a aplicação das normas incriminadoras comuns. Seria assim sempre que a conduta tivesse apenas violado interesses do Estado. Se, pelo contrário, tivessem sido simultaneamente violados interesses de terceiros (particulares), deveria recorrer-se também ao direito penal clássico, uma vez que os bens jurídicos que as normas tributárias protegem «não contêm e, por isso, não absorvem, nesse caso, a protecção dos interesses de terceiros a um tempo ofendidos por essa mesma infracção»[67].

A opção por descriminalizar a simulação veio dar resposta a um largo consenso doutrinal nesse sentido e colheu idêntico aplauso jurisprudencial. No direito penal constituído, só excepcionalmente a simulação pode dar origem a responsabilidade criminal – em contados casos do direito penal secundário, entre os quais o de fraude fiscal, em que surge sancionada no art.º 103.º/1/c) RGIT. Ainda aqui, porém, note-se que não é a simulação, sem mais e autonomamente, que é punida. A celebração de negócio simulado só será punida na medida em *que vise* a obtenção de uma vantagem patrimonial indevida e seja *susceptível de causar* a diminuição das receitas tributárias, só assim, isto é, preenchendo a factualidade típica da fraude fiscal. A simulação figura no crime de fraude como possível forma de empreender a sua realização, mas não como acção portadora do próprio conteúdo de ilicitude que justifica a criminalização – que, esse, é a *lesão do património fiscal*, mesmo para quem entenda que a sua protecção é antecipada para o momento da ruptura da verdade na relação fiscal.

---

[67] EDUARDO CORREIA, «Os artigos 10.º do Decreto-Lei n.º 27 153, de 31-10-1936, e 4.º, n.º 1, do Decreto-Lei n.º 28 211, de 24-11-1937, a Reforma Fiscal e a Jurisprudência (Secção Criminal) do STJ», *Revista de Legislação e Jurisprudência*, 100.º, n.º 3350, p. 258.

Assim, «a incriminação da simulação nos termos do *art.º 103.º RGIT* (...) está longe de repristinar a situação vigente antes da entrada em vigor do Código Penal de 1982»[68]. O relevo penal que ela pode hoje assumir é sempre, simplesmente, aquele que lhe advém da sua natureza *instrumental* para a lesão de certos bens jurídicos que em definitivo se querem tutelar.

2.2. Ao mesmo tempo, outro facto se aceita actualmente com idêntica força de dogma: o de que a simulação não preenche a factualidade típica da falsificação de documentos do art.º 256.º CP, não podendo a esse título ser punida. Di-lo lapidarmente CAVALEIRO DE FERREIRA, «a simulação é incompatível com a falsidade, não apenas com a falsidade material, mas com a falsidade ideológica em documentos», para o evidenciar invocando o exemplo de uma escritura pública de contrato simulado: «Os documentos emanados do notário certificam a verdade dos factos perante ele passados, isto é, as declarações das partes, narrando a verdade dessas declarações, que podem ser simuladas, sem que o alcance probatório do documento seja afectado, pois que se destina a provar a verdade do facto da declaração, não a verdade do conteúdo da declaração; a verdade do conteúdo da declaração não constitui conteúdo do documento»[69].

São igualmente peremptórias as palavras de HELENA MONIZ: «O principal elemento de cisão do tipo legal de crime de falsifi-

---

[68] FIGUEIREDO DIAS/COSTA ANDRADE, *ob. cit.*, p. 98.

[69] CAVALEIRO DE FERREIRA, «Depósito Bancário. Simulação. Falsificação. Burla», *Scientia Juridica*, ano 19 (1970), pp. 294 e 300. No mesmo sentido correm as decisões do STJ, que, mesmo na vigência do Código de 1886, se pronunciava já pela incompatibilidade entre a simulação e a falsificação, que então constituíam ambas crime: em acórdão de 1969, p. ex., o STJ deixou claro que «a realização de uma escritura de confissão de dívida, sem que esta exista e com o propósito de prejudicar terceiro, integra o crime de simulação e não o de falsificação de documento».

226 A Fraude Fiscal como Crime de Aptidão. Facturas Falsas e Concurso...

cação de documentos face *à* simulação reside no facto de a simulação constituir um vício interno dos actos jurídicos, contrariamente ao que se passa na falsificação, que se resume a um vício externo do negócio jurídico. A simulação constitui um encobrimento da verdade. Ao realizar um negócio simulado, aquilo que fica documentado é uma falsa vontade». A partir do que se pode concluir, citando a mesma autora, que se verifica uma «*falsa documentação indirecta*», e que «é essa falsa documentação que é penalizada e cuja actividade não é subsumível ao tipo legal de crime de falsificação de documentos»[70].

Esclarecidos os termos desta incompatibilidade, resultam nítidas as suas consequências. Fica excluída a hipótese de concurso de crimes: se a simulação se enquadrar numa daquelas situações excepcionais em que é penalmente relevante, como no tema em análise (enquanto modalidade de fraude) a punição do agente pela simulação não é acompanhada da punição por falsificação de documentos; se for praticada no contexto geral da sua não punição, a simulação sairá, pura e simplesmente, impune no plano criminal.

2.3. Por outro lado, e recentrando o problema, a utilização de facturas falsas apresenta-se como um patente caso de simulação – cuja nota definidora, recorde-se, é a existência de divergência intencional entre a vontade negocial declarada pelas partes e a sua vontade real. Como justamente sucede nas facturas falsas, com as quais se documentam simulações de contratos de compra e venda não realizados[71], e através das quais *emitente* e *utilizador* (que podem ser a mesma pessoa) procura(m) obter uma vantagem patrimonial injustificada.

---

[70] HELENA MONIZ, «Facturas Falsas. Burla ou Simulação?», *Scientia Juridica*, Tomo XVIII (1994), p. 158.
[71] Neste sentido, HELENA MONIZ, *ob. cit.*, p. 157.

Poderá parecer incongruente que, por um lado, se sustente a incompatibilidade entre simulação e falsificação, argumentando que *a verdade do conteúdo da declaração não constitui conteúdo do documento*, e que ao mesmo tempo se reconduzam à figura da simulação os casos de facturas falsas, com as quais o que precisamente se faz é *documentar* negócios simulados. A hesitação, porém, logo se dissipa. Porque não há, sublinha-se, uma equivalência entre o negócio simulado e a factura que o documenta. Como esclarece ISABEL MARQUES DA SILVA, a factura «consiste simplesmente num documento escrito que incorpora uma declaração expressa. (…) Os negócios, simulados ou não, é que para poderem ser fiscalmente relevantes têm de ser titulados por factura ou documento equivalente e, por isso, que a factura ideologicamente falsa incorpore ou documente para efeitos fiscais um negócio absoluta ou relativamente simulado»[72]. Decompondo as premissas que fundam a conclusão: o negócio que está na base da factura é um negócio simulado; este negócio simulado (tal como qualquer negócio real) só terá relevância fiscal se, precisamente, estiver vertido numa factura; que é falsa, mas não configura uma falsificação de documentos, sendo apenas o «elemento material em que se exterioriza a simulação»[73]; exteriorizada na factura, e instumentalizada para a obtenção de vantagens que comportam a lesão das receitas fiscais, a simulação adquire a qualidade de fraudulenta e, assim, relevância penal.

Por fim, note-se apenas que a utilização da factura, nos casos de facturas falsas, também não tem a mínima equivalência, claro, com a intervenção notarial, no exemplo da escritura pública, com a qual se visa, tão-somente (mas sem menosprezo), proteger o

---

[72] ISABEL MARQUES DA SILVA, *Responsabilidade Fiscal Penal Cumulativa. Das Sociedades e dos seus Administradores e Representantes*, Lisboa: Universidade Católica Portuguesa, 2000, pp. 116 e 117.

[73] HELENA MONIZ, *ob. cit.,* p. 154.

228 *A Fraude Fiscal como Crime de Aptidão. Facturas Falsas e Concurso...*

bem jurídico da segurança e fiabilidade no tráfico jurídico-probatório[74].

2.4. Por conseguinte, e em síntese, como caso de simulação, e de simulação dirigida à lesão do património fiscal, a utilização de facturas falsas pode conduzir à punição pelo crime de fraude fiscal. Paralelamente, face à exposta incompatibilidade ou exclusão recíproca entre a simulação e a falsificação de documentos, a subsunção dessas condutas na factualidade típica da fraude fiscal é acompanhada da não punibilidade do agente pela prática de falsificação de documentos.

No texto legal, um sinal deste entendimento parece poder retirar-se do enquadramento dos casos de facturas falsas dentro da lista do art.º 104.º, que prevê as circunstâncias que determinam a existência de fraude qualificada: o legislador, movido por constatações de índole político-criminal[75], optou por dar autonomia àqueles casos, reservando-lhes o n.º 2, relativamente aos casos, aparentemente próximos, previstos nas alíneas *d)* – o agente falsificar, viciar, ocultar, destruir, inutilizar ou recusar entregar, exibir ou apresentar documentos ou outros elementos probatórios exigidos pela lei fiscal – e *e)* – o agente utilizar os documentos ou elementos referidos na alínea anterior sabendo-os falsificados

---

[74] Antes da Reforma do CP de 1995, o art.º233.º/2 CP punia a *falsa documentação indirecta*, quando o negócio jurídico simulado fosse reduzido a documento público, mas não já quando fosse plasmado em mero documento particular. Também aqui o que se punia não era o que de desvalioso tinha o acto simulatório em si, «mas sim o facto de, ao realizá-lo, o agente induzir o funcionário a incorporar uma declaração falsa no documento – pois é com esta actividade que se coloca em perigo de lesão o bem jurídico da segurança e credibilidade no tráfico jurídico-probatório» (HELENA MONIZ, *ob. cit.,* p. 158).

[75] Concretamente, a frequência prática destes casos e a desarmonia de posições jurisprudenciais nesta matéria, sobretudo no que respeita ao concurso. Neste sentido, SUSANA AIRES DE SOUSA, *ob. cit.,* p. 114.

ou viciados por terceiro – do n.º 1. Estas alíneas, ao contrário do n.º 2, que é dedicado às facturas falsas, referem-se a factos que, não fosse ali terem sido tipificados, consubstanciariam crimes de falsificação, destruição ou ocultação de documentos com relevância fiscal. Que não chegam a consubstanciar, porque aquela e estas incriminações se encontram em relação de concurso aparente[76].

2.5. Eis-nos assim chegados a um ponto ilustrativo da necessidade de fazer (e no qual, de facto, pegamos como mote para) o confronto do crime de fraude fiscal com os crimes de falsificação de documentos e de burla. O exacto recorte destes tipos legais de crime e das relações – de especialidade, de consunção ou de subsidiariedade? – que em geral intercedem entre eles no âmbito do concurso de crimes é temática que tem suscitado discordância, produzindo opiniões díspares na doutrina e indecisão na jurisprudência. Mormente por trazer pressuposta outra questão também marcada pela discórdia, que a precede e influencia, e que é a da própria classificação da fraude fiscal quanto à sua construção típica e ao bem jurídico protegido. De um modo tal que, numa análise arquetípica dos vários modelos de interpretação possíveis, se pode dizer que as posições a montante sustentadas se traduzem em corolários necessários, com elas coerentes, em matéria de concurso.

---

[76] Como nota SILVA DIAS – «Os crimes...» *ob. cit.*, p. 61 –, «não é correcto dizer que a fraude fiscal se traduz num caso especial de falsificação. (...) Não obstante, as circunstâncias mencionadas nas alíneas e) e f) do n.º 3 do art.º 23.º RJIFNA – *que equivalem às actuais alíneas* d) *e* e) *do art.º 104.º/1* RGIT – integram na conduta típica da fraude fiscal situações de falsificação documental correspondentes às alíneas *b)* e *c)* do n.º 1 do art.º 256.º CP. Elas acompanham e dão relevo típico à conduta enganosa, mas (...) não constituem o seu cerne».

3. Facturas falsas e concurso de crimes.
Qualificação jurídica dos factos

Em traços gerais, e fazendo novamente a análise partir dos três modelos fundamentais acima curados, pode dizer-se que[77]:

1. Se o legislador conceber o tipo legal de crime de fraude fiscal como um *crime material e de dano*, cujo preenchimento exige a produção de um resultado lesivo no património fiscal, a fraude surge numa relação de *concurso aparente* com a *burla*, dado mediá-las um nexo de *especialidade*; e bem assim com a *falsificação de documentos*, neste caso em nome de uma relação de *consunção impura*;

2. Se a fraude fiscal surgir como *crime de perigo abstracto*, concebido como mero *atentado contra a verdade* e como tal prescindindo em absoluto de prejuízo para o Fisco – quer como elemento do tipo objectivo, quer como objecto de uma intenção subjectiva do agente – a fraude fiscal estará numa relação de *concurso aparente*, por *especialidade*, com a *falsificação de documentos*, e em *concurso efectivo* com a *burla*;

3. Se a fraude fiscal for construída como *crime de resultado cortado* – como delito de falsidade, mas expressamente preordenado à produção do dano ou prejuízo patrimonial do Fisco, para tanto exigindo a intenção de causar esse prejuízo, mas prescindindo da sua efectiva ocorrência – estará em *concurso aparente* quer com a *falsificação de documentos* quer com a *burla*.

Está para além de dúvidas que a construção típica da fraude não obedece nem ao modelo do *crime de dano* (1), nem ao do

---

[77] No sentido que segue, FIGUEIREDO DIAS/COSTA ANDRADE, *ob. cit.*, p. 94.

puro *crime de perigo abstracto* (2). O legislador penal fiscal preferiu um *modelo misto*, que no arquétipo de cima foi ilustrado com a hipótese do *crime de resultado cortado* (3), mas que na verdade conheceu as distintas interpretações escrutinadas na Parte I do presente texto. Que agora se repristinam para o tema do concurso de crimes.

Por outro lado, o confronto dessas diferentes interpretações em sede de concurso constitui âmbito oportuno para problematizar e aclarar os contornos típicos e, desse modo, a qualificação jurídica dos factos relativos à facturação fictícia.

3.1. *A fraude fiscal como crime de perigo abstracto*
E de resultado cortado

3.1.1. *Falsificação de documentos*

Partindo da interpretação de que a fraude fiscal foi concebida, tipicamente, como um *crime de falsidade* – sendo a *inverdade* na comunicação de factos à Administração Fiscal o desvalor essencialmente sancionado e comum a todas as condutas tipificadas –, daí resultaria uma acentuada sobreposição e, por isso, uma nítida *relação de especialidade*, entre as factualidades típicas da fraude fiscal do RGIT e da falsificação de documentos do CP; quer do tipo objectivo, quer do tipo subjectivo. «Em termos tais que a recondução ao regime do *concurso aparente* – *sc.*, a subsunção de um caso concreto na incriminação da fraude fiscal, com exclusão da aplicação da norma incriminatória da falsificação de documentos – não deixaria a descoberto um qualquer *desvalor de acção* ou um qualquer *desvalor de resultado* que a lei penal tenha pretendido censurar e punir a título de falsificação de documentos»[78]. Contanto que – recorde-se novamente a lição de EDUARDO

---

[78] FIGUEIREDO DIAS/COSTA ANDRADE, *ob. cit.*, p. 96.

232 *A Fraude Fiscal como Crime de Aptidão. Facturas Falsas e Concurso...*

CORREIA, a que o RJIFNA cometeu expressão positiva no art.º 13.º e o RGIT manteve no art.º 10.º – não tenham sido violados simultaneamente interesses de terceiros. Se, pelo contrário, o tiverem sido, a norma do CP já terá aplicação, uma vez que a especialidade ou o efeito consuntivo das incriminações fiscais só poderá afirmar-se quando, e na medida em que, os interesses que as ditas visam proteger sejam os mesmos que os das sanções comuns (os interesses do Estado na sua veste fiscal) – na expressão legal: «desde que não tenham sido efectivamente cometidas infracções de outra natureza».

3.1.2. *Burla*

i. Já no que respeita à relação entre a fraude fiscal e a burla[79] do CP não se verificaria idêntica sobreposição. Todavia, antes de avançar para esse, um outro ponto tem previamente de esclarecer--se: as condutas em análise só poderão contender com a burla, e a questão do concurso só poderá portanto suscitar-se, se se aceitar que o crime de burla pode ser praticado contra o Estado – o que não é um dado desde sempre pacífico. Na linha da doutrina tradicional, fixada à máxima, erigida a princípio, de que *societas delinquere non potest,* defendia-se que as pessoas colectivas não poderiam praticar ou ser sujeito passivo de crimes, uma vez que o direito penal, vocacionado para a defesa do *mínimo ético essen-*

---

[79] Referimo-nos à burla clássica sancionada no art.º 217.º CP, por ter sido relativamente a essa que as divergentes opiniões aqui curadas se formaram e expressaram. É sabido que o RGIT introduziu no catálogo das infracções tributárias a burla tributária (art.º 87.º), que naturalmente passou a ser elemento indispensável de análise. Cientes disto, a ela voltaremos adiante para rectificar o anacronismo da presente passagem. Em todo o caso, o que para já fica dito relativamente à burla clássica é inteiramente ponderável para a compreensão da nova incriminação tributária.

[80] CASTRO SOUSA, *As Pessoas Colectivas em Face do Direito Criminal e do Chamado "Direito de Mera Ordenação Social",* Coimbra: Coimbra Editora, 1985, p. 113.

cial à vida, curaria apenas das relações entre as pessoas individuais – as «únicas capazes de compreender o sentido e alcance dos valores éticos fundamentais»[80], e as únicas susceptíveis de censura ético-jurídica por terem actuado de certo modo, quando podiam e deviam ter actuado diversamente; é dizer, as únicas susceptíveis de culpa.

A premente motivação político-criminal de punir as pessoas colectivas, que cada vez mais sobressaem como centrais agentes de criminalidade económica, reclamou que se reequacionasse o assunto. Neste contexto, FIGUEIREDO DIAS[81] propôs que se fizesse um «pensamento analógico relativamente aos princípios do direito penal clássico» – que permitisse legitimar a punição penal das pessoas colectivas a partir da ideia de que «as organizações humano-sociais são, tanto como o próprio homem individual, (…) obras de liberdade», e de que nada obstaria então a que, em domínios específicos e bem delimitados, pudessem substituir-se ao homem, «como centros ético-sociais de imputação jurídico--penal, as suas obras ou realizações colectivas e, assim, as pessoas colectivas»[82]. Ora, tendo passado a admitir-se a responsabilidade penal das pessoas colectivas – quando, exigentemente e como não poderia deixar de ser, houver uma acção típica, ilícita e culposa – absurdo seria que, paralelamente, se continuasse a duvidar da sua susceptibilidade, em abstracto, de ser sujeito passivo de crimes. De facto, parece justificado concluir, como MÁRIO MONTE, que, «pelo mesmo pensamento analógico proposto para a responsabilização criminal das pessoas colectivas, *mutatis mutandis*, e, a nosso ver, com menos esforço, se admitirá a vitimização criminal das pessoas colectivas»[83].

---

[81] «Breves considerações sobre o fundamento, o sentido e a aplicação das penas em direito penal económico», *DPEE*, vol. I, pp. 375 e ss.

[82] FIGUEIREDO DIAS, *Breves considerações… ob. cit.*, p. 35.

[83] MÁRIO MONTE, *O Chamado «Crime de Facturas Falsas: o Problema da Punição por Crime de Burla e/ou por Crime de Fraude Fiscal*, Scientia Juridica, TOMO XLV, 1996, p. 370.

De resto, no sentido da vitimização das pessoas colectivas fazem-se também sentir ponderosas razões de política criminal. No domínio fiscal, basta pensar que o Estado «é o sujeito activo mais frequente e mais importante, não só pelo número das relações fiscais em que intervém, como pelo valor global dos créditos que constituem objecto destas relações»[84]. Se, portanto, o Estado pode ser, e o é tão relevantemente, sujeito de uma relação jurídico--fiscal, «estranho é que se conceba a hipótese de no âmbito dessa relação poderem ser cometidas infracções, violadoras de bens jurídico-criminais (…), e que o Estado não possa ser vítima de tal infracção»[85].

ii. Porém, mesmo aceitando em abstracto a possibilidade da sua vitimização, pode acontecer, em concreto, que certos crimes sejam insusceptíveis de serem praticados contra pessoa colectiva – a começar, de modo evidente, pelos crimes contra as pessoas do Título I da Parte Especial do CP.

No que especificamente respeita à burla, sustentou-se, aliás com certo apoio na jurisprudência, que o lesado pelo crime de burla teria sempre de ser um indivíduo, e nunca uma pessoa colectiva – logo, nunca o Estado – uma vez que «só aquele *é* susceptível de ser *enganado* na sua capacidade de querer, isto é, na sua vontade»[86]. No sentido de denegar a possibilidade de *burla de impostos* pronunciaram-se DIOGO LEITE DE CAMPOS/ /MÓNICA LEITE DE CAMPOS[87], aduzindo que, por um lado, o património do Estado não integra o âmbito de protecção do crime de burla, já que o legislador penal, quer no CP quer em legislação

---

[84] BRAZ TEIXEIRA, *Princípios de Direito Fiscal,* vol. I, Coimbra: Almedina, 1991, p. 184.

[85] MÁRIO MONTE, *ob. cit.,* p. 370.

[86] Acórdão STJ, de 3 de Outubro de 1996.

[87] DIOGO LEITE DE CAMPOS/MÓNICA LEITE DE CAMPOS, «Burla e impostos», *ROA,* Ano 55 (1995), p. 560.

de direito penal secundário, previu tipos legais de crime expressamente votados à protecção do dito património, e que, como tal, esses sim, prevêem ou, pelo menos, admitem o Estado como sujeito passivo de crimes; e, além disso, que, ao contrário do que sucede no domínio das relações privadas, em que os sujeitos se encontram em situação de igualdade de direitos e deveres, não há na relação tributária lugar a idêntica boa fé.

Quanto ao primeiro argumento, deve antes do mais notar-se que a existência daqueles tipos de crime comprova a possibilidade geral de as pessoas colectivas serem vítimas de crimes, o que abre o caminho – embora não necessariamente – a que o Estado o seja do crime de burla[88]. *Não necessariamente*, de facto, se se entender ser «duvidoso que o património fiscal seja protegido pela burla, porque os crimes contra o Estado são autonomizados na parte geral do Código Penal e, no que respeita à criminalidade económica, são previstos frequentemente em legislação extravagante, que atende à sua especificidade»[89]. Não nos parece que assim seja. Acompanhamos DÁ MESQUITA na convicção de que a existência no CP de crimes especificamente dedicados à protecção do património público se deve sobretudo à circunstância de serem habitualmente praticados por funcionários, em autoria singular ou em comparticipação; o que não pode excluir a protecção desse património em relação a agressões em que não seja agente o funcionário.

Quanto ao argumento da irrelevância da boa fé nas relações fiscais, diremos que admitir a *burla de impostos* não significa atribuir relevância penal autónoma a uma boa fé que, reconhecemos, não vigora no domínio fiscal com o alcance que assume na

---

[88] Neste sentido, MÁRIO MONTE, *ob. cit.,* p. 371.

[89] FERNANDA PALMA/RUI CARLOS PEREIRA, «O Crime de Burla no Código Penal de 1982/95», *Revista da Faculdade de Direito da Universidade de Lisboa*, vol. XXXV, 1994, Lex, p. 330.

236   *A Fraude Fiscal como Crime de Aptidão. Facturas Falsas e Concurso...*

esfera das relações privadas[90], mas apenas às condutas fraudulentas que determinem a administração fiscal a praticar actos que lesem o seu património – que, portanto, são condutas cujo desvalor transcende largamente o da simples inobservância da boa fé.

Sendo o *património*[91] o bem jurídico protegido pela burla, tudo fica em saber se o património fiscal se pode incluir no seu âmbito. Naturalmente que a figura da burla nasceu e se desenvolveu historicamente pensada para a protecção do património das pessoas singulares, muito antes de se questionar a relevância penal (e outras), activa ou passiva, das pessoas colectivas. Parece-nos, todavia, que uma abordagem histórico-actualista da lei criminal nos permitia, sem violar a proibição de analogia, interpretar exten-

---

[90] Em parte, é justamente por entendermos que boa fé não tem no domínio fiscal o mesmo alcance que na esfera jurídico-privada, que pensamos ser mais adequada a interpretação da fraude fiscal como crime que atenta contra o património do Estado – nos termos de uma ofensividade que assume a forma de aptidão para o dano – do que como crime que atenta contra as relações de confiança (de boa fé) entre contribuinte e administração tributária, e que se preenche com um perigo que é meramente abstracto para esse património. E, quando – acima, p. 41 – dissemos que a circunstância de as facturas falsas constituírem fraude qualificada se deveria facto de «a esta conduta corresponder uma ilicitude e um grau de culpa agravados, em função da especial violação dos deveres de confiança que intercedem nas relações entre os contribuintes e o Estado-Fisco», mais coerentemente deveríamos ter dito que se deve (exclusivamente) a objectivos político-criminais preventivos, face à verificada generalização da sua prática. Não o fizemos, por termos pensado ser mais adequado na primeira abordagem partir do entendimento que é o dominante.

[91] O *património globalmente considerado*. Com este entendimento, que é o mais consensual, A. M. ALMEIDA COSTA, *Comentário Conimbricense do Código Penal*, Dirigido por JORGE DE FIGUEIREDO DIAS, TOMO II, Coimbra: Coimbra Editora, 1999, p. 275. Note-se, não obstante, que o mesmo autor – *ob. cit.*, pp. 300 e ss. – atribui ao elemento típico «*astúcia*» a qualidade de «restrição adicional do desvalor de acção subjacente à burla», e que os parâmetros da sua definição se devem ir buscar ao princípio da boa fé (em sentido objectivo) do direito privado.

sivamente o preceito, no sentido de considerar abrangida a tutela do património público – assim imputando ao próprio CP o escopo de acompanhar a tendência, inculcada pelo *advento do direito penal secundário,* de reconhecer dignidade penal aos interesses patrimoniais do fisco.

A introdução da burla tributária no RGIT não esclarece qual dos dois entendimentos era o mais acertado. Veio todavia – foi esse o seu assumido propósito – «pôr termo à incerteza doutrinária»[92] em que estava envolto o tema, criando um crime que, de modo originário e inequívoco, contempla o Estado-Fisco como sujeito passivo de um crime de burla.

iii. Voltemos às relações entre a burla e a fraude fiscal, entre cujas factualidades típicas, como se adiantou, não há perfeita sobreposição. O crime de burla só poderá preencher-se quando o agente tiver causado um efectivo *prejuízo patrimonial* a outra pessoa. Pelo contrário, para a consumação da fraude fiscal – entendida como crime de resultado cortado – não se exige a produção do resultado, bastando provar que era intenção do agente produzi-lo. De modo que o problema do concurso só poderá colocar-se pertinentemente nos casos em que, para além de ter atentado contra a verdade fiscal, e de o ter feito com intenção de infligir um dano ao Fisco, o agente tenha mesmo logrado infligi-lo.

Ao passo que esse dado se apresentava seguro, sobrava contudo por delimitar, com clareza, «quais *dessas* constelações *fácticas* preenchiam, na pletora das suas exigências objectivas e subjectivas, a incriminação da burla do Código Penal»[93], entre elas ostensivamente sobrelevando a fenomenologia relativa à facturação fictícia, cuja qualificação jurídica foi muito debatida.

---

[92] Exposição de Motivos da Proposta de Lei n.º 53/VIII.

[93] COSTA ANDRADE, «A Fraude Fiscal – Dez anos depois…», *ob. cit.,* p. 343.

238   *A Fraude Fiscal como Crime de Aptidão. Facturas Falsas e Concurso...*

O critério de delimitação deveria procurar-se, no parecer de COSTA ANDRADE, na própria factualidade típica da burla. Consabidamente complexa, dela ressaem, no tipo objectivo, «quatro momentos distintos e autónomos, mas tipicamente vinculados entre si: *engano, erro, deslocação patrimonial* e *prejuízo patrimonial*. Que têm de estar ligados entre si por *nexos de causalidade* ou de *imputação objectiva*. O que faz da *Burla* uma manifestação paradigmática dos chamados *crimes de execução vinculada*. O tipo objectivo pressupõe ainda que a deslocação patrimonial que vai causar o prejuízo seja *levada a cabo pelo enganado ou burlado*. O que, por um lado – e sem perder de vista que o prejuízo final pode ser sofrido por um terceiro –, justifica o recurso à fórmula *autolesão inconsciente* (LACKNER). (...) E, por outro lado, sublinha um modelo de interacção entre o delinquente e a vítima, que singulariza a burla no panorama dos crimes contra a propriedade e o património em geral»[94].

A complexidade repete-se no tipo subjectivo, tendo o dolo do agente de estender-se a todos os elementos do tipo objectivo. E intensifica-se, mesmo, já que se exige, suplementarmente, a verificação de um especial elemento subjectivo do tipo – a «*intenção de obter para si ou para terceiro enriquecimento ilegítimo*». O que confere à burla a peculiar fisionomia de «*crime material* ou de *resultado* na direcção do *prejuízo*» e, simultaneamente, de «*crime de resultado cortado* na direcção do *enriquecimento*».

Concluía então COSTA ANDRADE que, dado o seu recorte típico, não poderiam integrar o tipo da burla os casos em que, tendo embora o agente alcançado o resultado, «tal não tivesse acontecido mediante *autolesão inconsciente* da administração tributária». Concretamente, não poderia haver burla nos casos em que o agente, «mercê da sua conduta típica, lograsse furtar-se à liquidação, entrega ou pagamento de prestação tributária ou conse-

---

[94] COSTA ANDRADE, *ob. cit.*, p. 345. Sobre a singularidade da burla, v. nota 40, p. 346.

guisse a sua redução ilegal», bem como «os casos em que a actuação fraudulenta do agente se concretizasse numa dedução arbitrária, nomeadamente em matéria de IVA»[95].

iv. Enquanto isto, tudo indica que a *facturação falsa* – que, como pensamos ter ficado acima de dúvidas, preenche à partida o crime de fraude fiscal – preenche igualmente os pressupostos objectivos e subjectivos exigidos pelo tipo da burla[96]. Pelo que, activando ambas as incriminações, gera uma situação de concurso. Mas, porquê e em que termos?

Como mais de uma vez se disse, concebida como crime de resultado cortado, a fraude fiscal pode consumar-se sem que haja resultado lesivo. O que, no entanto, não significa que a ocorrência do mesmo seja totalmente irrelevante na punição a título da própria fraude. Sustentam FIGUEIREDO DIAS/COSTA ANDRADE que essa circunstância assume papel de relevo na determinação da medida da pena – que representa, «em qualquer caso, a única e esgotante sede de relevância jurídico-penal do resultado lesivo do património fiscal», no âmbito da fraude fiscal –, obviamente como seu factor de agravação. Encontra esta conclusão fundamento na constatação de que os crimes de resultado cortado se caracterizam por serem «estruturalmente delitos de tentativa» (ZIELINSKI), que se perfazem com a lesão parcial do bem jurídico, acompanhada da (mera) intenção dolosa de lesão completa ou ulterior do mesmo. Quando, todavia, a lesão acaba por se dar, a conduta, já por si típica, assume uma «forma naturalmente qualificada, dada a concorrência do desvalor de resultado»[97]. É essa natureza quali-

---

[95] COSTA ANDRADE, *ob. cit.,* p. 347.

[96] Só não será assim se, na interpretação do inciso legal «*enriqueci-mento ilegítimo*», se lançar mão da distinção entre *enriquecimento* e *não--empobrecimento* – no sentido de defender que apenas os casos de *enrique-cimento* integram o tipo da burla. A este entendimento dedicaremos mais atenção *infra*.

240 *A Fraude Fiscal como Crime de Aptidão. Facturas Falsas e Concurso...*

ficada que determina que a lesão releve como agravante na fixação da medida da pena.

Concluem então os autores que, se a ocorrência do dano é valorada para aquele efeito, a relação entre a fraude fiscal e a burla não pode ser outra que não a de *concurso aparente*[98]; de contrário, estar-se-ia perante crassa violação do princípio constitucional *ne bis in idem*. E a norma a aplicar, conforme a proclamada regra geral da especialidade das normas incriminatórias fiscais relativamente às clássicas, será sempre a da fraude fiscal – se dúvidas ainda assim restassem sobre esta solução, sempre poderia louvar-se o facto de a punição por fraude fiscal ser mais favorável ao agente do que a punição a título de burla[99], devendo por isso aplicar-se a primeira, honrando o princípio do *in dubio pro libertate,* largamente aceite como princípio substantivo – congénere do processual *in dubio pro reo* – que aponta para que se faça a (própria) qualificação jurídica dos factos mais favorável ao agente.

3.2. A *fraude fiscal como crime de perigo concreto*

Diversamente, concebida como crime de parigo abstracto, a fraude fiscal estaria numa relação de *especialidade* com a burla e numa relação de *consunção* com a falsificação de documentos.

3.2.1. *Burla*

Quanto à burla, SILVA DIAS considera que as diferenças entre os dois tipos legais de crime quanto ao especial elemento subjectivo específico e quanto à antecipação, na fraude, do resultado de

---

[97] Desenvolvidamente, FIGUEIREDO DIAS/COSTA ANDRADE, *ob. cit.*, pp. 102 e ss.

[98] Tese que, após alguma hesitação, foi a acolhida pelo STJ, no acórdão para fixação de jurisprudência de 07/05/2003.

[99] Neste sentido, MÁRIO MONTE, *ob. cit.*, pp. 379-380.

prejuízo material efectivo para a sua susceptibilidade – isto é, da lesão para o perigo concreto – não chegam para destruir a *relação de especialidade* existente entre as duas incriminações: «Com efeito, se alguém altera na declaração fiscal factos ou valores que devem ser comunicados à administração e o faz de forma idónea a impedir a liquidação ou o pagamento do imposto, de um modo, portanto, susceptível de causar diminuição das receitas fiscais, ele provoca em outrem (o funcionário da administração fiscal), através da falsificação (interna ou intelectual) do documento, um engano que o determina à pratica de actos que causam ao erário público um prejuízo patrimonial, e se agir com intenção de obter para si enriquecimento ilegítimo, realiza, à uma, os tipos de burla, de falsificação de documento e de fraude fiscal»[100].

Traz isto pressuposto que, consumando-se embora a fraude fiscal com a mera colocação em perigo do património do fisco, a ocorrência da lesão efectiva continua a ser uma forma de fraude fiscal, relevando esse resultado em sede de agravação geral da pena. «Por seu turno, a consumação típica da fraude fiscal, antecipada, como vimos, para o momento da colocação em perigo, absorverá amiúde a tentativa de burla do CP, se se verificar no caso a intenção específica, característica desta»[101]. Solução paralela à proposta por FIGUEIREDO DIAS/COSTA ANDRADE, mas – palavras de SILVA DIAS – não porque a fraude seja um crime estruturalmente de tentativa, como decorre da aplicação da concepção geral de ZIELINSKI, mas porque «quando ela concorre com a tentativa de burla na protecção do Estado-Fisco, representam ambas modalidades distintas de colocação em perigo do mesmo bem».

---

[100] SILVA DIAS, «Os crimes...» *ob. cit.,* p. 60.
[101] SILVA DIAS, «Os crimes...» *ob. cit.,* p. 61.

242   *A Fraude Fiscal como Crime de Aptidão. Facturas Falsas e Concurso...*

3.2.2. *Falsificação de documentos*

Já entre a fraude fiscal e a falsificação de documentos intercederia, não uma relação especialidade, como na tese de FIGUEIREDO DIAS/COSTA ANDRADE, mas sim uma *relação de consunção*[102]. A diferença entre as soluções tem causa nítida: concebendo-se a fraude fiscal como crime de perigo concreto, o bem jurídico protegido é o património fiscal, e não primacialmente a verdade nas relações entre contribuinte e fisco, como propugna a tese do crime de resultado cortado; portanto, a falsificação de documentos, que fere abertamente aquela verdade, mas apenas indirectamente pode lesar o património fiscal, encontra-se, segundo a tese do crime de perigo concreto, numa relação de consunção com a fraude fiscal, pela qual é absorvida: «a falsificação surge como acto preparatório da fraude fiscal e a sobreposição entre o dolo de fraude fiscal e a intenção subjectiva específica da falsificação – *que é a intenção de prejudicar o Estado* – retira autonomia punitiva a esta última». Pensar na hipótese do concurso efectivo significaria, também nestes termos, uma violação aberta do *ne bis in idem*.

O mesmo tratamento seguiriam as alíneas *d)* e *e)* do art.º 104.º/2 RGIT – relativas à falsificação, viciação, ocultação, destruição, inutilização ou recusa de apresentação, bem como à utilização, sabendo-os falsificados ou viciados por terceiro, de documentos ou outros elementos probatórios exigidos pela lei fiscal, anterior, contemporânea ou posteriormente à alteração ou ocultação de dados na declaração tributária –, das quais acima fizemos mote para introduzir a temática do concurso, e que se referem factos subsumíveis quer na fraude fiscal quer na falsificação de documentos: «se a acção de destruição for posterior à declaração cujos dados foram ocultados ou alterados, para que ela se subsuma

---

[102] Que, recorda-se, se dá quando o mesmo facto lesa bens jurídicos distintos, mas, uma vez que a lesão de um deles é instrumental da lesão do outro, apenas esta assume plena relevância penal.

à *alínea e) do 104.º/2 RGIT*, é necessário que a resolução de a praticar seja anterior ao preenchimento da declaração, pois apenas dessa forma ela integra o dolo do agente. O dolo subsequente, como é sabido, não releva»[103].

Enquanto isto, exceptuam-se desta solução de concurso aparente os casos de simulação – e, entre eles, os casos de facturas falsas –, que nem sequer preenchem a factualidade do crime de falsificação, dada a sua celebrada incompatibilidade.

3.3. A *fraude fiscal como crime de aptidão*

Por fim, vejamos como se passam as coisas concebendo a fraude fiscal como crime de aptidão – a interpretação a que aderimos. Esta concepção, que postula a exigência de que a conduta seja *susceptível de diminuir as receitas fiscais*, conduz a resultados bem diversos dos vistos. E tem, no âmbito das facturas falsas, relevantes implicações prático-jurídicas.

3.3.1. *Falsificação de documentos*

Entre a fraude fiscal assim concebida e a falsificação de documentos intercede uma *relação de consunção*, em tudo idêntica à que vale para tese do perigo concreto, já que concebendo a fraude fiscal como crime de aptidão o bem jurídico protegido é igualmente o património fiscal.

3.3.2. *Burla*

i. Recapitulando, ao passo que se foi admitindo a possibilidade de o Estado ser vítima de burla, ficou todavia claro que, não obstante as similitudes entre as duas incriminações, tal não poderia significar que a fraude fiscal representasse uma forma especial de burla caracterizada por prejudicar o erário público, sendo

---

[103] SILVA DIAS, «Os crimes...» *ob. cit.,* p. 63.

mesmo possível descortinar casos em que a conduta preenche apenas um dos tipos legais de crime.

Ficou já nítida a possibilidade de a conduta apenas integrar o crime de fraude fiscal e não o de burla, quando o resultado para que a mesma tende não se materializa. Hipótese que se mantém interpretando a fraude fiscal como crime de aptidão, já que também deste modo a consumação prescinde do resultado danoso. O que esta concepção permite pôr em hipótese é o caso contrário: o de certas condutas preencherem o crime de burla, mas não o de fraude fiscal – paradigmaticamente nalguns casos de facturas falsas, com as quais se procuram obter *deduções* indevidas à matéria colectável, que significam a redução da quantia a entregar ao fisco a título de IRC ou de IRS, e *reembolsos* indevidos de IRC ou IRS, bem como *reembolsos* de IVA – que, porém, como se verá, têm natureza distinta.

ii. Vejamos, mais detidamente, como: «no IRC (tal como no IRS), a obrigação de imposto só existe desde o fim do período fiscal e só se torna certa e exigível com a liquidação do imposto pelos serviços da Administração fiscal e a notificação do contribuinte do montante do imposto a pagar. Contudo, na sequência de práticas preconizadas pela *moderna técnica tributária,* generalizaram-se métodos de *pay as you earn* relativamente aos impostos sobre o rendimento. No regime legal do IRC esses métodos manifestam-se na *retenção na fonte* (o método regra no IRS, com reduzida relevância no IRC), em que as quantias remetidas ao Tesouro por terceiros assumem a natureza de *imposto por conta* do contribuinte, e nos *pagamentos por conta*, que consistem em entregas periódicas, por parte do próprio contribuinte, de fracções do montante do IRC correspondente ao exercício anterior. Haverá lugar a reembolso de quantias entregues a título de *retenção na fonte* ou *pagamentos por conta* quando o valor apurado na decla-

---

[104] Paulo Dá Mesquita, *ob. cit.,* p. 105.

ração for inferior ao da entrega»[104]. O que significa que estes *reembolsos* têm natureza de *devolução*, e não propriamente de pagamento por parte do Estado; e que, mesmo que se trate de *reembolso indevido*, por o contribuinte beneficiar de *deduções* documentadas em facturas relativas a despesas inexistentes, a quantia que sai dos cofres do Estado a título de reembolso é sempre uma quantia que tinha sido provisoriamente entregue como pagamento por conta ou retenção na fonte.

Por sua vez, o IVA, cujo montante é dado pela diferença entre o valor do IVA cobrado pelo sujeito passivo aos seus clientes, a jusante, e o valor suportado a montante na aquisição de bens ou serviços, «é devido e torna-se exigível: a) nas transmissões de bens, no momento em que os bens são postos à disposição do adquirente, b) nas prestações de serviços, no momento da sua realização, c) nas importações, no momento determinado pelas disposições aplicáveis aos direitos aduaneiros. Pelo que, uma vez realizado o negócio jurídico por um certo preço e conhecida a taxa do imposto, a liquidação opera-se instantaneamente por força da lei». A regra é a de que o excesso eventualmente existente a favor do sujeito passivo é deduzido nos períodos de tributação seguintes. Em certos casos, porém, pode o contribuinte solicitar o seu reembolso[105]. Ao contrário dos reembolsos de IRC e de IRS, os reembolsos de IVA não correspondem necessariamente a uma devolução de dinheiro provisoriamente entregue ao Fisco: «pode-se proceder a reembolsos de IVA por via de transacções (verdadeiras ou inexistentes) que nunca determinaram a entrada de qualquer importância nos cofres do Estado, para o que basta que o primitivo vendedor não tenha entregue o IVA ao Estado, independentemente de o ter cobrado ou não ao adquirente (verdadeiro ou forjado)»[106].

---

[105] Cf. CIVA, artigos 22.º/5 e 6, 28.º/3 e 4, 54.º/1 e 61.º/1.

[106] PAULO DÁ MESQUITA, *ob. cit.*, p. 106 – ambas as citações do parágrafo.

246 *A Fraude Fiscal como Crime de Aptidão. Facturas Falsas e Concurso...*

iii. Ora, concebida como *crime de aptidão*, a fraude fiscal só se perfaz se a conduta ilegítima – *v. g.* a utilização de facturas falsas – se revestir de uma aptidão objectiva para diminuir as receitas fiscais: é o que sucede no âmbito do IRC e do IRS, com *deduções* indevidas à matéria colectável e, no do IVA, com a *dedução* indevida de imposto supostamente pago em operações simuladas ou por preços simulados.

No entender de PAULO DÁ MESQUITA, secundado por SUSANA AIRES DE SOUSA, são no entanto divisáveis situações em que o reembolso de IVA não consuma o crime de fraude fiscal, por lhe faltar a susceptibilidade para lesar as receitas fiscais: por exemplo, «quando o sujeito passivo que beneficia do reembolso está isento de IVA e em situação deficitária que determina que eventuais deduções indevidas da matéria colectável não alterem a situação de ausência de responsabilidade fiscal a título de IRC»[107]; ou ainda, segundo NUNO SÁ GOMES, quando está em causa uma operação inexistente pela qual, de acordo com a sua natureza, não é devido imposto[108].

O denominador comum aos exemplos é o facto de se traduzirem numa *vantagem patrimonial* para o agente, que, porém, não é acompanhada, no lado passivo, por uma correspectiva *diminuição das receitas fiscais*. E, logo, o facto de que, embora representem uma *diminuição do património estático* do Estado, não podem integrar o crime de fraude fiscal, por lhes faltar a dita *susceptibilidade*.

---

[107] PAULO DÁ MESQUITA, *ob. cit.,* p. 118. Trata-se, na designação do mesmo autor, de «reembolsos que diminuem o património estático do Estado e não determinam a diminuição de receitas fiscais a título de IVA». A esta situação, note-se, poderia contudo estar associada uma diminuição das receitas fiscais a título de IRC, quando o comprador forjado deduz à sua matéria colectável a importância pretensamente despendida. Por isso, apenas o caso acima dado como exemplo – com a existência de situação deficitária – se revela insusceptível de causar a diminuição das receitas fiscais.

[108] NUNO SÁ GOMES, *ob. cit.,* p. 248-249.

O que não significa, está bem de ver, negar relevância penal a estes factos, que sob nenhum ponto de vista são menos desvaliosos, e que também comportam – e, neste caso, necessariamente – um dano para o Estado. Deixar estes casos permanecerem impunes seria injustificável e frontalmente oposto aos propósitos de ubiquidade do moderno sistema sancionatório tributário. Eles integram, e a esse título serão punidos, o crime de burla tributária, cuja factualidade inequivocamente preenchem – de facto, prescreve o art.º 87.º RGIT que consuma o crime de burla tributária «quem, por meio de falsas declarações, falsificação ou viciação de documento fiscalmente relevante ou outros meios fraudulentos, determinar a administração tributária (…) a efectuar atribuições patrimoniais das quais resulte enriquecimento do agente ou de terceiro».

iv. Por outro lado, na identificação das situações que se reconduzem ao crime de burla, avançámos que, tudo indica, os casos de facturação falsa preenchem sempre os pressupostos objectivos e subjectivos exigidos pelo tipo legal de burla; deixámos, contudo, ressalvada a possibilidade de assim não ser, caso na interpretação do inciso «*intenção de enriquecimento ilegítimo*» se diferencie «*enriquecimento*» de «*não-empobrecimento*», no sentido de sustentar que apenas os casos de autêntico *enriquecimento* integram o tipo da burla.

Efectivamente, baseados nessa distinção, alguns autores identificavam uma outra categoria de situações – além daquelas em que não chega a haver resultado lesivo, e que logo à partida deixámos fora da burla – susceptíveis de preencher o tipo da fraude, mas não o da burla: «trata-se de casos em que a lesão da expectativa estadual de receitas fiscais não é acompanhada de uma intenção de qualquer enriquecimento (próprio ou de terceiro) mas apenas da pretensão de redução da carga fiscal»[109].

---

[109] SUSANA AIRES DE SOUSA, *ob. cit.,* p. 108.

248   *A Fraude Fiscal como Crime de Aptidão. Facturas Falsas e Concurso...*

Deste entendimento partilhou também alguma jurisprudência, paradigmaticamente o acórdão do STJ de 15/12/1993: «no caso de burla, é elemento essencial um enriquecimento do agente, isto é, um engrandecimento do seu património à custa do lesado, e provocado pelas manobras artificiosas, fraudulentas, enganosas, daquele sobre este; na infracção fiscal não há propriamente enriquecimento do agente, uma vez que o seu património não fica acrescido com o não pagamento dos impostos através do engano em que o fisco caiu mercê das manobras daquele, mas apenas uma não diminuição do mesmo património correspondente àquilo que ele conseguiu não pagar»[110].

Segundo PAULO DÁ MESQUITA, não se subsumiriam, assim, na burla os casos em que as manobras fraudulentas do agente (*v. g.* através de facturas falsas) resultassem numa redução das receitas fiscais a recolher a título de IRS ou de IRC[111], porquanto esses factos, se bem que preenchendo o tipo objectivo da burla – incluindo a inflicção do *prejuízo patrimonial* ao fisco –, não realizariam, contudo, o tipo subjectivo, concretamente o elemento subjectivo «*intenção de enriquecimento*», já que «a intenção de não pagar o imposto devido em face das regras legais, não envolve uma intenção de *enriquecimento* no sentido de aumento do património, mas de *não-empobrecimento*»; do que se concluía que «o

---

[110] Acórdão do STJ de 15/12/1993.

[111] Incluindo a obtenção de reembolso ilegítimo de IRS ou de IRC, dado terem, como vimos, natureza de devolução, ou de «adiantamento condicionado» – expressão de LOBO XAVIER, «Facturas falsas e crime de burla; natureza dos pagamentos por conta em sede de IRC», *Revista de Direito e de Estudos Sociais*, n.º 4, Ano XXXIX (1997), p. 213, em anotação crítica ao acórdão do Tribunal Colectivo de Loulé, de 08/11/1996, que considerou que o reembolso de IRC, baseado em facturas falsas, é susceptível de integrar o «*prejuízo*» exigido pelo crime de burla, uma vez que «os pagamentos por conta constituem uma verdadeira garantia geral da obrigação tributária, o que faz com que as quantias entregues se tornem imediatamente propriedade do Estado».

interesse de evitar a amputação do património privado atingido pela tributação é diferente do interesse de aumentar esse património por via ilícita, eventualmente à custa do Estado»[112].

Diferentemente – acompanhando ainda o raciocínio do autor – no caso do IVA, tanto as deduções ilegais como os reembolsos indevidos podem reconduzir-se ao crime de burla: nos casos de *dedução*, porque o sujeito passivo «pode ver aumentado o seu património e ter essa pretensão em face da apresentação de despesas forjadas corporizadas em facturas falsas, pois recebeu a importância relativa ao imposto suportado pelo adquirente do bem ou serviço, que não lhe pertence, e consegue enriquecer por via duma despesa alegada mas não suportada»; bem assim, e ainda mais claramente, nos casos de *reembolso*, que materializam uma transferência patrimonial do Estado para o sujeito passivo, e nos quais «muitas das vezes, o prejuízo patrimonial e a intenção de enriquecimento ilícito são evidentes, mesmo para quem ignore o funcionamento do IVA, por exemplo, quando o sócio-gerente de duas empresas forja uma transacção entre as duas sociedades, o pretenso vendedor não entrega qualquer IVA ao Estado e o comprador (que até pode ser um sujeito passivo com actividade isenta de IVA), solicita e recebe a importância pretensamente entregue a título de IVA»[113].

v. Este entendimento foi contestado por COSTA ANDRADE, que o reputou de «mero e exangue formalismo conceptualista», inidóneo a constituir o critério de delimitação entre as condutas que preenchem a factualidade típica da burla e as que caem fora da incriminação: «do ponto de vista axiológico-material e teleológico, não subsiste diferença significativa entre a obtenção indevida de um reembolso e a não liquidação ou liquidação ilegalmente

---

[112] PAULO DÁ MESQUITA, *ob. cit.,* p. 131.
[113] PAULO DÁ MESQUITA, *ob. cit.,* p. 134.

250 *A Fraude Fiscal como Crime de Aptidão. Facturas Falsas e Concurso...*

reduzida de um imposto que a lei obriga a pagar. Por seu turno, do ponto de vista económico e mesmo jurídico-económico, o não pagamento de um imposto devido – pretenso não-empobrecimento – é um verdadeiro *enriquecimento*. (…) O normal será, com efeito, que o mesmo acto que lesa o fisco tenha como reverso o enriquecimento do agente ou de terceiro. Ou, ao menos, que o agente actue com a *intenção de enriquecimento*»[114].

vi. A burla tributária veio lançar nova luz sobre esta questão. Afastando-se da construção típica da burla do CP – em que o enriquecimento figura como (mero) elemento subjectivo específico, na forma de referente de uma intenção do agente –, a nova incriminação tributária destacou a componente do «*enriquecimento*», que foi inscrita na sua construção típica como elemento objectivo. Assim dando, incontornavelmente, expressão positiva à primeira, que era a minoritária, das posições agora mesmo consideradas.

4. Burla tributária e fraude fiscal

Ao longo do trajecto cumprido, procurámos delimitar, dentre o heterogéneo grupo de comportamentos que revestem uma ofensividade para o fisco:

  i) o conjunto de condutas que apenas integra o crime de fraude fiscal;
  ii) o conjunto de condutas que apenas integra o crime de burla tributária;
  iii) e o campo (por assim dizer de intersecção) das condutas que preenchem ambas as incriminações.

A importância prática dessa delimitação – *rectius*, da delimitação dos dois primeiros conjuntos de condutas – faz-se sentir a

---

[114] Costa Andrade, *ob. cit.*, p. 345.

partir do confronto das molduras penais abstractas desses dois tipos legais de crime.

Quanto às condutas que activam ambos os crimes, resta apurar como se soluciona o problema do concurso aí suscitado. Para o que, repare-se, se terá de atender à especificidade de se tratar de duas infracções fiscais, diversamente do que se passava nas relações de concurso entre a fraude fiscal e a burla clássica do CP, acima curadas.

4.1. *Concurso*

4.1.1. O art.º 10.º RGIT, sob a epígrafe «especialidade das normas tributárias e concurso de infracções», dispõe assim: «aos responsáveis pelas infracções tributárias previstas nesta lei são somente aplicáveis as sanções cominadas nas respectivas normas, desde que não tenham sido efectivamente cometidas infracções de outra natureza».

Face ao princípio da especialidade das normas tributárias assim acolhido de modo expresso, não parecem restar dúvidas de que a *burla tributária* do RGIT e a *burla clássica* do CP se encontram em *concurso aparente ou legal*, por entre elas interceder uma nítida *relação de especialidade* – que é, na fórmula de HONIG, aquela «que se estabelece entre dois ou mais preceitos, sempre que numa lei (a *lex specialis*) se contêm todos os elementos de outra (a *lex generalis*) (tipo fundamental de delito – *Grundtatbestand*) e, além disso, algum ou alguns elementos especializadores»[115].

4.1.2. Mais problemática é a qualificação da relação entre a *burla tributária* e a *fraude fiscal*, que são, ambas, infracções (especiais) tributárias. Também aqui, no entanto, parece que a

---

[115] *Apud* SUSANA AIRES DE SOUSA, *ob. cit.,* p. 111.

252 *A Fraude Fiscal como Crime de Aptidão. Facturas Falsas e Concurso...*

solução não poderá ser outra que não a de *concurso aparente*, agora em nome de uma relação de *subsidiariedade (implícita)* da norma de burla tributária relativamente à de fraude fiscal. É este o parecer de SUSANA AIRES DE SOUSA, para quem, «atendendo a que o legislador atribuiu à Burla Tributária o carácter de crime tributário comum aos crimes aduaneiros, fiscais e contra a segurança social (...), a aplicação desta norma incriminadora está condicionada à não aplicação da norma incriminadora da fraude fiscal»[116].

4.2. *Molduras penais abstractas*

4.2.1. A *burla tributária* (art.º 87.º RGIT) é ameaçada com pena de prisão até 3 anos ou pena de multa até 360 dias (n.º 1); se a atribuição patrimonial for de *valor elevado,* com pena de prisão até 5 anos ou de multa até 600 dias (n.º 2); se for de *valor consideravelmente elevado*, com pena de prisão de 1 a 8 anos ou de multa de 480 a 1920 dias (n.º 3).

À *fraude fiscal* (art.º 103.º RGIT) cabe pena de prisão até 3 anos ou de multa até 360 dias (n.º 1), contanto que a vantagem patrimonial ilegítima tenha sido superior a €15.000 (n.º 2).

A *fraude qualificada* (art.º 104.º RGIT) é punível com pena de prisão de 1 a 5 anos ou com pena de multa de 240 a 1200 dias. Desde que, também aqui, estamos em crer, a vantagem supere aquele valor (de €15.000) – é o que naturalmente decorre do facto de esta incriminação ser uma forma qualificada daquela. E da própria letra do art.º 104.º RGIT, quando diz que *«os factos previstos no artigo anterior são puníveis»* com a pena (mais pesada) aqui estabelecida, quando se verificar(em) o(os) pressuposto(s) que determina(m) o carácter qualificado da fraude

---

[116] SUSANA AIRES DE SOUSA, *ob. cit.,* p. 111.

– entre os quais está, como sabemos, a circunstância de a fraude ter sido empreendida mediante utilização de facturas falsas.

4.2.2. A comparação destes tipos legais de crime pelo prisma da consequência jurídica desperta hesitações quanto ao acerto do tratamento díspar com que a lei os distingue. Essa disparidade ter-se-á devido ao propósito do legislador de aproximar, quase identificar, a este nível, a burla tributária com burla comum, sancionando as formas mais graves de burla tributária com a mesma moldura com que o CP (art.º 218.º) ameaça as formas mais graves de burla – facto que representa uma peculiaridade no quadro das relações entre as infracções tributárias e as suas congéneres comuns, sempre ameaçadas – estas – com sanções mais pesadas[117].

Esta «assimetria sancionatória chega a ganhar proporções insustentáveis», no confronto entre a fraude e a burla, uma vez que, atendendo a que a fraude (simples ou qualificada) só é punível «acima de um limiar que ultrapassa claramente o valor elevado que determina a punição com prisão até 5 anos a título de burla tributária, a inflicção do mesmo prejuízo ao Estado pode determinar, de um lado, a impunidade e, no outro, a punição particularmente drástica»[118]. Trata-se, para COSTA ANDRADE, em total coerência com os restantes momentos do seu entendimento, acima vistos, de «uma desproporcionalidade tanto mais estranha quando se representa que a assimetria assinalada pode ocorrer entre um *reembolso indevido* e uma *dedução ilegal*, ambas ocorridas em sede de IVA»[119]. Desproporcionalidade que também nos parece elevada e criticável, mas que, tendo aceite a existência

---

[117] Neste sentido, COSTA ANDRADE, *ob. cit.,* p. 349, salientando que, no mesmo RGIT, não se procurou, p. ex., fazer idêntica parificação no caso do crime de abuso de confiança fiscal (art.º 105.º e 106.º RGIT e art.º 205.º CP).

[118] COSTA ANDRADE, *ob. cit.,* p. 349.

[119] COSTA ANDRADE, *ob. cit.,* p. 349.

de uma *diferença* entre *enriquecimento* e *não-empobrecimento*, não poderemos considerar propriamente como *de proporções insustentáveis*:

Aquela *diferença*, mostra-se-nos agora, chegados a este ponto, poderá relevar de uma discrepância ao nível do desvalor de acção imanente a cada um dos casos, e que é mais intenso no de *enri-quecimento*. Aplicando a clássica tensão entre desvalor de acção e desvalor de resultado como dimensão prevalente do ilícito penal ao direito penal secundário, concretamente ao fiscal (de recente e imperfeito enraizamento ético comunitário), parece-nos que o desvalor de acção assume aí papel de destaque. E que há, efec-tivamente, uma dissemelhança substancial, ao nível da ilicitude, entre tentar fugir ao fisco e tentar lucrar à custa dele, a que deve ou, ao menos, pode atender-se ao nível das consequências com que se ameaçam um e outro comportamentos. E isto apesar de, do ponto de vista do fisco, e até do agente, um e outro casos pode-rem representar um mesmo prejuízo e vantagem, respectivamente, e, assim, um idêntico desvalor de resultado. Ponto é que o des-valor *de acção* sancionado seja objectivamente apto a produzir um *resultado* danoso para o bem jurídico-penal tutelado, pois sem essa ofensividade a própria existência da incriminação terá a sua legitimidade em causa.

ÍNDICE GERAL

NOTA DE APRESENTAÇÃO 5

CORPORATE GOVERNANCE EM PORTUGAL
J. M. Coutinho de Abreu

I. Informação geral sobre *corporate governance* em Portugal 9

II. *Corporate governance* interna 14

    A. Órgãos de administração e de fiscalização 14
    B. Accionistas 34
    C. Trabalhadores 39
    D. Auditoria 39

III. *Corporate governance* externa 43

    A. Regime das OPA 43
    B. Publicitação e transparência 47

O CÓDIGO DA INSOLVÊNCIA
E DA RECUPERAÇÃO DE EMPRESAS REVISITADO
Maria José Costeira

1. Considerações gerais 51
2. Algumas questões processuais e substantivas 56

PRESTAÇÃO DE CONTAS E O REGIME ESPECIAL
DE INVALIDADE DAS DELIBERAÇÕES PREVISTAS
NO ART. 69.º DO CSC
Ana Maria Gomes Rodrigues

1. Introdução 99

256   *Índice Geral*

2. A contabilidade e a prestação de contas: principais factores que influenciam o relato financeiro em Portugal 100

    2.1. *Factores culturais: a organização, a propriedade e a origem do financiamento empresarial* 102

    2.2. *Ambiente legal* 105

    2.3. *Diversidade Contabilística* 107

3. Dever geral de relatar a gestão e apresentar contas 112

    3.1. *"Natureza pública" do dever de prestação de contas* 116

    3.2. *Relatório da gestão* 119

    3.3. *Contas* 120

    3.4. *Outras exigências associadas à prestação de contas* 131

4. Deliberações sobre a prestação de contas 142

    4.1. *Aprovação de contas* 145

    4.2. *Recusa de aprovação de contas* 146

    4.3. *Não apresentação de contas* 147

5. Regime especial de invalidade das deliberações sobre prestação de contas 148

    5.1. *Análise do regime* 152

    5.2. *Apreciação crítica do regime* 154

    5.3. *Proposta de alterações* 166

6. O regime da invalidade das deliberações de aprovação de contas na jurisprudência portuguesa 174

7. Conclusões 178

A FRAUDE FISCAL COMO CRIME DE APTIDÃO. FACTURAS FALSAS E CONCURSO DE INFRACÇÕES

Miguel João de Almeida Costa

PARTE I – A Fraude Fiscal como Crime de Aptidão 187

1. A ilicitude penal fiscal 187

2. A antecipação da tutela no direito penal secundário 198

3. A fraude fiscal 201

PARTE II – Facturas falsas e concurso de infracções 220

1. Fenomenologia 220

2. Facturas falsas e simulação 223

3. Facturas falsas e concurso de crimes. Qualificação jurídica dos factos 230

4. Burla tributária e fraude fiscal 250